圖解
中國哲學史
要略

張勻翔 著

本書目錄

第 **2** 章 先秦哲學

本書目錄

本書目錄

本書目錄

第 **4** 章 **魏晉玄學**

本書目錄

本書目錄

 第 **6** 章 **宋明理學**

第 **1** 章

中國哲學概論

●●●●●●●●●●●●●●●●●●●●●●●●● 章節體系架構

UNIT 1-1
哲學

就絕大多數人的印象來說，「哲學」一詞大多令人感到晦澀與費解。雖然我們也沒有真正投入時間去鑽研建築、法律、造船與行銷等領域，努力使自己具有該領域的專業；但是，當旁人正在進行有關這些領域的交談時，我們卻能夠相對有自信地加入談話活動。這項差異無疑是明顯的，直覺上我們會以為它們與我們的生活息息相關，長時間有意或無意的接觸，使得我們對它們不會感到完全陌生；從而，藉由推想可以明白它們的大概，了解它們是研究、處理什麼樣的問題，而哲學探討卻與生活不相關。

其實這是錯誤的認識，事實上哲學一直與人類生活在一起，比起其他領域更早與人類發生關係。之所以哲學讓人有距離感，或可說正是因為它如影隨形存在於生活中，反而使得人類忽略了它的臨在；又或可說是人類將它視為理所當然，因而逐漸遺忘它本有的批判精神，將它視為當然。

(一)哲學的定義與精神

哲學的探討範圍可說是包羅萬象，以空間來看，同一時期而地域不同的哲學關懷彼此間有其差異性；以時間來看，同地域而時期不同的哲學焦點也隨著需要而有改變。宏觀來看，空間與時間不僅僅是左右哲學所探討對象的變因，它們同時也扮演著牽動哲學內涵轉化的角色，任何企圖找出一項能夠讓所有人都認同的哲學定義，將只是徒勞無功地空忙。

在定義上所呈現的差異有時候不僅只是單純反映它們在側重上的不同；事實上，定義本身宣示在處理對象以及方法上的不同，等於是宣告它們的鴻溝。例如，將哲學視為「語言的邏輯分析以及所使用之字義與概念的辨識」與「不滯於名相的有限而直探世界的實在」有著強烈的差異。

如果不堅持某種對於哲學的定義，採以較廣義的看法，將可發現哲學的對象其實包羅萬象，舉凡道德、宗教、歷史、科學、社會、自然等領域皆有哲學的蹤跡。當然，哲學的對象隨著學科的專業畫分而逐漸從某些問題的探討活動中離開，但是一直以來，它對於人類文化進行反省的精神卻始終不變，批判是哲學的核心。

(二)合理性、普遍性與客觀性

人類是理性的動物，哲學的批判工作彰顯著人類與生俱有的理性言說能力，藉由批判尋找出具合理性、普遍性與客觀性的答案，是哲學家們共同的期望。蘇格拉底認為：「一個未經檢視的生命，是不值得活的。」任何意見若要眾人所認同，就不可只是個人的信念，必須得經過檢視的過程，逐一省察意見產生的過程是否具有足夠的理由或證據來證論這項意見。

一個理性的人並不會接受由非理性、成見、未經思索或只是因習慣而有的看法，哲學相信凡能夠通過理性的檢視，為人所接受的意見，對任何人來說皆是普遍的，普遍性意味不會受時空的影響，而一項意見若能夠具有合理性與普遍性，那它揭示的內容便具有客觀性，這意見不雜有任何的主觀成分，是對全人類皆有效的真理。

合理性、普遍性、客觀性三者之間的關係

	意涵	與其他二者的關係	說明
合理性	心靈中理性言説的能力，提供信念具有理由、證據以及合乎邏輯的論證，使吾人的信念不落於非理性、成見、未經思索或因習慣而有的看法。	一項具備合理性的命題，也同時具備普遍性與客觀性。	❶人類雖然存在著情感、喜好、個性、習慣等差異性，但是身為一個人，便與其他人一樣皆具有理性。 ❷一項具有合理性性質的命題將是每個具有理性的人所接受的，也就具備普遍性。 ❸當它具備普遍性，表示它也是客觀的。
普遍性	對於追求的真理，務求能夠跳脫時空的有限性，所揭示的真理對於任何人皆是真的。	一項具備普遍性性質的命題，也同時具備合理性與客觀性。	❶能夠具備普遍性性質的命題，代表它所揭示的內容是基於人類的理性活動而有的認識結果。 ❷此等符合理性的認識是合理的，而它所揭示的內容不受主觀個人因素的干擾，因此它也同時是客觀的。
客觀性	有關世界的敘述，是對於世界的真實敘述，是對於世界進行真實的認識。在這樣的敘述中，沒有任何會影響認識的主體因素夾在其中。	一項具備客觀性性質的命題，也同時具備合理性與普遍性。	❶具有客觀性性質的命題是對於世界的真實認識。命題要具有客觀性，不能摻雜任何主觀、非理性的因素，它必須是出自理性的認識，因此它具備合理性。 ❷理性為人類共同具有的，因而出自理性認識的命題也同時是普遍的。

知識補充站

「哲學」就字義而言，為「愛智慧」。哲學的認識活動即探索智慧的過程，人類藉由這樣的方式使自身能夠走向真理。人們所習以為常的世界在哲學家的眼中，其實是不真實的。不真實對於我們的認識、觀念與價值等會造成無形的束縛。不真實的束縛，它潛藏在文化中的每一個部分，而求真理的天性人人皆有，稟於這樣的天性，人類開始對於世界進行一連串的發問、反省、批判，以求擺脫它的種種束縛，使自身以及人類能夠走向真、善、美，和聖的世界。

UNIT 1-2
歷史決定與思維主體

圖解中國哲學史要略

這是一個存在已久的哲學問題：究竟是人類思想支配著歷史發展？抑或是歷史決定了人類思想？如果創造代表的是一種關於人類在面對「前歷史」或「當前歷史環境」的自由抉擇；那麼，那些無法用自由抉擇來解讀的歷史在記載人類足跡的同時，無疑正做著人類被決定的陳述。

（一）思維是被決定的嗎？

自古以來，哲學自詡自身的探索活動為智慧的追求，且以思想為智慧的載體，因而哲學史的對象應為時間中的智慧結晶，若哲學僅是受因於事件的因果性而有的產物，那麼它所以值得讓後人傳頌，大概就是在事實與事實彼此間的複雜關係中有著可貴的教訓。然而，哲學是被決定的嗎？答案如果是肯定的，是否表示哲學如同自然科學所宣稱的一樣，自然世界中的一切皆籠罩於因果原則的支配，人類對於自然法則進行的科學認識活動之目的，也正是哲學史的認識目的。這項問題的答案並非「完全是」或「完全不是」。人類的思維形式固然有其慣性，且其思維內容受因於地域環境及時代不同而有差異；但是，就算是身處在相同時空條件底下的人類，也一樣存在具有不同思維的現象。

（二）自然科學與人文活動

什麼樣的方法能夠有效地揭示對象？任何學科研究活動的進行，都必須涉及方法的取捨，方法的擇用則必須考量研究對象的特徵。近代以降，學科研究趨朝向專門化發展，專業分工現象細膩。各專業學科在開拓自身領域深度的同時，如百花齊放般紛紛標舉其研究方法

的合理與必要，如此雨後春筍的現象自然引人反思。

依對象來看，今日學科發展大抵畫分為人文與自然兩大領域。哲學當屬人文，有別自然界中存在有因果序列的發生關係，針對哲學史發展的探討並不適合以自然科學的研究方式來進行。自然科學為人類對於所處世界而展開的認識活動，透過因果關係的解釋嘗試將既有存在卻不為人知的自然法則揭露出來；人類雖然亦屬於世界中的一份子，理當有以自然科學作為研究途徑的合法空間，不過當自然科學在世人前展示其成果效力的同時，也必須承認人類的思想發展無法像研究氣候那樣，可進行預測。

（三）思維主體具自由

人類思想的形成與發展雖有受於氣候、地理等自然條件限制的事實，卻也有其自由的幅度。同樣地，歷史雖可提供思維主體問題焦點的功能，然而採取何種徑路來處理，卻決定於每一位思想家的自由心靈，「前歷史」或「當前歷史環境」無法獨自為每一位思想家提供必然思考的方向與答案。

思想家思考問題時，動機與他關注的問題之間雖然存在某種形態的因果性，然而思維主體參與的自由，使得它不同於自然科學所揭示出的機械的因果性。因著自由，思想家在面對歷史往往有不同解讀與關注；是以，對於人文活動的研究，當是以理解取代解釋，哲學史的研究也是一樣。

決定論與自由意志論

	決定論	非決定論
基本主張	❶世界一切事物的存在與運動都有它一定的規律，無一可免；❷規律是機械的、因果的。	世界一切事物的存在與運動雖有按規律運作的事實，但是並非所有的規律都是機械的、因果的。
對於因果原則的看法	❶世間所顯示的規律事實，代表自然是齊一的，而自然所以齊一是因為這世間存在著因果原則；❷因果原則遍及於所有存在的事物，舉凡非生物、植物、動物乃至於人類的思維活動在內都是在自然法則底下的運作。	不反對世間存在有規律的事實，但是不認為因果原則遍及所有的存在，因為原則僅僅決定了世界中的部分規律，非生物、植物、動物乃至於部分表現於人類生命的活動是受自然法則限制的，但人類的思維並不包含在此限制中。
對於自由意志的看法	❶不存在自由意志，主張自由意志存在的人是忽略了一項看似自由意志的選擇活動背後具有連續不斷的因與果的事實；❷因果法則籠罩著所有的思維活動，因果法則是不變的，所有的抉擇都是預先安排好的，一項活動的發生原因一旦充足，則該活動必然會發生。	人類並未完全受到自然法則的限制，自由意志是存在的，人的思維活動是由人的內在精神所決定，而不受自然法則的限制。人類因為自由意志而具有自己決定一件事情的能力，可依此選擇自己所要的。
舉例說明	一個人或許以為他自由地選擇了他的終生伴侶，在眾多選擇中他選擇了她。但事實上，是因為另一半的外貌、個性等條件與他的喜好吻合，而他的喜好是因為成長環境、社會價值、教育文化等因素形塑而成，他的喜好並非由意志自由決定的。	依照自我保全的說法，人類會希望延續此生的生命，對於疼痛乃至於因此所可能遭受到的死亡風險，會極力的去避免，這是人類受自然法則限制的事實；不過，為了救人、為了某項理念而犧牲生命行為時有所聞，有違自然法則的行為，正是說明了自由意志的存在。

UNIT 1-3
哲學的價值

關於哲學的價值，哲學家羅素認為：「在鮮明的欲望及恐懼之前而不確定真理所在，是會使人感到痛苦的。可是如果在沒有令人慰藉的神話故事的依託之下，我們仍然希望活下去的話，那麼我們就必須忍受這種不確定性……。教導人們在不能確定怎麼生活下去而又不致為疑惑所困擾，這也就是哲學在我們的時代仍然為學哲學的人所做的主要事情了。」

不確定性使生命常不免由地發出感嘆，固然科學為人類揭開部分世界的面紗，但諸如生命的意義、生活的目的、世界的終點等問題帶來的不確定感，絲毫未因科學的成就而減弱。就某個意義來說，哲學的價值或許正可由此來肯定，經由根本性問題的探索進而形成完整的系統思想，能夠提供窘困的人心安頓自身的答覆。

（一）對於哲學價值的質疑

只是，哲學的答覆是真理嗎？哲學家與其他人的關係時常處於思想的戰爭狀態。對大部分的人來說，日常生活是簡單不過的事情，有的也只是柴、米、油、鹽的困擾，縱然偶有衝突發生，在彼此可以接受的損失前提下，沒多久也多半能夠相安無事。然而，尋求普遍性的哲學家藉由論證試圖合理地將其思想由主觀意見推向具客觀性的真理，因而似乎必須與其他哲學不斷產生爭論，哲學造就出的不確定感似乎更勝於它已消解的不確定。

一直以來哲學對於真理似乎不具共識。譬如「上帝存在」的命題，對採真理融貫說者而言是真的，對真理採符應說的人卻不免存疑，而從實用說的立場來看，命題內容是否符應經驗、或命題與該命題所屬系統之其他命題彼此間的關係，並非他們的焦點；實用說認為真理必須帶給人類效用，命題的真假決定於效用的考量。

當根本性問題無法有明確答案，任何有著多人擁護的主張都成為不確定的，更遑論連在探尋方法上也受到質疑的思想，歷史似乎宣告一切思想的建構最終只是徒勞無功，一切嘗試只是自信下的幻想，人類根本不可能獲得關於這些問題的普遍答案。

（二）哲學與其他學科

表面來看，哲學雖然稟於真理的渴求，因而不斷回顧前人的思維並且反省現況的所有活動，但它對於人類的貢獻似乎遠不如其他學科，其他學科明顯可以看出它們對於人類的貢獻。但事實是，哲學係一切學科及學科下一切觀點之所以可能並且具合理化支持的原因。舉例來說：萊布尼茲如果沒有「無限小」的哲學觀念，他也不一定能夠發明出微積分；笛卡兒如果沒有「形量可以純粹用數量來表現」的哲學觀念，他不一定能發明出解析幾何。在東方，儒家文化希望能夠對個人、社會乃至政治有所貢獻，但假如它不具有哲學內涵，其影響力會非常有限。

當然，哲學的不斷發展代表渴求的真理尚未確定，然而探尋者並未因此而喪志，仍舊持續抱著追求真理的態度進行哲學思考，誠如蘇格拉底認為一個值得活的人生必須經由檢視，哲學的價值就在反省一切有關人類的事物，由之認識自己、各種環境及諸種價值，漸進地向真理趨進。

真理觀	主張	釋例	理論困難
符應說	一項命題所以具有真性,在於它與事實二者之間具有相符應的關係,即該命題若與事實相符應,則為真。	「上帝存在」為真,即某一存在者為上帝,祂以某種形態在事實上存在著。	以「符應」與否作為命題是否具備真性的說法太過籠統,「符應」一詞所指究竟為何,並沒有清楚的說明。
融貫說	❶一項命題所以具有真性,在於它能夠獲得其身處之理論系統中其他命題的支持。❷此命題的真,不能夠獨自存在,而是寄託於系統內的其他命題。❸這並非意味所有系統中的命題都必須要支持此命題,但至少系統內的其他命題與該命題是一致的,不會有矛盾的情形。	「上帝存在」為真,即此命題的內容與某系統內(如聖經)的其他命題具有一致,相互支持為真的關係。	目前為止尚無一個系統能夠符合這樣的要求。以邏輯系統為例,固然在系統內,某些命題可由其他的命題推衍出來,但是邏輯系統中具根本性的公設卻無法取得更為根本的根據支持。
實用說	❶一項命題所以具有真性,在於它對吾人是有用的,它在實際的後果上能夠使我們得到有用的結果。❷所謂有用與無用分別意指滿足與不滿足。換言之,一項係屬真理的命題,可帶給吾人滿足。	「上帝存在」為真,因該命題能夠滿足於我們在道德實踐上的需要。	混淆了真理與有用、滿足。一個真的命題對於吾人不一定是有用,或能夠為吾人帶來滿足。

聖經

UNIT 1-4
哲學史的理解與詮釋

哲學史的研究必透過原典來進行，作為經典的原典乃因於長時間的淬鍊，不斷為人們所傳頌、稱引、討論，使得它們所載負的文字能夠對人類形成巨大的影響力。中國哲學的發展可說是不同時代的人們對於經典的不同理解而反映出來的成果。舉例來說，《孟子》一書的解讀隨著解讀者所處時代的條件有別和需要上的差異，因而作出的解讀也跟著不同：《孟子》的原意、宋明儒學的理解、清朝戴震的解讀以致臺灣當代新儒家的說法都證明了這項在理解原典上的事實。

關於理解、原典與哲學史三者間的關係：原典歷經不同的解讀因而其義理在歷史中不斷被豐富，隨著豐富的活動，其樣貌會隨之改變，產生的影響也隨之不同，造就出不同歷史發展的條件，而同一對象之所以會產生多樣的意義乃實因解讀者的詮釋所致。

（一）「理解」的原貌

試圖理解原典的真實原意是不可能的。沒有真正客觀的理解，原典的創作者與解讀者有著時間的間距，因而任何對於原典的理解都必然摻入解讀者的前理解，就連創作者在從理解諸文本進而撰寫原典的過程中，也已經融入他對於文本的前理解。人是歷史的存在，在認識對象時脫離不了其歷史背景及視野所產生的前理解；因而，就某個意義上來看，前理解的存在限制了吾人對於原典的理解，卻也讓新的理解能夠出現。

另外，解讀者所面對的原典在出現時其實也已融入創作者對於文本的前理解。因此，「理解活動」的原貌其實是在被解釋者與解釋者雙方各自有的視域不斷交融進而形成的認識過程。

（二）詮釋的方法

哲學的發展是思想家們彼此間對於文本、原典有著不同理解，由之產生出新的文本、原典，並且在這樣的活動中改變歷史發展的軌跡，它的目的不在回復原意，而在產生新的可能。是以，哲學史的研究也是一種新的理解，就某個角度來看，哲學史的研究任務在為當前找尋歷史的足跡，從而為將來開展出可能的道路。

詮釋即為理解本身，新的理解要具有意義，不可能來自解讀者任意的解讀，解讀者縱然離不開自身的前理解，但也必須對於被解讀者的內容有一定實質上的認識方為可能。

傅偉勳提供的「創造的詮釋學」方法或可提供吾人解讀哲學史的方法。所謂「創造的詮釋學方法」共分為五個步驟：「實謂」、「意謂」、「蘊謂」、「當謂」與「必謂」。「實謂」目的在客觀地還原作者以及原典的本來面貌；「意謂」目的在針對作者的「實謂」進行語義了解；「蘊謂」在發掘原典的不同的詮釋理路或豐富的義理蘊涵；「當謂」在發掘埋在原典表面下的深層義理或根本義諦；「必謂」在推廣、深化或修正原有的思想，目的在完成原作者或原典未（能）完成的課題。

面對哲學的發展，需要忠實認識被解讀者實際說過什麼，才能了解被解讀者並且產生造創性的新理解。

「創造的詮釋學」的五個層次

	目的
「實謂」層次	原思想家（或原典）實際上說了什麼？
「意謂」層次	原思想家（或原典）想要表什麼？或他所說的意思到底是什麼？
「蘊謂」層次	原思想家可能要說什麼？或原思想家所說的可能蘊涵是什麼？
「當謂」層次	原思想家（本來）應該說出什麼？或創造的詮釋學者應當為原思想家說出什麼？
「必謂」層次	原思想家現在必須說出什麼？或為了解決原思想家未能完成的思想課題，創造的詮釋學者現在必須踐行什麼？

作者、解讀者、原典與解讀的關係

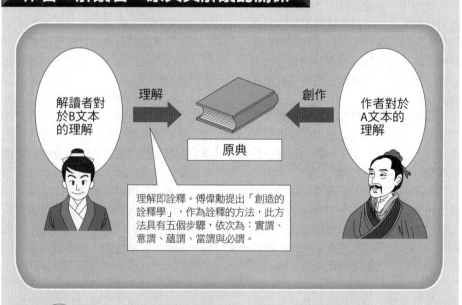

解讀者對於B文本的理解　理解　原典　創作　作者對於A文本的理解

理解即詮釋。傅偉勳提出「創造的詮釋學」，作為詮釋的方法，此方法具有五個步驟，依次為：實謂、意謂、蘊謂、當謂與必謂。

知識補充站　★傅偉勳之詮釋

關於詮釋，傅偉勳《從創造的詮釋學到大乘佛學》表示：真實的詮釋（必須）永遠帶有辯證開放的學術性格，也（必須）不斷吸納適時可行的觀點、新進路，形成永不枯竭的學術活泉。也就是說，真正具有學術研究的進步性、無涯性而又完全免於任何框框教條的詮釋學，必須常恆不斷地統合我國傳統以來的「考據之學」與「義理之學」，也必須自我提升為極具「批判的繼承」與「創造的發展」意義的一種我所主張的「創造的詮釋學」。

UNIT 1-5
中國哲學的精神

當代學者對於中國哲學發展的詮釋都會以「生命」作為中國哲學的核心精神。歷史上，中國哲學家的思想建構皆在回應他們所身處的時代課題，他們的思想與西方哲學重視理論思辨的學術性格不同，特重於實踐哲學的建構，從而所有的哲學思考都是以「生命」為核心來進行。中國哲學這種強調生命的實踐哲學性格，乃緣於哲學初生時所面臨的時代環境。

（一）憂患意識的產生

大抵而言，中國哲學的性格迥然異於西方哲學，西方哲學重於思辨，中國哲學重於實踐。當然，思辨與實踐的特性歸屬並非一刀切開似地將某種特性專視為某一文化，而是針對它們所側重的面向而作出的區分。

中國哲學之所以重視實踐、輕忽思辨，乃因孕育其哲學發展的時代環境所致。孔子、老子、孟子、莊子等先秦時代的哲學代表人物，他們在面對身處的春秋戰國動盪時代，都有著救助世人脫離亂世的熱忱。救助的對象為生命，思考救世之道的同時，自然得思考其他有關生命的哲學問題：人究竟應該如何才能安身立命？究竟應如何把握生命的目的？

救世的情懷與生命的關切喚起了哲學家內心的憂患意識，這樣的意識源自時代給予人心的逼迫。有些人在面對時代的考驗時，選擇以逃避來回應，不願聆聽心靈的焦慮而採以充耳不聞的方式來對待；對此，哲學家的心靈卻是選擇正面以對，亟力思索生命的出口。面對生命的難題，中國哲學家們紛紛站出來貢獻他們的智慧。他們提供智慧，一方面是期望能夠對個別的生命提供解答；另一方面則是希望能夠為人類的社會帶來真正福祉。

（二）實踐性格

憂患意識產生的哲學思考，對於實踐相對看重。西方哲學出現過許多令人嘆服的思辨性哲學，相形之下中國哲學似乎對於思辨著力未深。希臘三哲蘇格拉底、柏拉圖以及亞里斯多德曾經對於「善」進行思考，他們對於「善」的看法雖然不同，但是試圖為「善」進行本質性把握的思維態度都是一樣的。孔子、孟子與荀子等儒家學者雖然都強調「仁」，不過嚴格來看卻不見他們直接對「仁」進行討論，往往是在論及其他實踐課題時順而對「仁」進行描述。

這兩個概念分別是中西哲學實踐上的重要核心，本質性與描述性的把握方式表現出中西在哲學思維上的差異，中國哲學面對重要的價值概念，強調以實踐來彰顯，不滯於語言上對於概念內涵的討論，而是積極地以實踐代替思辨。

這也難怪在《論語》記載弟子詢問孔子什麼是仁的對話裡，從未看見孔子直接回覆弟子仁是什麼，他總是依據提問者的情況來告訴他們應該怎麼樣實踐才符合仁。不過，我們說中國哲學重視實踐，並不是指中國哲學只有實踐性格，而不具思辨性格。事實上，中國哲學在實踐的哲學性格底下還是有著對思辨的哲學關注，思辨的過程潛藏在他們的實踐性智慧的背後。

中國哲學的發生

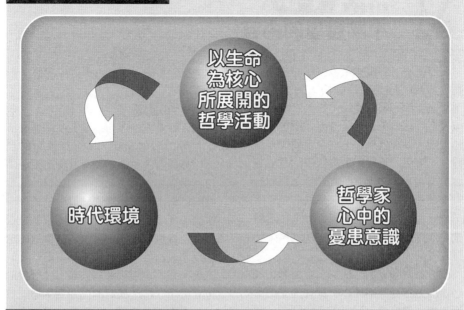

以生命為核心所展開的哲學活動

時代環境

哲學家心中的憂患意識

中西方哲學的比較

	哲學性格	把握方式	釋例
中國哲學	著重實踐	描述性的	例如在道德方面的哲學問題，中國人會思索「人應該要成為什麼樣的人」以及「人應該怎麼做才會成為理想的人」等類似的問題。對於這類問題的答覆，中國人往往是藉由描述的方式來進行。例如孔子重「仁」，「仁」為理想生命的代稱，而孔子對於樊遲問仁，以「居處恭」、「執事敬」、「與人忠」等三種實踐來回應。這三種實踐其實只是仁者在生活中諸多表現的其中三種，孔子的答覆其實是對仁者的行為進行描述，要樊遲藉由三種實踐來達仁。
西洋哲學	著重思辨	本質性的	同樣在道德方面的哲學問題，西洋人與中國人不同，他們針對人應該去實現的生命所牽涉到的概念進行思考，例如「什麼是德行」、「什麼是正義」與「什麼是幸福」等。對於這一類的問題，西洋人以通過思辨的過程，試圖清楚說明這些概念的內涵，提出的答覆是屬於本質性的。例如在柏拉圖的對話錄中，蘇格拉底與史拉西馬卡斯對於「正義」的內涵曾有過精彩的對話。在他們的對話中，「正義」是他們思辨的對象，他們對話的目的在對「正義」進行本質性的把握。

UNIT 1-6
中國哲學的內容

總體來說，「哲學是人整個的精神活動之表現。因其目標在將人各種分門別類之學問，關聯貫通，將人之各種知識界、存在界、生活行為界、價值界關聯貫通，以成就一整全之宇宙觀與人生觀。」固然，哲學家對於哲學的意義各有其看法，看法上的不同顯示他們對於哲學問題的偏重、方法、進路的差異；不過，這些差異無礙哲學家的共同願景：成就出關聯貫通所有一切之整全智慧的目的。

要成就關聯貫通一切的整全智慧，就必須產生各種與知識界、存在界、生活行為界、價值界有關聯的哲學問題。當關聯建立後，哲學家還必須提出回答、建立理論，進一步地還要將它們全部貫通起來。中國哲學處理的哲學問題可大分為四項課題：名理論、天道論、人道論與人文論。具有強烈實踐性格的中國哲學對於名理論的討論明顯少於其他三項課題。

(一) 名理論

中國哲學所謂「名理之學」之名，最早出現於魏晉時代，觀探所談論的哲學問題，則可以往前推溯自先秦哲學名家以及其他哲學家的討論。

生命在面對大千世界，面對虛與實的分辨得建立標準，人類該如何才能夠知實？透過名來表實，如何才能夠確當？該如何才能夠經由名的論及，使他者能夠真正明瞭吾人之意？名真能夠表實嗎？吾人能夠真正知實嗎？實際上也許名無法清楚表明吾人心知之實，甚至吾人根本無法知實。

諸凡此類問題，皆屬名理論。對於名理論，唐君毅指出「皆不外知實、知理，以名言表之而對人辯說之所涵」。

(二) 天道論

想要安身立命，自當論究生命與身處之世界的本然關係。吾人所面對的自然世界與吾人生命是否有共同的根源？自然世界與吾人生命發生的歷程為何？共同的根源在自然與人類發生的過程中扮演著什麼樣的角色？共同的根源是否只是一機械的根源，還是有其價值的意義？若真有共同的根源且具有價值上的意義，那麼這項根源對人類有什麼樣的重要啟示？這些探討的問題與生命的實踐表面上不甚相關，但要想安身立命，就必須要認識生命的本來面目，而且實踐的對象不單單是人，也必然與萬物乃至山河大地有所聯繫，甚至還必須與可能的超越根源有著關係；是以，關乎於根源的天道論為眾多哲學家所關注。

(三) 人道論與人文論

人道指人所當行之道，這項課題包括有理想人格、理想人格的行為方式及成就理想人格的工夫，以及人能夠由自然狀態成就理想人格的理論可能性等發問。人文論包含有文化、宗教、科學、藝術、教育、經濟、政治等人文活動，這些學科活動貌似各自獨立運作，事實上應該從一整體的視角進行理解，方可得出一全幅的面貌。由此意義來看，諸學科背後的哲學問題都可被歸屬為人文論的一部分。

中國哲學四項課題

天道論

人道論 ← 中國哲學課題 → 人文論

名理論

中國哲學課題的內涵

	對象	與西洋哲學課題的對應	哲學問題舉例
名理論	旨在探討有關名與理、言與意的問題，例如先秦的名實論以及魏晉的言意之辨。	邏輯與知識論	❶人類能夠認識世界嗎？ ❷人如何才能真正認識？ ❸言語的使用能夠清楚表達吾人心中的認識嗎？
天道論	旨在探討形而上的天道，例如道家、玄學與宋明理學等對於道的談論皆屬天道論。	存有論、本體論以及神學	❶道與宇宙發生的關係？ ❷宇宙的變化是機械的、無意志的，亦或有目的的、具有價值性？
人道論	旨在探討人性、工夫修養、德性、聖人之學、利與義以及真人之境等議題。	倫理學、美學、價值哲學以及人生哲學等	❶人性是什麼？是善的還是惡的？ ❷什麼是善？什麼是惡？ ❸理想的生命實踐為何？
人文論	旨在探討歷史、法律、經濟等殊別的人類文化與總體文化之知識、形上學以及價值的問題。	歷史哲學、法律哲學、經濟哲學、教育哲學、以及社會哲學等	❶法律的最終目的是在懲罰？還是在矯正？ ❷歷史的發展是否具有一定的規律？ ❸文化發展的總體意義為何？

UNIT 1-7
中國哲學的時代分期

圖解中國哲學史要略

哲學的發展與時代環境關係密切，它的發展與深化往往是哲學家在面對時代處境、解決時代問題所做的努力，重實踐精神的中國哲學更是如此。因此，中國哲學家的思想發展軌跡正是對於時代需要的回應。不同的時代有著不同、特有的哲學發展，如果將這些特徵拿來當作畫分中國哲學時代分期的原則，大抵可以將中國哲學史分為七個發展階段。

（一）先秦哲學

春秋戰國時代，周天子徒為形式上的共主，朝內朝外皆處在混亂的局面。時代的動盪推生了中國的哲學，孔子、孟子、荀子、老子、莊子、墨子、韓非等哲學家開創出中國哲學最輝煌的一頁，歷史上稱此為百家爭鳴，爭鳴是為了救治周文疲弊帶來的問題。

（二）兩漢哲學

秦始皇結束春秋以來的混亂，但國祚僅三十年，真正的大一統為劉邦開創。漢初為求休養生息，採黃老之術治理天下；武帝改取董仲舒獨尊儒術、罷黜百家之建言。不過，「漢統天下」必須回應原散布各地的先秦各派思想，由於儒學能兼容並蓄，所以哲學反而在內容上顯得多元而且豐富。

（三）魏晉玄學

魏晉時代的主要哲學思想為玄學。東漢末年桓帝、靈帝昏庸，其後又連年兵戰，玄學的出現恰如甘霖。玄學可謂老莊思想的再興，當時社會紛亂，儒家的禮教不為時人所好，老莊因而再次興起，還因此促進道教教理的完整，增長人們對於佛學的認識。

（四）隋唐佛學

隋唐為佛學思想發展最為興盛的時代，東漢時，佛教開始傳入東土，至隋唐，整個思想界可說完全受佛教支配，就連李翱、韓愈等人在力推儒學思想時也不得不正視佛學對於中國的影響，從天台宗、華嚴宗、法相宗等教派的蓬勃發展可見佛教受到的重視。

（五）宋明理學

宋明是儒家思想復興的時代，唐朝韓愈、李翱等人見儒學傳統因魏晉玄學以及隋唐佛學的興盛而愈顯凋零，遂提倡儒學，闢斥佛老，開啟儒學運動的先河。宋明儒學著重於義理的系統化詮釋，周敦頤、張載、二程（程顥、程頤）、朱熹、陸象山、王陽明等皆是此時期的重要思想大儒。

（六）清代哲學

面對異族入侵、滿人統治，儒者對於空談心性深感痛惡，因而繼承與強化對於儒學經世致用的可能性。此外，滿人為求控制思想，強調考據與訓詁，思想發展遂轉為整理固有典籍。西方列強挾船堅炮利之勢，也迫使思想家重新反省固有儒學的價值。

（七）當代哲學

民國建立後，面對過去以來西學的強勢，以及有鑑於西學擅於思辨的特徵而產生的文化優勢，哲學家一方面延續清末以來的反思運動，進而肯定儒學，一方面在肯定的同時又援入西方的哲學進行對話，以兼綜合中西哲學，企圖開展有系統的哲學思想。

中國哲學的時代分期

先秦哲學	面對周文疲弊，有志、有識者紛紛提出解決之道，形成中國歷史上獨特的百家爭鳴的局面。
兩漢哲學	漢初天下統一，為因應長年爭戰造成的問題，採以黃老；此外，為穩固政權，又獨尊儒家。
魏晉玄學	東漢以降，連年兵戰，道家思想遂於魏晉時代重新受到重視，儒學則不為人所好。
隋唐佛學	隋唐時代，朝廷對於佛教文化相當友善，佛學思想因而蓬勃發展。
宋明理學	儒家對於道家以及佛學大感不滿，跳脫漢儒章句訓詁，著重闡發先秦儒學的微言大義。
清代哲學	對於宋明儒學、天道性命之學深感痛絕，著重於經世實用之學，另又強調考據。
當代哲學	因應西學東來，又為回應地球村的時代，哲學家大量吸收西方哲學，並以中國傳統的哲學為基礎，綜合中西哲學，開出系統理論。

中國朝代年表

- 西周（前1046至前771年）
- 春秋（前770至前476年）
- 戰國（前475至前221年）
- 西漢（前202至公元8年）
- 公元元年
- 秦（前221至前207年）
- 東漢（25至220年）
- 三國（220至280年）
- 西晉（265至316年)
- 東晉（317至420年）
- 南北朝（420至589年）
- 隋（581至618年）
- 唐（618至907年）
- 五代（907至960年）
- 北宋（906至1127年）
- 南宋（1127至1276年）
- 元（1271至1368年）
- 明（1368至1644年）
- 清（1636至1911年）

UNIT 1-8
天

在中國哲學裡，同樣的字或詞時常被不同的哲學家使用，有時哲學家們會賦予它們相同的意義，有的時候卻給予它們不同的說法。就思想的發展而言，這似乎是不可避免的現象，無論是在原有的意義中添加新義、刪除舊義，或是將字詞從原先在舊有脈絡的使用習慣轉而運用於新的不同的思維脈絡中，都反映著由於時代及哲學發展的需要而有的改變。

換言之，欲勾勒中國哲學的發展過程，吾人必須將它所賦予哲學意義的字詞作一發展足跡上的審視，萬萬不可將所有的相同字詞視為具有相同的意義。若是簡單地以同字即同義來把握字詞，不但無法體貼哲學家的心靈，更無法看出中國哲學在思想發展過程中的精神轉變。

中國哲學重視實踐生命，在實踐性哲學的系統化建構過程裡，天、道、理、性、德、心等字詞承載著豐富且深邃的哲學思維，它們的內涵構築了天道論、人道論以及人文論，使中國哲學的發展得以具有理論上的完備。

在中國文字裡，天的意義有五：皇天上帝之天、自然物質之天、道德義理之天、相對於地的天以及無奈命運之天，這裡特就前三項進行介紹。

（一）皇天上帝之天

遠古中國思想的至上神，《詩經》、《尚書》有時以「天」言之，有時候則言之以「帝」，言天言帝都指對於人與自然具有主宰力的人格天。面對具有主宰力的人格天，人們藉由祭祀表達敬意，祭天之禮唯可由皇帝主持。天是至高無上的，天具有宗教的意味，是無形

體、無限、無終的神體，其無所不知、無所不能。天為萬物存在的源頭，天生萬物，並為人的世界立君王，稟受天命的君王必須謹守天命、為人世謀福，天會監督君王，考量其行為的善惡施以賞罰。嚴格來說，此等具有濃厚宗教意味的天的觀念並不是哲學概念，但由此發展出的敬天思想，影響了日後中華民族注重天人關係之哲學思維的發展特色。

（二）自然物質之天

天為自然，所涵蓋範圍包括所有非人為的存在。自然物質之天不具有價值的內涵，純粹為物理現象。自然始終不斷在變化，在變化中卻有其不變的秩序。此觀念有助科學認識的活動進行，促使人們能夠以理性解釋所有自然界的變化，即便是罕見的現象。

（三）道德義理之天

相對於自然物質之天，道德意義的天具有價值之義。天有常道，有其規則、秩序，但不同於自然物質的天僅僅為物理現象的秩序。天對於萬物的運作並不是機械的、偶然的，而是道德的、必然的。此等意義的天使得人可從道德的角度來認識天，與天獲得溝通，天與人的關係可以不是宗教意義底下，宰制者與被宰制者的關係。

除了這三種說法，相對於地的天則可歸屬為自然物質之天，無奈命運之天是人對於未來無完全掌握在己的感嘆，這五種說法彼此不衝突，它們甚至可以同為一套思想所主張。

```
                      三天
        ┌──────────────┼──────────────┐
        ▼              ▼              ▼
   道德義理之天      自然物質之天      皇天上帝之天
    ┌────┬────┐   ┌────┬────┐   ┌────┬────┐
    ▼    ▼    ▼    ▼    ▼    ▼
```

例如：《中庸》云：「天命之謂性，率性之謂道，修道之謂教。道也者，不可須臾離也；可離，非道也。是故，君子戒慎乎其所不睹，恐懼乎其所不聞。」

據。

天的常道運行不是機械、無目的的，自然的秩序有其價值。天同時為行為的根

例如：《荀子·天論》云：「天行有常，不為堯存，不為桀亡。」

包括所有非人為的存在，純粹為自然，其不斷在變化，變化中有其規律。

例如：《詩經·大雅》云：「宜民宜人受祿于天，保佑命之自天申之。」《詩經·商頌》云：「天命玄鳥降而生商。」《尚書》云：「天討有罪。」

無形體、無限、無終的神體。

為至上神，具有人格，此天往往具有宗教性質，具有意志，能夠賞善罰惡。為

道德的根源

UNIT 1-9
道

「道」的本義為路，被引申為祭祀路神的活動，《禮記‧曾子問篇》言，「道而出」，表現出即將出外的諸侯對於將要行經的道路的尊敬。爾後，哲學家對此古義做了哲學上的轉化，「道」後來被引申為具有規範以及規律之義，前者主要可見於儒家思想，道具有道德價值的意味；後者主要見於道家的言論，道具有自然本貌的意味。

規範義可謂是就行為的應當性而言，是針對道之於人事活動在應然方面的啟示而說；規律義則是就行為的事實而言，是針對道之於人事活動在實然方面的實際情況而論。規範義的道實可以包含實然義的道，而不悖；反之，實然義的道並不一定具有規範義。不過，所謂實然意義的道並不是吾人經驗世界見到的事實現象。

道是路，生命對於旅程要行走的路，必須做出明智的選擇，無論是應然義或是實然義的道，都是強調在「道是行走的道路」的意義上發展而來，儒道對於道的看法雖然不完全相同，但在差異中仍有共同看法。

（一）道的通義

道是森然萬物的根本，萬物皆有時間性，因而具有生滅始終的現象，萬物皆因道而生，道不具時間性，道無始以來便已存在，它是自本自根的。道在形體上是無形無象的，一般用於察覺經驗的感官無法知道，但道卻一直存在於世間，儒道二家時常以「體道」二字描述契合於道的生命。

萬物各有其理，理理之間有異有同，相異之理皆可統一於道，道是所有萬物之理的統一，所有的事物皆遵循道而有生滅、有動靜。

（二）道家的道

中國哲學理最早提出道論者為老子。就道與萬物的關係而言，老子以為作為萬物之形上原理的道，除了是萬物所以存在的根本，還是內在於萬物的活動動力以及所依循的規律。道周遍並作用於一切萬物，《老子》所謂「反者道之動」與「夫物芸芸，各復歸其根，歸根曰靜，靜曰復命，復命曰常」，道之於萬物的作用是恆常不變的，萬物因道而有、而動，萬物的有與動最終是回歸於道。

是以，就根本起源、動力所在以及活動歸處三者來看，道是萬物遵循的規律。老子以自然言道，他說的自然並不是吾人日常經驗中的自然，而是「自其本然」之意，即道的規律是來自於道本身，經驗中的自然同樣是屬於萬物，一樣必須遵循道。

（三）儒家的道

儒家原初言道，多是就人事活動而發，諸凡聖人之道、治國之道等。此等意義的道是在道德意識底下的解說，具有價值、規範的意思。爾後，在後世儒家的發展，逐漸將其關於人事之道的言論與其天道論的建立相接而形成一大系統。對於儒家而言，大化流行的現象深層來看除了自然規律的表現還具有道德的意義，例如《孟子》所謂的盡心、知心、知天，既通過道德實踐的工夫來體認、肯定天的道德義；朱熹則說「道是統名，理是細目」、「月印萬川」，也是將道視為一切人事活動所應依循的價值所在。

「道」之字義

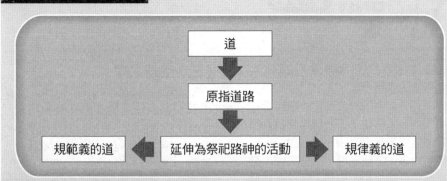

道

↓

原指道路

↓

規範義的道 ← 延伸為祭祀路神的活動 → 規律義的道

道與萬物

	時間	根源	關係
道	不具時間性 無始的存在	自本自根	道統一了萬物之理
萬物	具時間性 有生死毀滅的現象	因道而有	萬物的理統一於道

道家的道

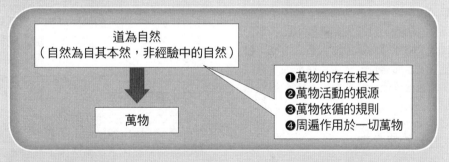

道為自然
（自然為自其本然，非經驗中的自然）

↓

萬物

❶萬物的存在根本
❷萬物活動的根源
❸萬物依循的規則
❹周遍作用於一切萬物

儒家的道

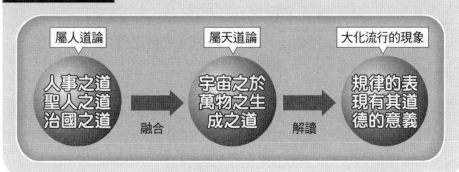

屬人道論

人事之道
聖人之道
治國之道

→ 融合 →

屬天道論

宇宙之於
萬物之生
成之道

→ 解讀 →

大化流行的現象

規律的表
現有其道
德的意義

UNIT 1-10
理

圖解中國哲學史要略

依據唐君毅的統計與考據，先秦的哲學家開始未曾用「理」一字談論思想，後來思想史愈往後發展，理才愈趨受到重視，到了宋明儒學，一切思想觀念都可以與理聯繫起來討論。唐君毅指出理主要有六義：文理之理、名理之理、空理之理、性理之理、事理之理以及物理之理。理之六義恰巧分別為六個哲學分期的思想所重視。

（一）文理之理

文理之理為先秦哲學思想所重視的理，總體上是指人與人相互活動所依循之具體規範或規範之實踐中表現出的精神。此理專就人的意志活動而說，因於人的意志活動的歷程狀態、遵循的標準以及實踐道德行為之內心狀態，理又可分解出三義：❶理是用以描述合乎條理、次第之意志活動狀態；❷理是聖王所立之儀禮，以及人類社會中的一切行為歷經時間的淘選形成客觀之道德；❸理是用以描述吾人之意志活動因為實踐道德以至於內心合理而不亂、安靜的狀態。

（二）名理之理

名理之理，原來是指理性言說過程所顯示的理，此理包括名實之間的關係、從前提推導出使人接受之結論的前提與結論間的合理關係，以及由名言實所示關於此實的理。魏晉玄學所涉的名理問題是承接先秦名理論的發明，主要探討言說者在運用名透表其心中意以使人了解之理。就此義來說，所謂理是意，理並非指存在於外在之事物的理，玄學家以言說心中之理，拓開了心靈的境界。

（三）空理之理

空理之理是脫離理性言說的局限、超越理性言說的認識活動而契於超越理性言說所能把握之對象的實在而顯示的理。一般吾人所見所聞皆是因執所起，佛教的空理旨在破除我執以證得真如。佛教的空理不同於魏晉的玄理，欲證得空理必須經過修養工夫，玄學之玄理只是言談表意的工作，而空理必得超越語言的層次才可證得，因為語言的使用為吾人思想表現的媒介，為我執的一種型態。

（四）性理之理

性理之理為宋明儒學所重視，指人事活動中的當然之理，具有形上的意味，並可通於天理者。文理之理與性理之理二者不同，二者同涉道德，然前者為後者統攝，在行為的具體規範上表現為多；後者為一，藉由前者來分別表現於不同的倫理關係。

（五）事理之理

事理之理是歷史事件的理。明末至清代重經史之學，關切歷史的真相，以明白史實的究竟因果，脫離個人的成見、偏好，發掘歷史事件發展的演變之理，供以現世之用。

（六）物理之理

物理之理為內存於客觀對象的理，具有規律性。現代中國受到近代以來西方的武力與思想影響，開始重視物理之理，用科學方式來尋求，用以避免災禍、造福人類。

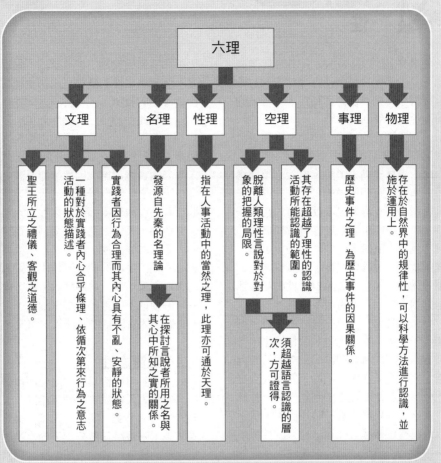

六理

- 文理
  - 聖王所立之禮儀、客觀之道德。
  - 一種對於實踐者內心合乎條理、依循次第來行為之意志活動的狀態描述。
  - 實踐者因行為合理而其內心具有不亂、安靜的狀態。
- 名理
  - 發源自先秦的名理論
  - 在探討言說者所用之名與其心中所知之實的關係。
- 性理
  - 指在人事活動中的當然之理，此理亦可通於天理。
- 空理
  - 脫離人類理性言說對於對象的把握的局限。
  - 其存在超越了理性的認識活動所能認識的範圍。
  - 須超越語言認識的層次，方可證得。
- 事理
  - 歷史事件之理，為歷史事件的因果關係。
- 物理
  - 存在於自然界中的規律性，可以科學方法進行認識，並施於運用上。

蘋果掉下來，可見牛頓的萬有引力說是真的，這就是「物理之理」。

UNIT 1-11
性

性為中國思想人道論重要的哲學概念。「人」一直是中外古今哲學探討的重要對象,尤其道德實踐在人的行為的可能性更是受到注意。

人實踐道德的可能、標準、意義等哲學發問一直圍繞著中國哲學的發展,中國哲學為建構人道論,自然必須回應人的本質以說明道德的可能,並進而與其天道論相互發明以成就完整的哲學體系。縱觀中國哲學對於性之哲學概念的豐富過程中所賦予的多義內涵,可區分成天地之性(義理之性)、氣質之性二種。總括言之,人道論對於性的討論都是針對人之為人的問題而發展。

歷來思想家對於人性有許多主張,例如孔子云:「性相近也,習相遠也。」肯定行為的差異主要來自於後天的因素,而非先天使然。不過,對於人性提出較具本質性的說法要到孟子提出性為「人之所以異於禽獸」時才出現。孟子以人具有仁義禮智四端之心來說性善,有別於孔子只是以相近來說性,更能夠區別出人與動物的究竟差異處。先秦哲學除了孔孟,荀子的看法亦對於後世的人性討論具有啟發,他說性是「天之就也」,是「生之所以然者」,為「本始材樸」的,為「不可學,不可事」,是「感而自然,不待事而後生者也」,荀子以生命稟受於自然、表現在飲食男女的行為自然傾向說性,與孟子論性的路線不同,孟荀的看法皆為宋明儒學所吸收,因而有天地之性與氣質之性之分。

(一)天地之性

天地之性與氣質之性,首先是由張載提出,《正蒙·誠明篇》說:「天所性者通極於道,氣之昏明不足以蔽之;天所命者通極於性,遇之吉凶不足以戕之。」天地之性的概念可視為承繼孟子性善思想的發明,人人皆具有此性,之所以具有此性乃是因為超越的道。就哲學的意義而言,張載以天地之性說人,使得人與動物有一本質上的區別,規定人類必須實踐道德,因而道德具有普遍性;天地之性源自於超越的天道,道德因而具有客觀性;因天地之性,人可以實踐道德,天地之性不會受到氣質之性的影響而改變其性,道德之於人因而具有必然性。生命的價值可藉由實踐道德來獲得彰顯,以天地之性說天命,使得生命的價值不以吉凶禍福來論斷,道德的實踐不因吉凶禍福而停頓、改變。

(二)氣質之性

人人固然可因皆具天地之性而自覺踐道,但是人人在氣質上並不相同,人的氣質具有清、濁、明、昏、剛、柔等差異。除了張載將氣區分為天地之性與氣質之性的區分,其他宋明儒學者也有同樣的討論,例如朱熹吸收張載、程伊川的思想,將氣也分為此二類。朱熹對於氣質之性的討論甚多,在二氣之於道德實踐的討論中,以水與容器的關係為喻來說明二氣。性理之性如水,氣質之性如盛水之容器,盛水之容器裡頭若有髒汙,必影響所盛之水之純淨,然而水不能無容器存放,否則散為一地,不過水的純淨或因受容器而影響,但仍具有回復其原有純淨的可能。朱熹認為,人皆具二氣,前者不可脫離後者,且經由工夫,前者可以不受後者影響。

張載的性

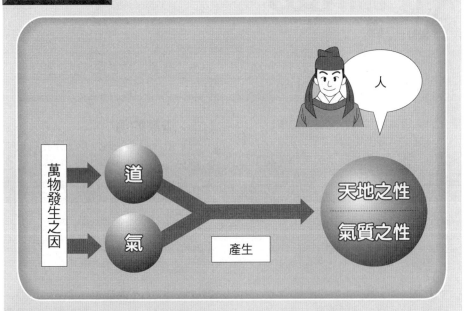

天地之性與氣質之性

	天地之性	氣質之性
先秦哲學中的類似主張	孟子	荀子
說明	❶具有普遍性：凡人生而為人者皆具有天地之性。 ❷此性為人的本質所在。	❶具有差異性：每個人雖同生為人，但是卻有著不同，這是因為每個人稟受的氣質之性不同。 ❷氣質之性有清、濁、明、昏、剛、柔的差異。
與道德實踐的關係	❶使得道德實踐能夠成為對於每個生而為人者的普遍要求。 ❷天地之性即道德所以可能的原因，人因為天地之性，所以內在具有道德情感、道德意識，並實踐道德。 ❸由於所有人都具有天地之性，因此依理而言，每個人都具有實踐道德的能力；同樣，道德的要求對於所有人都是有效的。	❶使得道德實踐受到阻礙。 ❷所有人雖具有天地之性，理應可實踐道德，但從實際情形來看，每個人身上的道德活動有高、有低。之所以普遍內在於人的天地之性，無法表現在每個人的身上，係因於在人的結構中，除了天地之性外，另外還有氣質之性。

UNIT 1-12
德

儒家言德，著重於從道德實踐的角度而言，道是價值之源，德是成就道及使行為表現得善所需要的穩定良好品格。儒家以人道論的角度肯定德的重要性，由之發展出諸種工夫論。

道家言德，著重於從道與萬物的發生關係而論。道是全，是一切萬物之根本；德是分，是一切萬物稟受於道因而得以成就自身之本性。由本質而看，道與德並無差別。後來的道家以此為根據進一步主張養身之道。

（一）儒家的德

儒家對於德有許多種解釋，例如《論語・憲問篇》的「以直報怨、以德報德」一段，德可被釋為恩惠；《論語・為政篇》，「道之以德，齊之以禮，有恥且格」一段話，將德與禮視為治國之本；其中，德又為禮之本，德在此又可被解釋為行為實踐依從的道理以及具體行為的良善表現兩種意思。

德的義涵雖有許多，不過以將它解釋為穩定且良好的品格狀態為主要的說法。《朱子語類》云：「至德至道，道者，人之所共由；德者，己之所獨得。」道德二字所指不同，道為價值的根源，具有規範之義，為凡具生命者實踐道德時所應依循的客觀根據。德是道德實踐時或長期實踐道德的品格狀態，它內存於己身，不為眾人所共有。從道德行為的發生來看，道與德皆不可略。

有道而無德，道只是懸置於外，生命內在沒有德不會行道，最多也只是行為表現暫時符合道；有德而無道，則言德只是虛言，行為將失去客觀標準，所謂的道德行為將只具有相對性的意義。有鑑於德與行為的密切，因而儒家思想重視德之修養，務求養成穩定良好的品格。

（二）道家的德

前面在介紹道的時候指出道具有根本的意思，道生森然萬物，道為一切之始、之母，一切萬物因於道之妙運而生。先秦道家又別稱為道德家，《老子》乙書又被稱呼為《道德經》，可見道家重視道與德。德其實在本質上與道相同，二者未有差異，若要區分二者之間的差異，則以全與分來論：道是全、德是分。《老子》說：「道生之，德畜之，物形之，勢成之。是以萬物莫不尊道而貴德。」萬物因道而生，由德而育，說德是就一物因分受於道而成其體者而言，德實為一物之所以為一物不為他物的本性，因而貴德。

道家其，派別也同老子一樣的德論，例如《莊子・天地篇》說「物得以生謂之德」、「形非道不生，生非德不明」，同樣視德為一物的本性。

稷下道家與《呂氏春秋》進一步以其精氣論擴充對於《老子》的詮釋，他們以氣說道，氣具物質性，人是精氣與形氣相合而成的，精氣產生精神，形氣則構成身體。《管子・心術上篇》說「德者道之舍」，將德視為人原本稟受有的精氣，認為人若是希望能夠長壽、健康，就必須常保己身原有的精氣，並吸收其他散於身外的精氣。

儒家的德

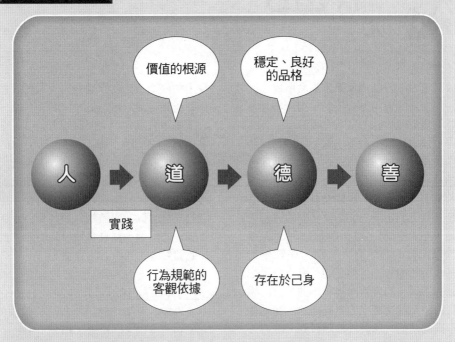

道家的德

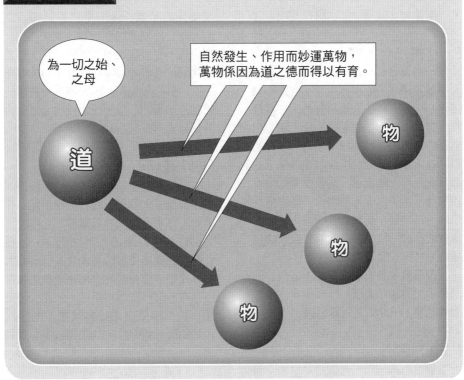

UNIT 1-13
心

圖解中國哲學史要略

道與理是在生命經營中重要且不可或缺的資糧，各種道理都是生命所需，而各種道理的取得方式不同，因而所涉及能夠知道理的能力也不一樣。

依據思想家所重所求的不同，可以將道區分出二種主要意義，理則可以分類為六種意義。心能得知道理，生命由心獲道、得理，心也因而具有多義。心在意義上的不同主要是就功能的分別來論。依據所求之道、所重之理，各派哲學所言的心也隨之有別，仔細辨析各派所言的心，各種心的差異不一定是針對不同心的實體而發；不同的心的說法有時是就功能上的差異而論，而這樣不同的功能，無礙於被歸於同一個心。先不論心究竟是或功能或兼涵實體上的差異，各家所論之心可區分成四：情性心、知識心、靈臺心、統類心。

（一）情性心

孟子以人人具有之惻隱、是非、羞惡及辭讓等四端的心表述人性善。此心為情性心，此心是從人在與其他人、其他物相接觸、互動過程中的不假思索、自然而然發出的道德情感來說的。情性心不同於人類其他因於自身心理欲望上的滿足或生理上的衝動、需要而產生的直接反應。孟子以人人見孺子將面臨落井之險、以羊易牛的事實說明人人皆具有禽獸所沒有的情性心，此心在與人物接觸時生發出的反應是無條件的。

後世儒者多承繼並擴充孟子情性心的思想，並通過〈大學〉、〈中庸〉思想上的啟發，主性善並言其心論。

（二）知識心

墨家重知識，如「何以知其然也」與「何以知之」兩項命題，是專對知識而發出的提問。外物原是外於人，對於外物的認識必須仰賴心知的作用。

《墨辯》說「生，刑與知處也」；刑字與形字相通，形軀與知能為生命的兩項構成部分。他們側重吾人先天所具有能夠認識外物的知能，因而以知來說心，對於所以能夠獲取認識的可能、認識的歷程，以及知識的分類與真偽分辨等問題的討論，都真實地反映出墨家對於此能知心、知識心的看重。

（三）靈臺心

《莊子・人間世篇》說，「德蕩乎名，知出乎爭。名也者，相軋也；知也者，爭之器也；二者凶器，非所以盡行也。」莊子論心，一反孟子的情性心以及墨家的知識心，而是側重於情意之心。此心所知的內容無關具有是非的文理之辨，也無關具有真假的名理、事理與物理。莊子論心旨在成就生命的真正主宰，其心所重不在求分辨，而在求能勝物且不傷的心境，能求得此心，生命將無累、無憂。

（四）統類心

荀子雖不像孟子以四端之心說性善，然亦肯定吾人具有行善、積德之能。荀子論心是由吾人具有認識善行之標準，並由之標準以實踐的角度來論。各種社會文理與道德實踐背後有其一統的大理，統類心能夠明其大理並考量生命當下存在的時代環境、遭遇，依此大理推類、抉擇出應有的行為反應。荀子說「知明而行無過」，具統類心者在實踐方面總是得宜。

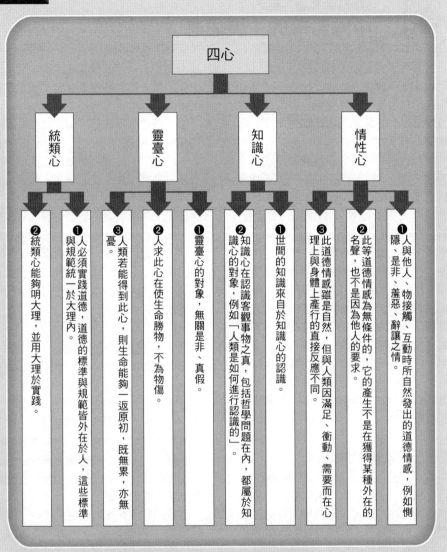

四心

統類心
靈臺心
知識心
情性心

❷ 統類心能夠明大理，並用大理於實踐。

❶ 人必須實踐道德，道德的標準與規範皆外在於人，這些標準與規範統一於大理內。

❸ 人類若能得到此心，則生命能夠一返原初，既無累，亦無憂。

❷ 人求此心在使生命勝物，不為物傷。

❶ 靈臺心的對象，無關是非、真假。

❷ 知識心在認識客觀事物之真，包括哲學問題在內，都屬於知識心的對象，例如「人類是如何進行認識的」。

❶ 世間的知識來自於知識心的認識。

❸ 此道德情感雖是自然，但與人類因滿足、衝動、需要而在心理上與身體上產行的直接反應不同。

❷ 此等道德情感為無條件的，它的產生不是在獲得某種外在的名聲，也不是因為他人的要求。

❶ 人與他人、物接觸、互動時所自然發出的道德情感，例如惻隱、是非、羞惡、辭讓之情。

知識補充站 ★生物學與哲學的心大不同

在中國哲學中說心，說的不是一般從生物學角度以為的心。生物學說人的心，係指心臟，它位於胸腔；中國哲學說的心，無論是性情心、知識心、靈臺心或統類心，都不是在說心臟，而是用以指涉某一種位居吾人生命中之主體地位的存在。中國哲學常以心作為生命的主體，生命所以能夠超越現況、成就道德，皆與心有關。心的存在，在學理上具有保證生命得以脫離現況、向前精進的可能性。此可能性建立之後，再來就是通過修養的工夫、實踐的工作來完成。

UNIT 1-14
中國哲學的主要思想

攤開哲學的定義,各種說法令人目不暇給,不同說法之間彼此或有衝突、不相容,或相呼應、互發明。中國哲學的發展過程,正是思想彼此相應、發明與衝突、不容的辯證軌跡。

中國哲學的主要思想為儒家與道家,儒道二家的思想發展可謂占整個中國哲學發展的絕大部分,佛教思想則是由印度傳入中國後,與儒道二家交軌對話而影響儒道的發展,因而占有一席之位。在此說中國哲學的主要思想為儒道,並不是無視其他曾經有過的思想派別。《漢書‧藝文志》所記載的先秦諸子思想:儒、墨、陰陽、法、名、墨、縱橫、雜、農與小說等十家九流,不可諱言在中國思想發展中皆曾占有一席地位;但當論及思想本身對中華民族每個生命心靈的啟迪作用與凝聚現象而言,則只有儒道二家稱得上是中國哲學真正的代表思想。

(一)儒家哲學的發展

由「盡己」至「推己」而得以「成己」以至「成物」,乃是儒家淑世精神思維的內在理路。先秦儒學的哲學思維提供後世中國哲學發展寶貴的資糧。孔子的仁學、孟子的性善、中庸的天道、大學的修養、荀子的禮論都一直活躍於後世的學術。

秦漢結束動盪的亂世,漢武帝有鑑於儒學具備兼容並蓄的特點因而提倡儒學,經學承載著儒學對於歷史、文學、禮等人文的觀點,漢代學術重章句訓詁,武帝又立五經博士,此時儒學與漢代政治的發展彼此支持,政治因儒學而穩固,儒學因政治而為世人所重。魏晉思想主要為談玄學、名理,厭惡名教之論;不過,儒學依舊是主導政治體系的主要力量,如北魏推動實施的漢化政策正是儒化活動。

隋唐時代佛學流行、儒學式微,激起文化精英反省自身文化,大開宋明儒者對於儒學的詮釋與創造。宋明儒學思想著重微言大義,儒家思想人物輩出,政治上更採四書為考試科目。明末儒者面對眼前兵亂,稟持儒學一貫的救世態度,試圖藉由改造儒學來救亡圖存,救民興國的淑世態度一直以來深深烙印在每位儒者的心中,清代以及民國在遭逢不同挑戰的時候,儒者們也依舊稟此精神尋求解決。

(二)道家哲學的發展

儒學的發展與中華民族歷代的興衰有著密不可分的關係;道家的思想則是潛藏於中華民族血脈深處的另一種思想代表。老子、莊子與黃老學等道家思想廣布於先秦各地,漢初為了休養生息採取黃老無為之治,雖然表面上董仲舒的建言使得漢武帝獨倡儒術,道家的思想事實上卻始終流行著。

道教始於漢末,其義理中吸收了道家的思想,因為道家,增進了道教義理規模的完備。魏晉玄學的興盛正是先秦道家思想的復興活動,王弼《老子》與郭象《莊子》皆為明證。佛學義理之所以能夠傳入,道家也扮演了舉足輕重的角色。格義佛教藉由道家的哲學概念來闡釋義理,加速中華民族對於佛學的了解,格義的詮釋反映了道家思想為中國哲學主流思想的事實。即便脫離了格義的階段,佛教仍喜以道家來詮釋佛學,例如明末憨山便曾注有《老子》及《莊子》。

儒家的淑世精神

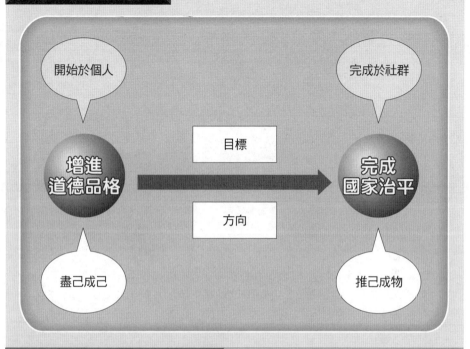

儒家與道家的哲學發展

	儒家與道家
先秦	❶儒家始於孔子，強調淑世精神，試圖恢復禮的固有精神。 ❷道家始於老子，主張自然，後來發展出莊子學派與黃老道家。
兩漢	❶漢初考量長年戰亂，政治上採休養生息，並行黃老之治。 ❷漢武帝因穩定政治的考量而獨尊儒術，立五經博士，經學盛行，強調章句訓詁工作。 ❸漢末道教因吸收道家思想，其教義得以完備。
魏晉	❶魏晉為道家復興的時代，此時談論儒學者甚少，儒學甚至成為思想家批評的對象。 ❷盛行玄學談論，以《老子》、《莊子》、《易經》為談論對象。 ❸佛教藉由道家思想解釋佛學，佛教因此順利走進中國社會。
隋唐	朝廷支持佛學，佛學在民間大為風行，相形之下，儒道二家沒受到太多的重視，此時佛教各宗派紛紛形成。
宋明	儒者強調復興中國主流思想，儒者拒斥佛、老，努力闡發儒學義理。
清代	儒者有感於宋明多談天道性命、少言經世致用，以致國滅朝亡，而著重於儒家的外王精神，力倡實用思想。
民國	❶面對西學衝擊，儒者一方面肯定西學的價值，從而吸收西方哲學思想，另一方面肯定儒學，從而反省並推動當代新儒學。 ❷道家義理亦在當代思想與文化的刺激中，獲得新的詮釋。

第章

先秦哲學

●●●●●●●●●●●●●●●●●●●●●●●●●● 章節體系架構 ▼

UNIT **2-1**
先秦哲學發生的因素

論及先秦諸子思想的發生原因,有許多看法,大致可分成政治與思想兩項因素,前者為外緣因素,後者為內在因素。政治因素為諸王僭禮導致封建制度的解體,此時社會秩序混亂,有志之士稟於憂患意識,紛紛提出解決之道。思想因素主要是內在於周文之形式深處的周人精神,隨著封建制度的解體而不再所導致的結果。先秦思想家除了面對政治以及社會秩序的再造難題,也亟思失去價值之生命的問題。政治與思想上的努力其實也是周代人文精神的表現。

(一)人文精神的出現

先秦諸子顯露出的憂患意識有其歷史源流,憂患意識是一種人文精神的表現。古代的宗教思維視天為具有意志的人格神,天子之所以為天子是因為得有天命。表面上承襲古代天命思維的周代實際上已轉化天命的意義,天命不再是天任憑其意降命於誰,受與不受有天命的關鍵在人,關鍵在誰才能夠將天命流行於世。《詩經》有云:「維天之命,於穆不已。於乎不顯,文王之德之純。」《召誥》有云:「惟王受命,無疆惟休,亦無疆惟恤。嗚呼!其奈何弗敬!」《召誥》又云:「嗚呼!天亦哀於四方民,其眷命用懋,王其疾敬德。」由《詩經》對於文王之德的讚譽以及《召誥》所示召公對於成王的告誡來看,顯示天命在周人思維中並非常住的、不變的。

為君者雖得有天命但必須抱有憂患意識,其行為必須正確,否則縱使有天命也會失去。天命靡常的觀念顯示周代已脫離殷商政治為宗教意識籠罩的思維,思想上憂患意識的出現促成了人文精神

的萌芽與前進。

(二)禮與王官學的衰微

西周的學術與政治、宗教關係密切;不過周代宗教思維的影響力隨著人文精神的前進而逐漸衰微。人文精神的發展表現在面對天命,人不再是被動地受天支配,天命原本是神秘的、不為人所了解的,人文精神的注入使天命能由人們自身的行為來把握與決定,崇高的天退居到僅具有監察的位置,人們獲得了某種程度上的自主地位。周代的人文精神還表現在禮的發展上,祭祀之禮原為古代悠久的傳統,因人文精神的抬頭使得禮的功能從原本純粹的祭祀慢慢擴大範圍,兼具人事活動的規範作用,使得原本具有的宗教意味隨之淡化,其內涵遂轉向具有規範的、道德的意義。春秋戰國禮樂崩壞,禮不再能夠凝聚社會,因而先秦諸子的出現可說是接承周代之人文精神對於亂世的回應。

西周學術與政治、宗教關係密切,此時學術集中於貴族,又稱為「王官之學」,一般公認王官之學的代表為六經。西周的知識階層具有嚴格的身分限制,春秋以後封建瓦解,社會流動激烈,本來屬於貴族的學問開始在民間流布,刺激先秦哲學的興起。先秦諸子雖不是一一出自王官,但諸子思想救弊治世的旨趣與王官之學、經世致治的傳統是相通的,王官之學與先秦諸子關係密切,儒、道、墨、法等諸家思想皆有源自或批判六經之處。換句話說,王官之學提供了接承周代人文精神之諸子回應亂世的養分。

先秦哲學發生的因素

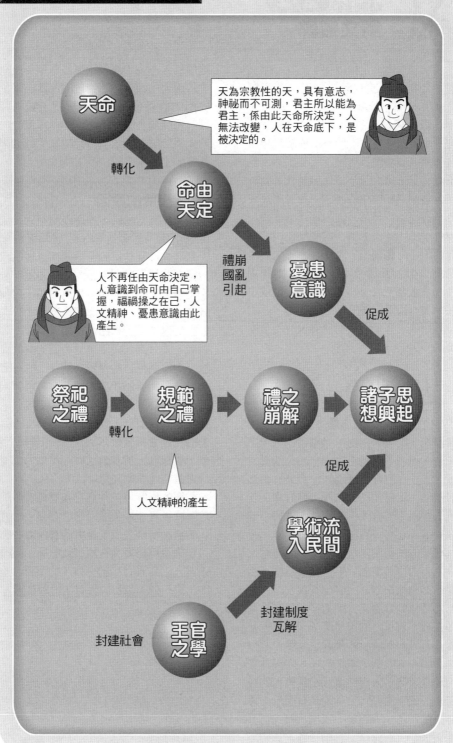

天命

天為宗教性的天，具有意志，神祕而不可測，君主所以能為君主，係由此天命所決定，人無法改變，人在天命底下，是被決定的。

轉化

命由天定

人不再任由天命決定，人意識到命可由自己掌握，福禍操之在己，人文精神、憂患意識由此產生。

禮崩國亂引起

憂患意識

促成

祭祀之禮

轉化

規範之禮

禮之崩解

諸子思想興起

人文精神的產生

促成

學術流入民間

封建社會

王官之學

封建制度瓦解

UNIT **2-2**
周文疲弊

周文的「周」是指周代;「文」是文禮,泛指一切或有形或無形的典章制度;「疲弊」意指原周代作為維持政治、社會與個人言行之秩序的典章制度,由內而外、由上而下的崩解現象。《論語‧顏淵篇》有云:「君不君、臣不臣、父不父、子不子」,為孔子對於所見禮樂崩解現象的體認。對於所見,孔子提到:「天下有道,則禮樂征伐,自天子出;天子無道,則禮樂征伐,自諸候出;自諸候出,蓋十世希不失矣;自大夫出,五世希不失矣;陪臣執國命,三世希不失矣。天下有道,則政不在大夫;天下有道,則庶人不議。」這段話反映了孔子心中對於春秋時禮樂崩解的憂慮。

(一)親親與尊尊

禮樂是周文的具體表徵,周文的疲弊現象也就是禮樂的崩壞。關於禮樂,《禮記‧樂記》指出:「樂者,天地之和也。禮者,天地之序也。和,故百姓皆化。序,故群物皆別。」禮樂具有形成規範、促成和諧的功能,亦有協助安排天與人、人與人、人與物、人與事等諸種關係之秩序的作用。

禮樂的制定要能夠合理,必須符合人們本有的自然情感,不可與自然情感相違,因為禮樂的形式表現其實就是吾人自然情感的具體化,即禮樂的實質乃是源自於「親親」的自然情感。這也就是說,吾人自然情感的流露之具體化必須經由禮樂來限制,禮樂的形式表現其實也就是有關吾人自然情感之具體化的規定。而禮樂的形式表現還具有顯示「尊尊」的作用,「親親」意指「親近自己的親人」,「尊尊」意指「尊重具有高地位的人」,「親親」與「尊尊」是周文的兩大內涵。自然情感的流露必須依靠能夠體現道德精神的形式規範來穩固,才能夠合宜、不過度;體現道德的形式規範則必須依靠自然情感的推動來落實,才能夠適切、不扭曲。

(二)崩解的原因

禮樂具有的和諧、秩序作用在封建制度底下逐漸受到挑戰。封建制度係指分封周姓以及功臣到各地,而封地的政治與經濟採世襲制度。周代藉由重新分配土地,強化地方與中央的關係,這項制度具有拉近人心的作用;不過,長久下來封建制度的實施也使得天子與受分封者、受分封者與受分封者彼此間的血緣、姻親關係日益龐雜。關係上的疏離不易讓自然情感能夠認同旨在體現親親與尊尊精神的禮樂制度,再加上內心的私欲未受到限制,遂使得天子與受分封者的關係變得緊張,開始出現僭禮的現象,更甚者,擁有政治與經濟權力的受分封者彼此開始互相攻伐。

禮樂的崩解現象代表它在歷經長時間的發展後逐漸地失去原來的意義。形式化的規範一旦失去了推動落實的內在動力,終將只是虛文。周文疲弊除了反映人與人之間原有和諧、秩序的不再,也顯示出一種人們對於舊有價值的質疑。

親親、尊尊與制禮

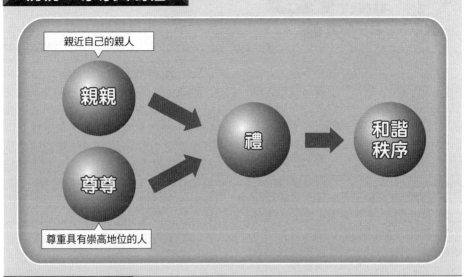

親近自己的親人

親親 → 禮 → 和諧秩序

尊尊

尊重具有崇高地位的人

禮樂的崩解

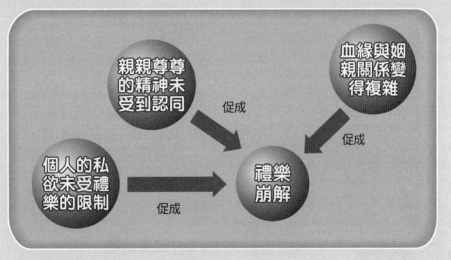

親親尊尊的精神未受到認同 —促成→

血緣與姻親關係變得複雜 —促成→

個人的私欲未受禮樂的限制 —促成→ 禮樂崩解

知識補充站

《淮南子·齊俗訓》記載，太公問周公要如何治理受封地魯。周公表示他要以「尊尊親親」的方式來治理，太公認為依據周公的方式，魯國將會衰弱。同樣，周公也問太公如何治理受封地齊，太公則表示要任用賢德、論功行賞。對於太公的方式，周公表示齊國若以此治國，日後將出現弒君自立之人。周公與太公兩人治國方式不同，從歷史來看，齊國確實日益強大，但經二十四代便被田氏取代；魯國日漸衰弱，卻歷三十二代才亡。

UNIT 2-3
孔子大略

孔子（西元前五五一至四七九年），名孔，字仲尼，春秋晚期魯國陬邑（今日山東曲阜）人，以仁學授徒，據聞有弟子三千人，其中成名的有七十二人。孔子一生為了傳播其思想理念四處奔走，有鑑於周文的疲弊，提出仁論來作為道德的核心、深化禮樂的道德精神。

周文疲弊在現象上反映了形式的規範對於社會與個人不再具有影響力，失落的秩序背後意味人們對於既有周文的不信任。禮樂在形式上雖然說是親親尊尊精神的表現，但是這樣的道德精神根本上是封建制度底下的工具，為的是穩定秩序。當受分封者開始不再服膺於形式的規範，一旦自然情感不再推使人們由衷地遵循禮樂，原本作為人們行為依歸的禮樂很自然也就失了根。根一旦失去了，約束力也就喪失了，因而導致人心對於價值的混淆。如何深化周文、創造周文新義以終亂世是孔子一生的職志。

孔子之志最終雖未能在有生之年實現，但其論仁的思想卻影響後世，儒家在中國思想以及歷史上皆有廣大深遠的作用力，孔子的思想代表著中華民族每一顆心靈對於生活世界的認知、信念並不為過。

（一）政治思想

《論語》裡頭記載孔子的話：「述而不作，信而好古。」孔子對於周文基本上是肯定的，因而在政治思想上也認同周公制禮作樂的精神。孔子以仁貫穿禮樂，目的在將道德、人倫以及政治融合在一塊。《論語·為政篇》有云：「為政以德，譬如北辰，居其所而眾星共之。」《論語·陽貨篇》：「君子學道則愛人。」可見其理想政治的實踐方式是透過道德來貫徹。

（二）教育思想

大同世界是孔子的理想，政治的理想必須有能夠推行德政和禮治的人來貫徹。《論語·為政》有云：「道之以政，齊之以刑，民免而無恥；道之以德，齊之以禮，有恥且格。」德政和禮治是孔子心目中理想政治的根本，也是他對於教育期許的目標。《論語·陽貨》云：「性相近也，習相遠也。」後天的教化與否影響著先天具有相似人性之人在日後生活中的表現，由於「性相近也」，因而孔子採取「有教無類」的施教態度，考量學習者的條件、環境等殊別狀況，因而在施教方式上採取「因材施教」的措施。

在施教內容上，孔子主張以德育為主的「四教」，《論語·述而篇》記載：「子以四教，文、行、忠、信。」文、行、忠、信四教，文是指有關於文化歷史知識的學習；後三者係有關品格的修養。孔子思想主張「人能弘道，非道弘人」，賦予吾人實踐生命的自主地位，個人生命的完成必須透過自身培德、踐德的努力，政治的理想亦必須以此為起點來推動。

（三）主要論題

德政禮治的淑世精神的可能關鍵在生命能夠培德、踐德。孔子對有關此等由盡己乃至推己的概念，形成許多的相關思想：天與天命、性與教、學與思、仁與禮、質與文、正名、義命對揚、克己復禮、德行觀念以及最重要的仁論。

孔子思想要旨

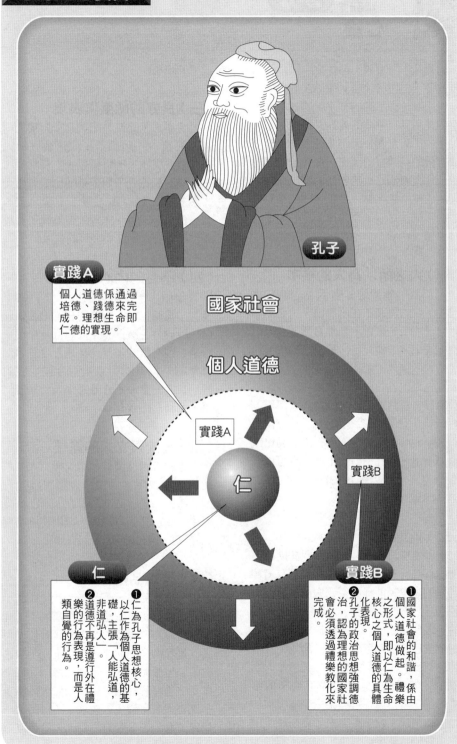

孔子

實踐A

個人道德係通過培德、踐德來完成。理想生命即仁德的實現。

國家社會

個人道德

實踐A

實踐B

仁

仁

❶仁為孔子思想核心，以仁作為個人道德的基礎，主張「人能弘道，非道弘人」。

❷道德不再是遵行外在禮樂的行為表現，而是人類自覺的行為。

實踐B

❶國家社會的和諧，係由個人道德做起。禮樂之形式，即以仁為生命核心的個人道德的具體化表現。

❷孔子的政治思想強調認為理想的國家社會必須透過禮樂教化來完成。

第2章 先秦哲學

UNIT 2-4
仁論

圖解中國哲學史要略

德為孔子所重視，諸德之中又以仁最為首要。仁在《論語》中的記載很多；分析來看，在不同的文字脈絡底下，仁字的使用具有不同的義涵；總體來看，仁字的不同意義皆與作為德義的仁有著或直接的或間接的關係。在孔子的思想中，德政禮治之政治理想的實現是以個人的成德為起始點，最重要的仁德為成德的目標；是以，吾人可視孔子的學說為仁學。

（一）人之所以為人的根本

《論語・顏淵篇》有云：「為仁由己。」仁的實踐不在倚靠他人，必須憑藉自己的工夫來做。既然必須透過自己的工夫來做才能踐仁，那麼它的根據何在？孔子雖然說過「性相近也」，顯示人性先天上並非一樣，但是在人性的差異處卻有著共同點。《論語・述而篇》有云：「仁遠乎哉？我欲仁，斯仁至焉。」此處的仁或指道德行為、品格或理想價值，由孔子對於生命自身可以踐仁的肯定，可以推知生命先天內在有仁，此為人的共通處。

（二）道德情感

道德的實踐係為吾人生命對於周遭事物的行為反應，人的生命若要具有道德行為的表現，前提必須要對於周遭有所感應，一顆石頭對於周遭一切是無感的，因此談論一顆石頭對於周遭事物的道德責任是沒有意義的。《論語・八佾篇》有云：「人而不仁，如禮何？人而不仁，如樂何？」行為空有禮樂的形式，卻不具仁，那麼禮樂只是虛文；仁是道德情感，藉由禮樂來彰顯，缺少道德情感的合禮樂的行為，說穿了只是假道德的表現。

（三）良好的態度與表現

《論語・子路篇》記載孔子對樊遲問仁的答覆：「居處恭，執事敬，與人忠，雖之夷狄，不可棄也。」《論語・陽貨篇》記載孔子對子張問仁的答覆：「恭、寬、信、敏、惠。」恭、敬、寬、信、敏、惠、忠等，皆為孔子對於踐仁時應有之態度與表現的告誡。

（四）不憂的內心狀態

《論語・子罕篇》有云：「仁者不憂。」具有仁的人因其內在的道德情感能夠感於外，所以願意按照行為標準來行事，他心繫的是其行為是否合宜，他心繫的是行為的對象是否合理地被對待。仁者的生命不會憂慮小人所憂慮的事，名利對仁者有如浮雲。

（五）達人與立人的途徑

孔子強調淑世精神，達人與立人可謂此精神的表現。《論語・雍也篇》有云：「夫仁者，己欲立而立人，己欲達而達人。」孔子思想中，淑世精神的理念是以仁作為途徑而得到具體化。

（六）理想品格

仁為理想品格。子曰：「若聖與仁，則吾豈敢」（《論語・述而篇》）。孔子為聖人卻自謙不敢說自己具有仁，可見仁是非常高的品格，既便是孔子最喜歡的學生顏淵都只能做到三月不違仁。仁是一種理想品格，「志士仁人，無求生以害仁，有殺生以成仁」（《論語・衛靈公篇》），若有必要，仁者可以為了仁的實踐而以生命相換。

仁之六義

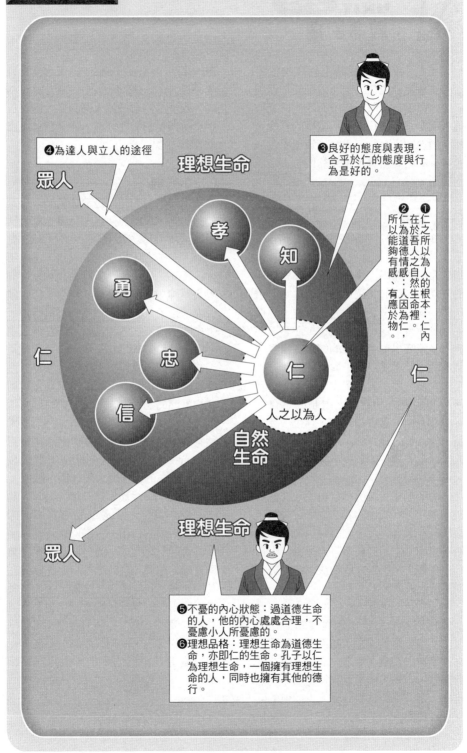

❹為達人與立人的途徑

眾人

理想生命

❸良好的態度與表現：合乎於仁的態度與行為是好的。

孝

知

勇

仁

❶仁之所以為人的根本：仁內在於吾人之自然生命裡。仁，

❷仁為道德情感：人因為有仁，所以能夠有感、有應於物。

忠

仁

信

仁

人之以為人

自然
生命

理想生命

眾人

❺不憂的內心狀態：過道德生命的人，他的內心處處合理，不憂慮小人所憂慮的。
❻理想品格：理想生命為道德生命，亦即仁的生命。孔子以仁為理想生命，一個擁有理想生命的人，同時也擁有其他的德行。

UNIT 2-5
義命對揚

志士仁人的生命能夠「無求生以害仁，有殺生以成仁」，為的是能夠體現仁道。但是為了體現仁道而以生命交換值得嗎？這其中蘊涵著什麼樣的哲學意義？對於孔子而言，生命一輩子不在擁有多少的名利富貴，生命的價值貴在能夠體道、踐道。

（一）知命

「孔子罕言利與命與仁」（《論語·子罕篇》），命為命限、命定之義，指生命不能夠由己身決定。孔子對於命的無常有深刻的體認，當冉伯牛身染重病的時候，孔子說「亡之，命矣夫，斯人也，而有斯疾也。斯人也，而有斯疾也。」感嘆冉伯牛這樣的好人竟得了不該有的惡疾。最受孔子喜愛的顏淵過世了，孔子大嘆「天喪予！天喪予！」孔子認知到生命受到命之限制的事實，「生命有命，富貴在天」，凡生、死、富、貴、貧、賤、福、禍都不是完全由人來做主。孔子說三畏，其中一項「畏天命」《論語·季氏篇》表現出對於無常之命的無奈，這份無奈也反映在他對於人道能否行於世的看法上。《論語·憲問篇》有云：「道之將行也與？道之將廢也與？」人們縱然努力行道，人道的落實與否卻不是人能夠決定的，終究還是決定於命。

從某個角度來看，孔子的畏天命理應演變出對於人生有一定程度的消極態度。不過，孔子「五十知天命」後的生命卻表現出知命之無常，卻能安命的從容態度。「知天命」不只是認知命的無常性，還深刻體認到命與人生價值的關係。《論語·子罕篇》有云：「子在川上，逝者如斯，不捨晝夜。」水是會流逝的東西，然而大自然中的流水能夠晝夜不斷流行，從不因為水的流逝而枯竭，孔子認為君子做人應該像大地終日不息所顯示的道理一樣，能夠自強不息地履道、踐道。

（二）行義

孔子對於命的態度是消極的嗎？果真如此的話，那麼他何以在行事上總是明知不可為卻為之？《論語·微子篇》有云：「君子之仕也，行其義也。道之不行，已知之矣！」孔子延續周代以來的人文精神，他雖肯定命的無奈，卻也本於大地給予人的啟示，堅持以義行道，生命的價值不在名利富貴等外在無法完全由自身決定的事物，也不在道究竟是否能夠如願地實踐於世，而是在無常之命的存在前提底下，藉由行義踐道與對命相戰鬥的過程來體現。是以，行道之人日常縱然只有淡飯粗茶，只能居處陋巷，卻能夠自得地忍受一般人不能忍受的苦。孔子云：「朝聞道，夕死可已。」生命的價值莫大於聞道、踐道。

孔子云：「行義以達其道。」（《論語·季氏篇》）「義」具有指導、節制以及串通的作用。人道的實現要以生命具備德行來完成，義是區隔有德與無德界線的標準，理想的德行必然有義在其中。義必須經由後天之陶成工夫來獲得。面對命的無常，孔子肯定生命行義達道的價值，使人在命的限定中獲得一定程度的自由，能夠將生命的意義轉化成為掌握在自己的手中，由自己來創造。

義、命與人的生命

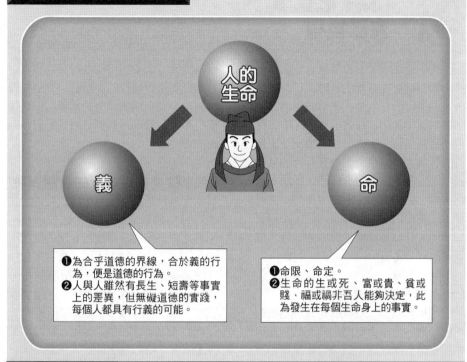

人的生命

義

命

❶為合乎道德的界線，合於義的行為，便是道德的行為。
❷人與人雖然有長生、短壽等事實上的差異，但無礙道德的實踐，每個人都具有行義的可能。

❶命限、命定。
❷生命的生或死、富或貴、貧或賤、福或禍非吾人能夠決定，此為發生在每個生命身上的事實。

義命對揚

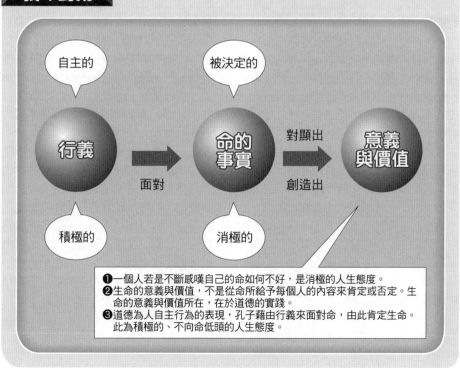

自主的

被決定的

行義

命的事實

意義與價值

面對

對顯出

創造出

積極的

消極的

❶一個人若是不斷感嘆自己的命如何不好，是消極的人生態度。
❷生命的意義與價值，不是從命所給予每個人的內容來肯定或否定。生命的意義與價值所在，在於道德的實踐。
❸道德為人自主行為的表現，孔子藉由行義來面對命，由此肯定生命。此為積極的、不向命低頭的人生態度。

UNIT 2-6
克己復禮

圖解中國哲學史要略

在孔子思想中，道德情感是吾人與周遭事物相接而能有感的基礎；仁則包括所有的德行，仁者是孔子思想中理想的生命形態；義蘊含在各種德行之中，使得德能夠為德，它指導吾人生命做出合宜的行為；禮就是所謂合宜行為的具體表現，同時也具備指導作用。所謂「克己復禮」旨在藉由禮的指導作用，使得吾人的道德情感成為真正的德行，具有仁德的人在行為表現上將能夠很自然地符合於禮。

(一) 禮具有指導的作用

道德情感為吾人所以能夠實踐道德的可能所在，生命雖然因為它而能夠在與物相接時有所感應，但是它卻無法保證其引發的行為是真正的道德。生命本有的道德情感必須經由禮的長時間教化才能被陶冶成為真正的德行。《論語‧顏淵篇》有云：「非禮勿視，非禮勿聽，非禮勿言，非禮勿動。」指出視、聽、言、動都必須接受禮的指導。自然生命要能夠成就理想生命、道德感情要能夠成就真正德行，都得通過禮的指導才有可能。

《論語‧為政篇》記載了孔子對於一生培德過程的自述：「吾十有五而志於學；三十而立；四十而不惑；五十而知天命；六十而耳順；七十而從心所欲，不踰矩。」關於十五、三十、四十歲等培德階段孔子說的都與禮有關：學的對象為具體的禮、立身以禮為標準、不惑是指對於作為具體的禮之背後支持的精神或制定的原則之清楚認識。

就禮的指導作用來說，禮在端正吾人的行為，不過這並不意味所有遵循禮的行為者都是具有仁德的人，合乎於禮的

行為背後有著不同可能的行為動機，道德的行為是無條件的。合禮的行為無論是為了心理上或物質上的某種目的之達成，那麼合禮的行為都終將只是貌似道德的行為。

(二) 禮是各種德行的具體表現

仁字若作為德行，用宋代二程的說法則可分為偏言之仁與專言之仁兩種。偏言之仁是指與其他德行有別的仁德，如「仁者不憂，知者不惑，勇者不懼」（《論語‧子罕篇》），所謂的仁、知、勇是三種不同的德行，作用表現也不一樣。專言之仁係指包括所有德行的仁德。以仁、知、勇三者間的關係來看，「唯仁者，能好人，能惡人」（《論語‧里仁篇》），要能夠好人、惡人必須要先能夠分辨清楚所要好惡的對象究竟為何，否則好惡可能會弄錯對象，仁儼然與知一樣能夠不惑；同樣地，「勇者，不必有仁」（《論語‧憲問篇》），但「仁者，必有勇」（《論語‧憲問篇》）。仁在此使用意義下，仁是全德，具全德的生命，即理想的生命。

孔子在答覆孟懿子問孝時指出，孝在表現上必須無違於禮，禮可謂是孝德的具體表現。禮除了是孝德在表現上的具體化，同時也是其他諸德的具體化。《論語‧顏淵篇》云：「克己復禮為仁。一日克己復禮，天下歸仁。」藉由禮，仁才得以顯明，又因為仁是全德，含所有德行；是以，可以間接推得禮是所有德行的具體化表現。

真正的道德與非真正的道德

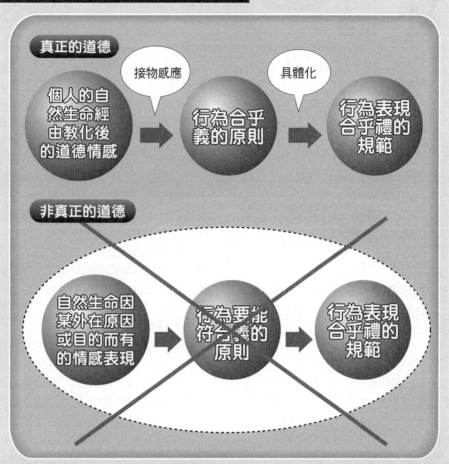

真正的道德

個人的自然生命經由教化後的道德情感 ──接物感應──→ 行為合乎義的原則 ──具體化──→ 行為表現合乎禮的規範

非真正的道德

自然生命因某外在原因或目的而有的情感表現 ──→ 行為要能符合義的原則 ──→ 行為表現合乎禮的規範

UNIT **2-7**
正名

正名思想是因於禮樂崩解現象而提出的一套救治辦法。「正」字具有糾正、確正之意;「名」字可分別指為名位、名分以及字詞兩種意義。從名具有的不同意義,正名思想也可分兩層來分析:❶以正名恢復並確正政治、社會應有的倫理關係;❷以正名強調言說時用詞要精確,修正不當使用的情形,這項強調也是作為個人培德、踐德的內容。正名的二種說法,其背後的用心都是一樣的。

(一)正名位

正名思想主要記載於《論語・子路篇》,此篇記載:「子路曰:『衛君待子而為政,子將奚先?』子曰:『必也正名乎!』子路曰:『有是哉,子之迂也!奚為正?』子曰:『野哉由也!君子於其所不知,蓋闕如也。名不正,則言不順,言不順,則事不成;事不成,則禮樂不興;禮樂不興,則刑罰不中;刑罰不中,則民無所措手足。』」社會秩序的建立首要在名要能夠得正,所謂的名、言、事、禮樂、刑罰都與秩序的建立與維護的目的有關,就彼此的關係而言,後者的實現必須以前者為先決條件。

孔子之所以不願輔佐衛君輒,在於輒為衛靈公的孫子,真正的世子其實是輒的父親。名作為一種名位的稱呼,在內涵上具有對於角色之相對義務以及權力的要求。按理而言,要成為君主必須先為世子,輒在具體現實中雖已是衛君,但世子不是他,這代表實與名不相符。《論語・顏淵篇》記載齊景公問政於孔子,孔子曰:「君君,臣臣,父父,子子。」名與實必須要相符,孔子對於季氏大夫在祭祀祖先的時候,所使用之八佾禮深表厭惡,一方面顯示當時社會名實不符的存在實況,另一方面表示出孔子對於禮的堅持,周代對於禮的規定相當嚴格,其形式上的表現是為了彰顯名位與名位之間的上下關係。個人的道德乃寄託於禮的規範才得以表現,一旦社會失禮、一旦名實不相符,社會秩序也就不在,人人之間的關係也就變得不明確,個人的道德也將失去所寄。

禮是秩序的代表,名與實相符是秩序體現的方式,通過正名以落實上下之分與合乎倫常的社會規範。

(二)正字詞

禮是秩序,是德的具體化。名若作為字詞之意,正名便是要求說話者說話用詞必須精確。《韓詩外傳》記載一則孔子對於君主向臣索馬的看法,認為「假」與「取」二詞在意義上不同,「吾聞君取於臣謂之取,不曰假」,「正假馬之言,而君臣之義定矣」。言語的使用在傳遞訊息、溝通,因而使用上應有其規範,不當的使用將破壞說話者與受話者應有的關係,錯誤的使用將導致名實不一。

用詞的重要由此可見;是以,用詞的精確也成為孔子所謂理想生命的一項內容。「故君子名之必可言也,言之必可行也。君子於其言,無所苟而已矣。」(《論語・子路篇》)君子在說話上不可隨便,要能精確。《論語》通書可見孔子對於慎言的重視,他還說:「有德者必有言,有言者不必有德。」(《論語・憲問篇》)明示言說該有的分寸是理想生命者所應具備的。

秩序的建立

名正 ➡ 言順 ➡ 禮樂興 ➡ 刑罰中 ➡ 和諧秩序

正名

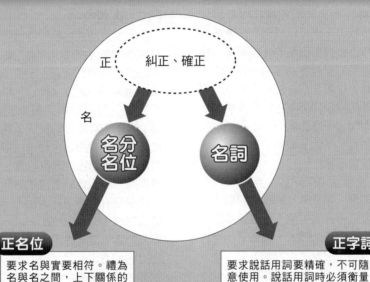

正名 糾正、確正

名分名位

名詞

正名位

要求名與實要相符。禮為名與名之間,上下關係的形式規定,其目的使人與人之間的關係明確,意在正名位。

正字詞

要求說話用詞要精確,不可隨意使用。說話用詞時必須衡量自己的身分,用詞不當會破壞對話雙方之間原本應該要有的名位關係。

知識補充站 ★八佾之禮

此禮屬天子之禮,是古代在舉行祭禮時所使用的一種專門提供天子觀賞的舞蹈。《論語・八佾篇》中記載孔子問季氏:「八佾舞於庭。是可忍也,孰不可忍也?」季康子的身分是一名大臣,但他居然踰越身分將八佾舞在自家開演。對於孔子而言,季氏的行為極不恰當。君子為人行事,皆必須合禮,名分與實質必須要相符,人倫的互動才能和諧、穩定。名實相符的要求是必要的,因為國家係由眾多不同身分的人所組成,成員間彼此的互動能夠和諧、穩定,將有助於國家的發展;如果不能,國家將走向自毀。季氏將專行於天子的禮行於自身,不僅是在形式上對於天子的輕視,而且此等名實不符的僭越行為,對於國家的發展來說,更是一種傷害。

UNIT 2-8
孟子大略

《韓非子‧顯學》云：「世之顯學，儒、墨也。……自孔子之死也，有子張之儒，有子思之儒，有顏氏之儒，有孟氏之儒，有漆雕氏之儒，有仲良氏之儒，有孫氏之儒，有樂正氏之儒。……故孔、墨之後，儒分為八。」「儒分為八」可能不是孔子死後孔門分裂情形的真實敘述，但可以肯定孔子死後儒門因思想上差異而出現的分裂事實。事實上，儒學思想發展過程的內在因素，便是因著每位儒者自身體會孔子在思想上所給予的啟示的不同把握而產生出來的。儒門因孔子之死而分裂，在產生的不同學派裡，以孟子和荀子思想對後世儒學的影響最深。

孟子（西元前三七二年至二八九年），名軻，字子輿，戰國中期鄒（今山東鄒縣東南人）。孟子相傳曾受業於子思（孔子之孫）門人，與孔子一樣曾經周遊列國，還曾遊說過齊、梁、魯、鄒、滕、宋等國，其思想在當時具有一定的影響力，他和其弟子萬章著有《孟子》一書，共七章。一般學術界常將孔、孟合稱，而有所謂「孔孟之學」的說法，認為孟子是儒學思想的開創者，是真正孔子思想的承繼者。孟子與孔子之天命、人性以及淑世精神的看法所貫成的主要思維理路是一樣的，也因此後世視其為儒學的正統代表。

（一）知命

「命」非生命所能夠決定的。孔子罕言命，孟子對於命的看法與孔子相同。《孟子‧梁惠王篇》記載學生樂正子告訴孟子，由於臧倉說了孟子的壞話，因此魯平公打消了原本要見孟子的打算。孟子對此則回應：「行或使之止，或尼

之行止，非人所能也。吾之不遇魯候，天也。臧氏之子，焉能使予不遇哉。」將自身能否獲得政治重用、一展抱負的可能交由命來決定。人生在世應著重於道德使命，通過實踐道德，落實天命。

（二）人性

孔子由生活之經驗作為出發，肯定人性在差異之中有其相同之處，因而言「吾欲仁，斯仁至焉」。孟子延續孔子以道德實踐的角度來說心，以心之仁、義、禮、智四端的表現來論證人性為善。孔子重視德行的養成，通過培德與踐德來完成理想的生命，以道德的實踐對抗人無力掌握的命限現實。所謂的培德與踐德與人性有著內在的關係，如果人性中沒有實踐道德的因子，空談道德的實踐是生命意義的所在處，將是沒有意義的話。孟子性善的說法可謂孔子性相近的前進。「盡其心者，知其性也。知其性，則知天矣。」（《孟子‧盡心篇》）孟子由吾人的四端擴充，更進一步肯定吾人之心即是天所賦予人的性，使天人關係獲得在實踐上背後的理路聯繫。

（三）淑世精神

孟子以孔子仁者愛人的表現作為出發，進一步地架構出淑世精神的可能進路。「君子之於物也，愛之而弗仁；於民也，仁之而弗親。親親而仁民，仁民而愛物。」（《孟子‧盡心篇》）孟子和孔子一樣，以己身生命的德行完備作為開展淑世精神的必要前提，其指出仁者乃是以親親為起點並以此推己向外，漸次遞進而親民、愛物，完備孔子由盡己乃至推己的淑世精神。

盡心、知性而知天

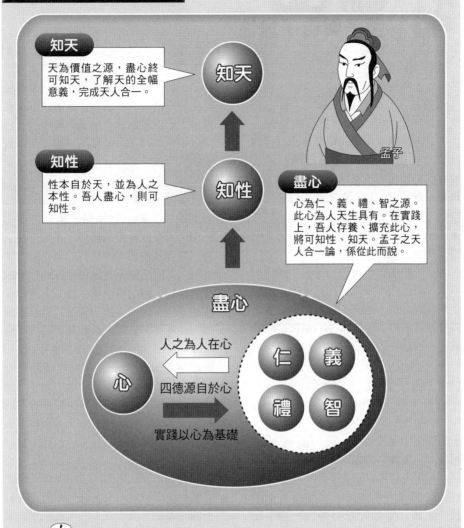

知天

天為價值之源，盡心終可知天，了解天的全幅意義，完成天人合一。

知天

知性

性本自於天，並為人之本性。吾人盡心，則可知性。

知性

孟子

盡心

心為仁、義、禮、智之源。此心為人生生具有。在實踐上，吾人存養、擴充此心，將可知性、知天。孟子之天人合一論，係從此而說。

盡心

心

人之為人在心

四德源自於心

實踐以心為基礎

仁 義
禮 智

知識★補充站　★牛山之木

孟子承繼孔子的德治思想，其仁政與王道的政治思想，是奠基在他對於人性的肯定上。孟子舉「牛山之木」的例子說明人性。牛山曾經草木茂盛，生機蓬勃、綠意盎然，不過牛山上的草木後來遭到放牧牛羊的啃食，因此現在的牛山早已是光禿禿的一片，以致於後來的人到了牛山，看到眼前一片光禿禿的景象便以為牛山上從來不曾有過草木。人性就好比牛山，如果能夠獲得細心的照料，草木便能夠生長茂盛、充滿生機；如果一直破壞下去，牛山將是一片死寂、不具生氣。人性本來是善的，但人性若得不到細心照料、持續灌溉，而是像牛山一樣盡受破壞，那麼人與禽獸也就相去不遠了。

UNIT 2-9
孟子與告子論性

圖解中國哲學史要略

春秋戰國時代對於人性的看法有許多，如：孔子性相近、孟子性善、告子性無善惡、荀子性惡、韓非人性自利等。之所以先秦諸子會熱衷於談論人性，是因為周文疲弊的現象正是人性對於周文感到失望、不願繼續遵行的反映，思考如何救正周文疲弊造成的失序現象，就必須認識人性究竟為何？任何救治方案若要能夠真正解決問題，則方案必須要能夠符合人性，否則再完美的方案終究只是空中樓閣。

孟子與告子對於人性的爭論，表面上看來，兩人的主張互不相容，但是邏輯上兩種說法並不衝突，貌似衝突的看法其實是孟子與告子二人分別站在不同意義的人性看法下所產生的。

（一）告子論性

告子論性主要出現在《孟子》一書中，而孟子對於性善的看法也是在與告子的辯論中獲得展開。告子曰：「性猶杞柳也，義猶桮棬也；以人性為仁義，猶以杞柳為桮棬。」告子曰：「性猶湍水，決諸東方則東流，決諸西方則西流。人性之無分於善不善也，猶水之無分於東西也。」告子曰：「生之謂性。」告子曰：「食色，性也。」告子以為論性應是就性未被人為改造的原貌來說，批判孟子錯誤地將已經受到人為干涉後的仁義表現當作是性的原貌。告子以水為例子，水的流向由人為決定，在水的本性中，並沒有必然向東或向西流的因子存在。人性的本貌必須跳脫人為的作用來觀察，因此所謂的人性應該是就生命先天具有的表現來論，說穿了，人性就是食與色。

告子以食、色說人性，是以經驗事實來說，是將人性予以一種實然面的說法，杞柳並非得做成桮棬不可，食與色是生命本然就有的活動，食與色的活動對照道德規範固然有所謂的善與惡，但是食與色本身並沒所謂的善惡；是以告子論性無善惡。

（二）孟子論性

面對告子的人性論點，孟子則認為杞柳之所以能夠作為桮棬，主因不在人為而是因為杞柳本身具有成為桮棬的本性，人為的活動充其量只是在順杞柳的本然之性，將杞柳做成桮棬並未改變杞柳的本性；因而，孟子認為仁義其實是順人性而有的表現。人性其實就如同水一樣，水雖然無法自己決定流向，但如同「水無有不下」般，人性是無有不善。人之善性或受限於後天的因子而無法彰顯為具體，然而現實中道德表現的與否並無害人性為善的事實，與他主張性善不相衝突。

從爭論的表面來看，孟子與告子似乎同樣是從經驗的角度論性，卻對人性有不同的看法，但事實不然。孟子對於人性的解讀在意義上具有本體的味道，不同於告子由經驗切入所做的實然描述。孟子指出四端之心、怵惕惻隱之心的流露與表現都源自於生命內在，是人人皆有的。配合四端之心與怵惕惻隱之心的說法來看性善說，可以發現孟子與告子的爭論癥結，這是因為他們對於性的意義有各自的理解所致。孟子論性其實是針對四端之心、怵惕惻隱之心的根本而發，此性是善，是人所以為人的本質。

孟子與告子論性

告子說性　v.s.　孟子說性

告子說性	孟子說性
以生命的自然表現說性	以道德本體的角度說性
食與色	仁義禮智
性不一定能夠發展出道德	道德出自於性 性為道德的基礎
性的表現非必然為道德	性的表現必然為道德
性的方向不固定 如水流方向由人決定	性的方向固定 如水必就下
性無善惡	性善

UNIT 2-10
大體與小體

《孟子·告子上篇》有一則公都子與孟子的對話。公都子曰：「鈞是人也，或從其大體，或從其小體，何也？」孟子曰：「從其大體為大人；從其小體為小人。」「耳目之官不思，而蔽於物；物交物，則引之而已矣。心之官則思，思則得之，不思則不得也。此天之所與我者。先立乎其大者，則其小者弗能奪也。此為大人而已矣。」

孟子主張生命要能夠「立乎其大」，成為大人，生命的價值才能彰顯。理想生命即道德生命，大人具有道德生命，要成為大人就必須從大體，從小體則為小人。大體與小體是就吾人想要道德生命實現必須持有、不可輕待的角度來說的。

（一）體與外物的關係

體有大小之別，大體是心，小體是耳目等感官。大體是天所給予人的，它是人之為人的本質，因為大體使得人人具有共同性，四端之心以及怵惕惻隱之心皆為大體的表現。心思具有價值抉擇的作用，在面對外物時具有自主、自覺與自決的能力；相對而言，耳目等感官不具心思的能力，它們與物接觸的時候，無法自主、自覺與自決，只是被動地反應。

能否自主、自覺與自決是道德生命能否實現的重要關鍵。一個人在生活中如果只有順任諸感官小體來過日子，那麼其行為只是被動的，縱然他的行為能夠做到符合社會規範，那也只是在某些條件為前提底下的遵守規範的表現。貌似道德的行為並不是生發自心，心在與物接近時可以展現的自主、自覺與自決能力是依小體者所沒有的。依小體而行的

生命只是一種在自然生命限制底下的生命表現，此等生命失去了大體，只是受制於外物。

是以，理想生命即道德生命、即大人生命。吾人在世必須要立乎其大才得以成就道德生命、大人生命。

（二）大人與小人

《孟子·離婁篇下》云：「人之所以異於禽獸幾希，君子存之，小人去之。」人與禽獸的差別甚微，卻也差別極大。就生理結構來分析，人當然是動物，但人若不想要只是動物，則必須守住人之所以為人的共同本質，要能從大體以實現道德生命。所謂「存其心，養其性，所以事天也，夭壽不貳，修身以俟之，所以立命也」（《孟子·盡心篇上》），心是天所給予人們的，此心之性為善，常保此心、此性，即為事天之道。生命的長短、富貴等外物是命限，非吾人所能決定。從小體者，錯將本屬命限所決定之物當作為生命的焦點，使得生命最終只是隨著外物而行走，修養大體才是真正立命之道。

《孟子·盡心篇下》有云：「仁之於父子也，義之於君臣也，禮之於賓主也，智之於賢者也，聖人之於天道也，命也。有性焉。君子不謂命。」孟子主張仁、義、禮、智之性是天賦予人的本性，道德實踐乃是吾人的先天使命，小人從小體，捨道德的使命反將焦點放置於命限底下的事物，失去自主、自覺與自決的主體，只是過著禽獸般的生活，了無意義。

君子與小人的生命

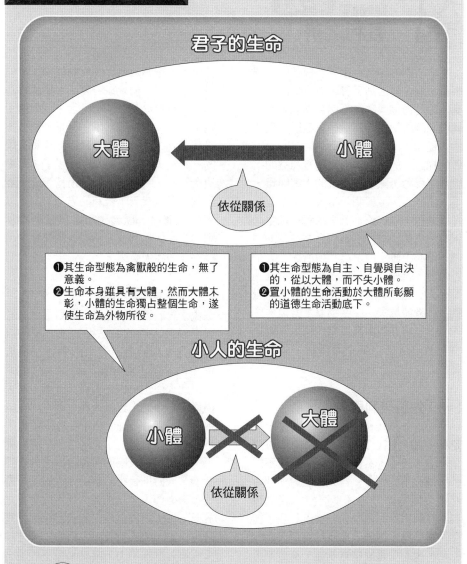

君子的生命

大體 ← 小體

依從關係

❶其生命型態為禽獸般的生命，無了意義。
❷生命本身雖具有大體，然而大體木彰，小體的生命獨占整個生命，遂使生命為外物所役。

❶其生命型態為自主、自覺與自決的，從以大體，而不失小體。
❷置小體的生命活動於大體所彰顯的道德生命活動底下。

小人的生命

小體 ✖ 大體✖

依從關係

知識補充站　★大體與小體

人的生命若從生物的角度來看，會是從結構上的組成來理解：人具有四肢、擁有五官，其生理的活動係因心、肝、腎等臟器的支持與配合而有。儒家認為生命的理想不在滿足生物生命，而是另外區分出精神生命作為理想所在。精神生命即價值生命和道德生命，它與生物生命、結構生命相對，具有理想性，其理想性係通過道德的實踐來完成。對於孟子而言，心為生命的主宰，為大體，與眼、耳、鼻、舌、身等所組成的小體相對。生命的理想不在滿足小體的需要，而在落實寓於大體中的道德根源。

UNIT **2-11**
義利之辨

圖解中國哲學史要略

　　生命活動的場域中存在著種種的道德規範，而生命活動又有賴物質生活來維繫，因此道德與物質不免被拿來討論。義與利的討論實針對道德規範以及生活中各種名利、欲望之物質利益的關係所做的探討。儒家基本上對物質利益的追求並不反對，誠如孔子說的「富與貴，是人所欲也，貧與賤，是人之所惡也」（《論語·里仁篇》），求利是凡生命皆有的自然傾向；不過生命在求利的同時，還必須確定所求之利或所求之方是否合理，合理的才可以求。孟子也強調「人之有道也。飽食、暖衣、逸居而無教，則近於禽獸。」在物質上索需無度的生命，實在與禽獸沒有差別，面對物質利益，孟子主張先義後利、見利思義。

（一）先義後利與見利思義

　　利可以分為私利以及公利，道德上不是所有的利都可以作為吾人的求取對象。孟子說：「富貴不能淫，貧賤不能移，威武不能屈。」吾人在面對私利時必須要能夠堅守，凡事要能夠義先後利、見利思義。倘若私利與義發生了衝突，必須違反道德，那麼就算是天大的私利，也必須將欲望克制住，萬萬不可壞了道德。

　　孟子曾見梁惠王，梁惠王提問孟子說：「叟！不遠千里而來，亦將有以利吾國乎？」，孟子則回應說：「王何必曰利，亦有仁義而已矣。」（《孟子·梁惠王篇》）表面上看，孟子對梁惠王問利似乎大為反感，事實上孟子強調仁義，旨在提醒君王為政應以義為先。梁惠王所說的利是公利，公利是儒家所共同認可的利，孟子對於公利也是

認可的，主張為政必要能夠使人民「仰足以事父母，俯足以畜妻子，樂歲終身飽，凶年免於死亡」（《孟子·梁惠王篇上》）。公利固然好，但是公利並不是義，義或不義不是以是否為公利來說的。義為「人之正路」（《孟子·離婁篇上》），為心所施發的道德準繩，無論個人私利或天下公利的思考，都應以義作為前提，以義調和各種私利與私利、公利與私利或公利與公利關係中可能存在的利害衝突。

（二）天爵與人爵

　　孟子對於義利的看法，還可從他對於天爵以及人爵的看法得到進一步的說明。「有天爵者，有人爵者。仁義忠信，仁善而不倦，此天爵也。公卿大夫，此人爵也。古之人修其天爵，而人爵從之。今之人修其天爵以要人爵，既得人爵棄而其天爵，則惑之甚者也，終亦必亡而已矣。」（《孟子·盡心篇上》）孟子以天賜的爵位說內心的安然狀態，人爵則是指必須由他人給予的爵位，天爵與人爵差別在「是否能夠得之於己」。天爵得之於人的盡心，道德實踐可保證天爵的擁有；人爵必須得之於人，再怎麼樣努力，其結果也不能完全由吾人決定。

　　其實無論公利還是私利，利的獲得與否終究不是吾人能夠決定的。如果以利害義，無疑是以人爵害天爵，縱然再如何汲汲營營終究也只是「求在外者」。孟子說：「求之有道，得之有命，是求無益於得也，求在外者也。」（《孟子·盡心篇上》）生命當盡本性，通過義的實踐來實現生命，為利害義縱然偶能僥倖獲利，卻是戕害吾人本性。

義與利

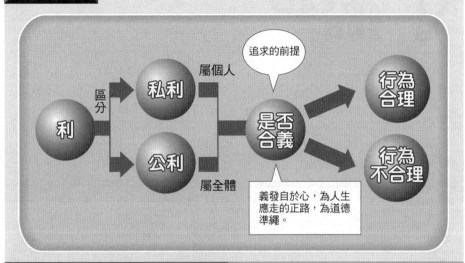

追求的前提

區分

利 → 私利 　屬個人

利 → 公利 　屬全體

是否合義

義發自於心，為人生應走的正路，為道德準繩。

→ 行為合理

→ 行為不合理

生命的實現在獲得天爵

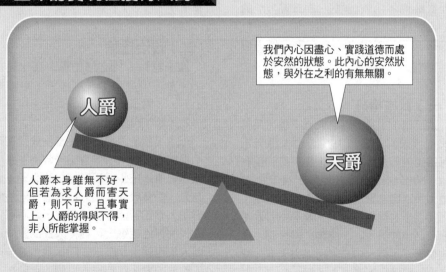

我們內心因盡心、實踐道德而處於安然的狀態。此內心的安然狀態，與外在之利的有無無關。

人爵

天爵

人爵本身雖無不好，但若為求人爵而害天爵，則不可。且事實上，人爵的得與不得，非人所能掌握。

知識補充站 ★天爵與人爵

爵意為爵位，本為古代祭祀活動中使用的酒器，象徵有尊貴之意。天爵指的是人們可以藉由自身的道德實踐來獲得尊貴，它不同於人爵，人爵指的是現實生活中的財、富、名、位等物質意義上的尊貴。孟子認為人生在世，行事應朝向天爵，人爵的或有或無，則順其自然。現今的人表面上看似在追求天爵，但其實是將天爵作為取得人爵的手段，一旦獲得了人爵便將天爵丟棄在旁。在孟子看來，為人爵求天爵，根本就是本末倒置。

UNIT 2-12
王與霸

　　王與霸原本是就政治地位而言，前者指君主，後者指挾天子以令諸候的盟主。在孟子思想中，王與霸用以分別為政者在治國之道上的不同。

　　孟子以君主是否行仁政作為王與霸的分野，以仁行政為王。《孟子・公孫丑篇上》云：「以力假仁者霸，霸必有大國。以德行仁者王，王不待大，湯以七十里，文王以百里。以力服人者，非心服也，力不贍也；以德服人者，中心悅而誠服也，如七十子之服孔也。」承繼孔子「為政以德，譬如北辰，居其所而眾星共之」（《論語・為政篇》）的德治思想，力倡由「以德行仁」與「以德服人」的王道之治，反對「以力假仁」與「以力服人」的霸道之治。

（一）實施措施

　　孟子曰：「桀、紂之失天下也，失其民也。失其民者，失其心也。得天下有道：得其民，斯得天下矣。得其民有道：得其心，斯得其民矣。得其心有道：所欲與之聚之，所惡勿施爾也。」（《孟子・離婁篇上》）孟子主張君主施政必須取得民心，能夠取得民心才能夠得天下，桀、紂二人所以失天下，就是因為他們得不到民心。

　　孟子有「民為貴、社稷次之、君為輕」的看法（《孟子・盡心篇下》），此看法係旨政治的施行應以人民為核心，以民為先、以人民為考量，就施政的優先性來看，人民優先於社會與君主。政治上孟子主張民本，具體方面則力主施仁樂民、施教於民、薄收於民、重農裕民、慎刑寬民、非戰安民等政策。其以民本為核心的政策，涵蓋了教育、經濟、法律、民生、戰爭等議題。

主張他本於民本的政治理想，「民之歸仁也，猶水之就下、獸之走壙也」（《孟子・離婁篇上》）。

　　若推溯體現孟子的各種施政意見之精神的民本思想，可發現它是源自其王道思想所展開出來的。孟子曰：「三代之得天下也，以仁；其失天下也，以不仁。」（《孟子・離婁篇上》）孟子曰：「當今之時，萬乘之國行仁政，民之悅之，猶解倒懸也。」（《孟子・離婁篇上》）為政應採王道，君要能夠行仁政，要能夠以民為本，體察人民所需，切勿施予人民厭惡之事。

（二）政治理論

　　孟子認為「民之歸仁也，猶水之就下、獸之走壙也」（《孟子・離婁篇上》），君子為政以仁，人民將可自然歸之，國家自然獲治。

　　王道思想是孟子將其性善論放置在政治場域的討論中所推導出的政治主張。孟子之所以主張君王實施仁政必須以民為先，是基於他對於人性有著共同性的看法，君王若能夠施以仁政，則必可與人民的善性相應，可獲得人民的認同，而人民也就自然歸之。同樣地，孟子以人性論的看法作為民本思想的合理化基礎，使得王道與得天下二者能夠具有一種邏輯上的因果性，民本思想也因而在這樣的政治思維當中扮演著重要角色。

　　君王施以仁政也正是道德生命向外推拓的表現，是四端之心、怵惕惻隱之心推恩於外的具體化，人心與社會因而能夠建立起真正的秩序。

王與霸的區分

	王	霸
政治地位	君主	挾天子以令諸候的盟主
治國之道	施以仁政	以力假仁
人民是否真心向之	是	否
歷史上的實例	堯、舜、禹	桀、紂

仁政的實施與否關係著國家的治與不治

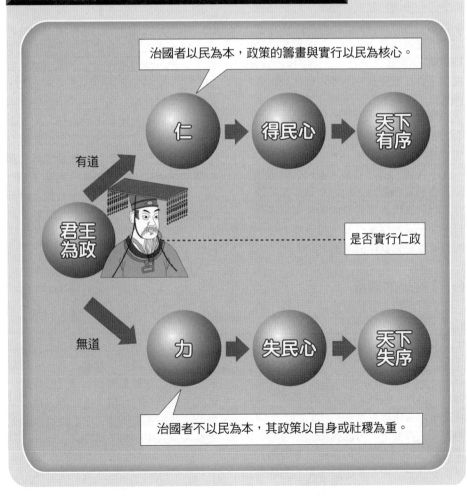

治國者以民為本，政策的籌畫與實行以民為核心。

仁 ▶ 得民心 ▶ 天下有序

有道

君王為政 ⋯⋯ 是否實行仁政

無道

力 ▶ 失民心 ▶ 天下失序

治國者不以民為本，其政策以自身或社稷為重。

UNIT 2-13
荀子大略

荀子（西元前三一三至二三八年），名況，又稱孫卿，戰國晚期趙（今山西南部）人。關於荀子生平，《史記‧孟子荀卿列傳》記載「年五十始來遊學於齊」，「齊襄王時，而荀卿最為老師。齊尚脩列大夫之缺，而荀卿三為祭酒焉。齊人或讒荀卿，荀卿乃適楚，而春申君以為蘭陵令。春申君死而荀卿廢。」荀子生於戰國末年，著有《荀子》一書，曾待在齊國稷下學宮，飽覽當時天下各家學說，由於涉獵廣，他的哲學因此吸收了各家的精華，堪稱是春秋戰國以來諸子百家思想的集大成者。

孔子主張由生命的培德、踐德來落實德政禮治的淑世精神，此等由盡己而推己、將外王理想立基於內聖之德的哲學思維，孟荀皆有。不過，孟荀思想雖然同樣是儒家，然二人的思想差別卻很大。對於人性看法的不同是造就他們思想差異的最大主因。

孔子死後，孔門分裂，孟氏之儒與孫氏之儒最具影響力。相對來看，孟子言性善對於後世儒學發展的啟示與重要性皆比荀子言性惡來得高，但事實上荀子對於後世的影響也很深遠。

（一）經學的傳承

汪中〈荀卿子通論〉指荀子「學出於孔氏，而尤有功於諸經」，「蓋自七十子之徒既沒，漢諸儒未興，中更戰國暴秦之亂，六藝之傳賴以不絕者，荀卿也。周公作之，孔子述之，荀卿子傳之，其揆一也。」兩漢經學興盛，漢代之所以會由春秋戰國時代的諸子學轉為經學的發展，一方面與漢武帝獨尊儒術有關，另一方面是因為荀子重經。子夏屬於孔子門中文學之科，荀子則承學於子夏門人，因而對於六經非常重視，荀子言性惡，吾人若要化惡為善，必須不斷學習，荀子主張學習要能夠「始乎誦經，終乎讀禮」（《荀子‧勸學篇》）。

（二）理學與反理學的吸收

韓愈評論孟荀，說「孟氏醇乎醇者也。荀與揚，大醇而小疵」。宋明儒者對荀子的批判要比韓愈為重，如朱熹說「荀揚不惟說性不是，從頭到底皆不識」（《朱子語類》），或胡居仁評論「荀子只性惡一句，諸事壞了。是源頭已錯，末流無一是處」，「荀子在本原上見錯，故百事皆錯」，宋明儒學重視孟子，對於荀子未有好感。不過宋明儒學在建構理學的同時，卻也自覺或不自覺地吸收或發展荀子的思想。例如朱子因鑑於孟子盡言性善的不足處而援引了荀子以氣論性的觀點；羅欽順對於陽明學深感痛惡，因而將朱子理氣二分改造，其「理只是氣之理，當於氣之轉折處觀之」的看法便使朱學走向了荀子。

（三）清儒的理路

儒學的詮釋與發展，大體都是在以孟子為正宗的思維底下進行的，宋明儒學對於荀子的批判便是此思維下的產物。相對而言，清代對荀子較為和善。清代在尊經以及經典傳承的角度上肯定荀子，荀子因而擺脫了異端之名，重新回到了儒家；在思想方面，清代顧炎武、戴震、焦循、凌廷堪、阮元等人自「以氣為本」的基礎所建立的心性論以及工夫論，走的正是荀子的理路。

孟子與荀子的思想比較

	孟子	荀子
對於性的看法	主張性善	主張性惡
對於心的把握	❶以道德本體的角度把握心，將心視為吾人生命道德生發的內在根由。 ❷惻隱、是非、羞惡、辭讓等四端皆出自於此心。	心只是具有認識的作用，就像眼睛能夠看、耳朵能夠聽一樣，道德的內容不是先天內在於心裡頭。
對道德實踐的看法	認為道德實踐為吾人此生生命的意義與價值所在，而道德的實踐即吾人先天具有之善性的彰明。	同孔子與孟子的思想，認為道德實踐為生命的意義與價值所在，並主張道德的生命即智德的擁有。
修身的工夫	主張擴充與存養的工夫，由此使先天內在於自身生命的道德本體能夠愈發彰顯，以至能夠完全不受欲望、情感的左右。	強調學習，透過不斷學習的歷程來豐富吾人的認識心，藉由知識的不斷累積來轉知成智，人具有智德在實踐便能不受情感、欲望左右，能夠做出正確的判斷。
思想理論在歷史上的遭遇	❶歷史上孔子被稱為「至聖」，而孔子死後雖然儒門分裂成多派，但唯有孟子得被貴稱為「亞聖」。 ❷傳統上，一般認為孟子真得孔子思想，為孔子思想真正繼承人，在討論上常將孔、孟連稱，因此後世儒者在理論建構上常以孟子的思想來詮釋孔子，視此為正確的解法。 ❸孟子思想在中國儒學的發展中一直是受到肯定的。	❶荀子承襲子夏重經，漢代亦重經，因而漢代對荀子思想表示肯定。 ❷宋明儒學有別漢儒對於經典進行章句訓詁工作，強調闡發先秦儒家的微言大義，以孟子思想為詮釋框架，因而對於主性惡的荀子多表批評。 ❸清儒尊經，從經典傳承的角度又重新地肯定荀子。

 ★鍥而不捨

〈學而〉為《論語》首篇，荀子為呼應孔子對學習的強調，而以〈勸學〉為《荀子》首篇，強調以學習作為生命通向道德的途徑。聖人非天生的，吾人必須不斷下工夫，一點一滴慢慢累積，才能養成良好的品格，擁有實踐的智慧，達致與聖人一樣的道德生命。此般道理可以從自然和生活中獲得證實。水要形成江海，必須一點一滴的積聚；泥土要成為高山，必須不斷慢慢的堆積；雕刻金屬能夠堅持不停，花紋便可刻上。是否成就道德生命，與天生稟賦無關，是否肯學、勤學才是關鍵。就像劣等的馬一連十天不停行走，完成的距離要比千里馬跳躍一次來得遠。

UNIT 2-14
性惡

有別於孟子言性善，荀子則認為性是惡的。荀子認為道德生命必須經由後天的陶成，道德生命的德行是自然生命通過「偽」的過程，而將具有實踐倫理品格之可能的自然傾向，轉變為真正倫理的品格；此等品格當顯示於具體行為時，其表現定合乎於善。

（一）性

「化性起偽」是荀子倫理思想中的重要命題，《荀子·性惡篇》指出「人之性惡，其善者偽也」，「人之性惡明矣，其善者偽也」。所謂偽，指的是人為之意。相對而言，所謂性是「天之就也」（《荀子·性惡篇》），是「本始材樸」（《荀子·禮論篇》）的，是「生之所以然者」（《荀子·正論篇》），為「不可學，不可事」（《荀子·性惡篇》），是「感而自然，不待事而後生者也」。

性與人為之偽相對，為吾人生命天生、自然而有的。荀子的性可細分為：官能之所出、官能、官能的能力、官能的傾向以及官能與外物接觸所產生出的欲望。官能之所出指的是官能的原因，是吾人生命的構成要素。吾人生而具有能夠辨別黑白美惡、能辨別聲音清濁、能辨別酸鹹甘苦等官能的能力以及分別具有這些能力的眼、耳、鼻等官能。「性者，天之就也；情者，性之質也；欲者，情之應也。」（《荀子·正名篇》）性在荀子思想中還可以指官能以及官能之能力先天具有的自然傾向，例如欲飽、欲暖、欲休等為情，為性之質，情是官能與官能之能力在與外物相接觸時之所以會產生欲的原因，例如眼、耳、鼻、心與骨體膚理與外物接觸時所產生之好色、好聲、好味、好利等生命的表現是為欲。

（二）惡與善

荀子性惡說，不是針對自然生命的本質而說，實就吾人自然生命之情以及由情而發之欲的無限度與無界限來說。《荀子·禮論篇》指出「人生而有欲，欲而不得，則不能無求，求而無度量分界，則不能不爭。爭則亂，亂則窮。」生命表現出的情與欲本身並無善惡可言，因此「化性起偽」的說法才有實現的可能。在化性起偽的命題裡，偽不是以官能及其能力為對象，其對象是情，目的在將情經由偽而把具實踐倫理品格之可能的自然傾向，轉變為真正倫理品格之後，一種於具體行為中合乎善的、欲的表現。

「凡人之性者，凡人與桀跖，其性一也；君子與小人，其性一也。」（《荀子·性惡篇》）自然生命的自然傾向，同時具有為善與為惡的可能，不具一定的方向性。「故有血氣之屬莫知於人；故人之於其親也，至死無窮。」（《荀子·禮論篇》）「凡生乎天地之間者，有血氣之屬必有知，有知之屬莫不愛其類。」（《荀子·禮論篇》）「仁，愛也。」（《荀子·大略篇》）人的自然傾向具有為善的可能，以仁德為例，人能夠展現仁德，實源自具有愛人的自然傾向，凡人之屬對於自己父母的愛與思念，至死也無法窮盡；凡人之屬，無不愛自屬人者。「明主為能愛其所愛，闇主則必危其所愛」（《荀子·君道篇》），明主與闇主的差異，不在愛人之自然傾向有別，而是在於能否將自然傾向轉為真正的品格。

性的義涵

	義涵	說明
性	官能之所出	係指吾人生命中眼、耳、鼻、心等官能所以為眼、耳、鼻、心的原因。
	官能	係指眼、耳、鼻、舌等。
	官能的能力	係指眼、耳、鼻、心等官能相應的能力。例如,眼睛具有看的能力、耳朵具有聽的能力、鼻子具有嗅覺的能力、心具有思考的能力。
	官能與官能之能力所具有的傾向	例如人會有想要吃飽、居暖以及休息的生命自然傾向。
	官能與外物接觸所產生出的欲望	例如眼睛、耳朵、鼻子以及心與物相接時會產生出好色、好聲、好味以及好利之欲的表現。

性惡與偽

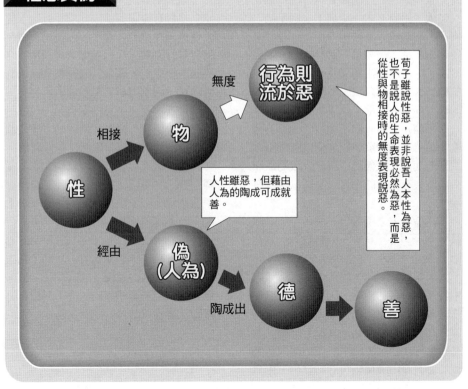

UNIT 2-15
禮論

《荀子·禮論篇》云：「故先王案為之立文，尊尊親親之義至矣。」聖王藉由制禮，可使自然傾向得以有界限、有限度地抒發，使之能表現得宜，合乎於善。禮具有取長補短，減少有餘、彌補不足之功能，可使本有之自然傾向養成為真正的品格。

（一）禮的作用

荀子承繼周公及孔子的禮說而發揚光大，荀子的禮可說是一切規範的總稱，上自君王治國施政、下至個人立身行事，乃至日常生活中飲食起居的細節皆為禮所攝括。《荀子》云：「人生而有欲，欲而不得，則不能無求，求而無度量分界則不能不爭。爭則亂，亂則窮。先王惡其亂也，故制禮義以分之，以養人之欲，給人之求。使欲不必窮乎物，物必不屈於欲，兩者相持而長，是禮之所起也。」（《荀子·禮論篇》）由此段文字，可解讀出荀子認為禮所以產生的理據。荀子認為欲是無限度、無界限的。由「養人之欲」、「給人之求」、「欲不窮物」與「物不屈欲」的目的來看，禮具有調和欲與物之間既有之緊張關係的功能，使無限度與無界限的欲和有限度與有界限的物得以平衡、得以有序。

「禮者，人之所履也，失所履，必顛蹶陷溺。」（《荀子·大略篇》）「凡治氣養心之術，莫徑由禮。」（《荀子·修身篇》）荀子強調禮，自然傾向本身沒有所謂的善惡，因此道德實踐無法通過生命內在的擴充來完成，必須倚靠外在的教化。禮為治氣養心之術，具有教化的功能，生命中的自然傾向容易流於惡，藉由禮可防堵惡的發生，生命中能夠成為真正道德品格的自然傾向可通過禮的規範來養成。

「禮者，治辨之極也，強固之本也，威行之道也，功名之總也，王公由之所以得天下也，不由所以隕社稷也。」（《荀子·議兵篇》）「由禮則治通，不由禮則勃亂提僈。」（《荀子·修身篇》）禮除了是個體生命教化的標準以及治氣養心之術，國家、政治的維繫也是透過禮來實踐。

（二）禮的結構

禮具有四種意義：禮制、禮義、禮理以及超越義的禮，四種禮築起了荀子禮論的體系。禮制係指聖人為因應社會秩序的現實需要所制定的具體規範，具有息爭亂、禁姦說、和人群的作用，藉之建立起具有謙讓與秩序的安定社會。禮義使得禮制具有客觀性，在道德上禮制具有當行之義，而禮義係為禮制所以合義的內在規定。禮理為禮制與禮義的客觀理據，禮制與禮義為禮理的具體化，「禮也者，理之不可易者也。」（《荀子·樂論篇》）禮制與禮義的本質是禮理，禮制與禮義因禮理而具有合理性。

禮制、禮義與禮理三者結構上具有從屬關係，禮制必須合乎禮義、禮義必須合乎禮理。禮制、禮義與禮理之上還有超越義的禮。荀子禮為「法之大分」、「類之綱紀」，「在天地間畢矣」（《荀子·觀學篇》），荀子指出「道者，體常而盡變」（《荀子·解蔽篇》），超越義的禮為大理、常道，為禮制、禮義與禮義的統攝原理。

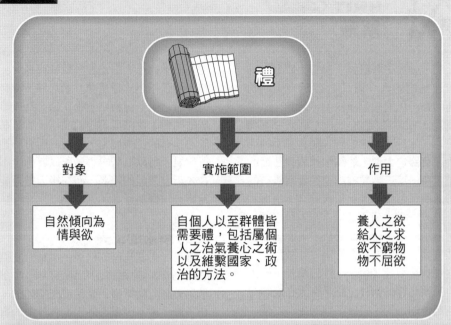

禮

禮

對象	實施範圍	作用
自然傾向為情與欲	自個人以至群體皆需要禮,包括屬個人之治氣養心之術以及維繫國家、政治的方法。	養人之欲給人之求欲不窮物物不屈欲

禮的結構

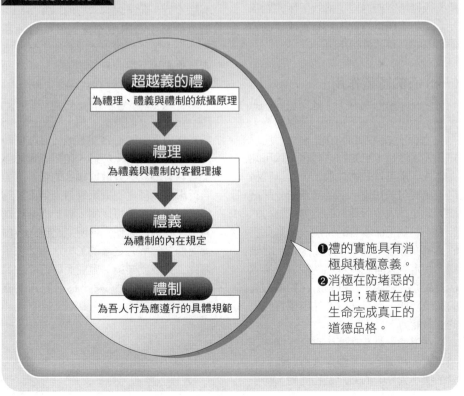

超越義的禮
為禮理、禮義與禮制的統攝原理

禮理
為禮義與禮制的客觀理據

禮義
為禮制的內在規定

禮制
為吾人行為應遵行的具體規範

❶禮的實施具有消極與積極意義。
❷消極在防堵惡的出現;積極在使生命完成真正的道德品格。

UNIT 2-16
解蔽

荀子強調主智精神，理想生命是指具有智德的聖人。君子之智是「知則明通而類，愚則端愨而法」，能夠「以義變應，知當曲直故」（《荀子・不苟篇》）。具有智德的聖人能夠精明通曉倫理實踐之大理，能夠根據禮義法度的規定舉一反三地類推出道德實踐應有的方向與行為。不過，聖人的自然生命和一般人一樣。荀子云：「聖人積思慮、習偽故，以生禮義而起法度，然則禮義法度者，是生於聖人之偽，非故生於人之性也。」（《荀子・性惡篇》）聖人也需要化性的過程，禮是聖人在歷經化性起偽的過程、完成了理想生命之後，按照他的智德所制定出來的。

是以，禮來自於智，生命要有智德必須先經過培智的過程，培智工作的對象為心，心之所以可經由培智養成智德，是因為心具有認識的作用。

（一）心的認識作用

心具有認識的能力，「材性知能，君子小人一也。」（《荀子・榮辱篇》）「人生而有知，知而有志」，「凡以知，人之性也，可知物之理也。以可知人之性，求可以知物之理」，「以贊稽之，萬物可兼知也。」（《荀子・解蔽篇》）知為人生而具有的能力，為心的能力，心為生命本有的官能，知為此官能具有的能力。荀子主張心可以認識物，肯定吾人有認識實然的能力，不過他對於心的強調不在針對心在物理方面的認識功能，而是著重心在道德實踐上的認識能力。

心在道德上具有功能，它具有能夠認識事實、判別是非、擇定善行的能力。君子與小人先天的知能是相同的，荀子認為君子與小人之別在於或智或愚的品格，荀子指出「是是非非謂之知，非是是非謂之愚」，智是關乎正確行為或事理的明辨、抉擇與肯定的品格，智是基於心本有的認識能力，經陶成而有的德行。君子所以為智，小子所以為愚，不在先天上知能的差異，而在後天是否能夠將心知轉為智。

（二）解蔽的工夫

常道、大理為禮的根源，心具有認識的能力，能夠知道。不過，人心並不是只要想認識常道、大理就能夠如願。荀子說「蔽」係指人心之中有許多的盲見，想要認識常道、大理就必須將心中因不假思索、偏見、成見等形成的盲見解除才行。荀子說：「心何以知？曰：虛壹而靜；心未嘗不臧，然而有所謂虛；心未嘗不兩也，然而有所謂壹；心未嘗不動也，然而有所謂靜。」（《荀子・解蔽篇》）「虛」與「臧」、「壹」與「兩」、「靜」與「動」乃三組心知之相反的特徵，荀子認為就心的認識作用而言，心雖然有臧而且在同時認識不同的事物，使得人在認識或思慮上容易有偏見、分散或擾亂的情形，但若行虛壹而靜之工夫來求道，則虛能夠使人接受道、壹可以使人專一而全面認識道，靜則能夠使人通明道之理。「虛壹而靜」為解心之蔽的工夫，荀子主張藉此工夫成就知道。虛壹而靜之心，又稱為大清明之心，據此心則能夠明察道、力行道。

解蔽與心知

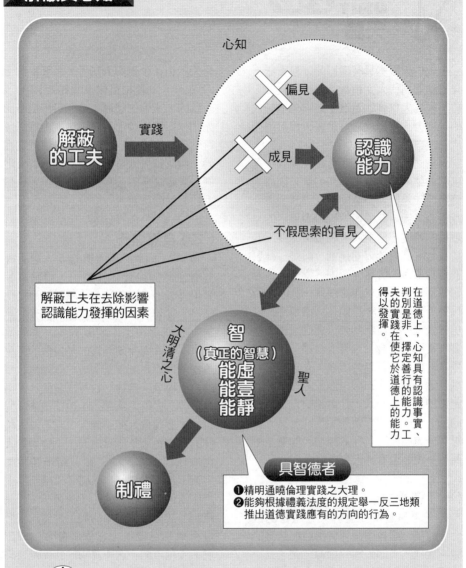

心知

偏見

成見

不假思索的盲見

實踐

解蔽
的工夫

認識
能力

解蔽工夫在去除影響
認識能力發揮的因素

大明清之心

智
（真正的智慧）
能虛
能壹
能靜

聖人

在道德上，心知具有認識事實、判別是非、擇定善行的能力。在使它的實踐於道德上的能力工夫得以發揮。

制禮

具智德者

❶精明通曉倫理實踐之大理。
❷能夠根據禮義法度的規定舉一反三地類
推出道德實踐應有的方向的行為。

知識補充站 ★虛壹而靜

心知有臧，能夠儲存經驗，日常行事雖然需以此為根據，但有限的認識卻也容易造成偏見。心知有兩，能夠同時多用，可以兼知不同事物，但因此難專注於一事。心知有動，吾人的認識因之而可能，但無時無刻的活動容易使心無定所、無方向。虛、壹、靜，意為虛心、專心、靜心，為相對於臧、兩、動的心知特徵，同時也是求道的工夫，通過此等工夫，將可去除盲見，使心如鏡照般，讓事物清楚、完整地為心知掌握。

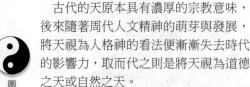

UNIT 2-17
天論

　　古代的天原本具有濃厚的宗教意味，後來隨著周代人文精神的萌芽與發展，將天視為人格神的看法便漸漸失去時代的影響力，取而代之則是將天視為道德之天或自然之天。

　　人格之天對於古人而言是神祕的，是世間的權威，具有主宰的力量，因而人們對於天是感到畏懼的，深怕其一言一行得罪了天。孔子對於天所表現出的是敬重的態度，他對於天的敬重態度不同於古代人們對於天的畏懼，而是一種對於自身生命的肯定。天固然崇高，但是它並不可怕，並非無法理解，孔子之所以對天表現敬重，是因為天道是道德價值的表現。孔孟認為人可通過道德的落實來實現天人合一、天人合德。道德是生命的理想與意義的所在，孔子知天命以及孟子盡心、知心以知天的思想都肯定道德是根自於天，孔孟說的天是道德的天。荀子說的天與孔孟不同，其天論思想一方面保留了孔孟道德天的看法，而另一方面也重視天之自然義。

（一）道德之天

　　荀子思想延續孔孟視天為道德的觀念。禮制、禮義與禮理皆出自超越義的禮、大理，天即大理的根源。荀子云：「禮有三本：天地者，生之本也；先祖者，類之本也；君師者，治之本也。」（《荀子‧禮論篇》）天地、先祖、君師三者為禮所以成之據，此三者分別為生之本、類之本與治之本。禮之三本，以天地最為根本，天地一方面為人類生存的物質前提，它提供了生存的空間及需要的物質，一方面是禮的根源。

　　《荀子‧王制篇》云：「有天有地而上下有差，明王始立而處國有制。……

是天數也。」天與人二者，有著根源上的統一，二者在目的上也是相同的、一致的。天地由禮而和諧、日月由禮而光明、四時由禮而有序、星辰由禮而運行，天地展現的自然規律有一道德之意義，而落實於人事之禮在本源上與天地同，人道之極的落實是禮的實現，也是對於天地的參與。

（二）自然之天

　　荀子的天除了是道德的天，還另外具有自然的涵義。《荀子‧禮論篇》云：「天地合而萬物生，陰陽接而變化起。」《荀子‧天論篇》云：「天能生物，不能辨物也；地能載人，不能治人也。」此處說的天指的是自然的天，萬物所以能生其實是天地之陰陽變化下的自然現象，就連「日月之有蝕，風雨之不時，怪時之黨見」，也都是陰陽變化的自然現象。荀子的天，它不具人格神的意志，因為自然之天，不會對於人世有任何意志上的干預。荀子還說：「天不為人之惡寒也，輟冬；地不為人之惡遼遠也，輟廣。」（《荀子‧天論篇》）某種自然現象的發生是無論人們是否樂見它發生，它依舊會發生或出現。天是自然，它與萬物的關係是天只循一定的自然律則生長萬物。

　　依照荀子將天視為自然、對於自然界中存在有自然律則的肯定來看，中國思想上對於自然之知的重視與發展，按理其實是可以在荀子那裡找到基礎，但由於儒家重視道德之知，因而自然之知終究無法獲得重視。

天的義涵及其與人事活動的關係

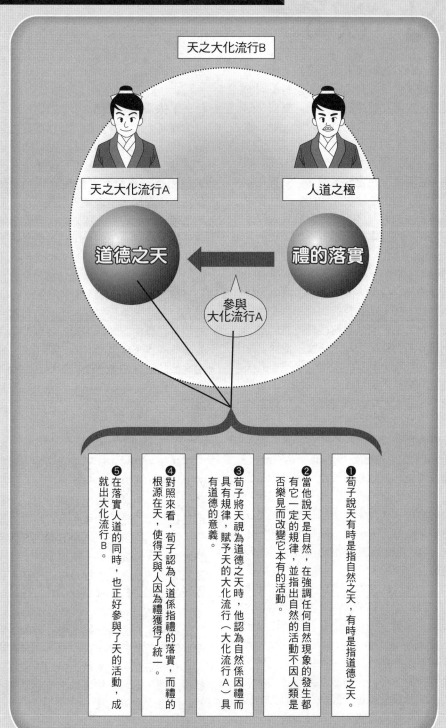

天之大化流行B

天之大化流行A　　　　　　　人道之極

道德之天　←　禮的落實

參與
大化流行A

❶ 荀子說天有時是指自然之天，有時是指道德之天。

❷ 當他說天是自然，在強調任何自然現象的發生都有它一定的規律，並指出自然的活動不因人類是否樂見而改變它本有的活動。

❸ 荀子將天視為道德之天時，他認為自然係因禮而具有規律，賦予天的大化流行（大化流行A）具有道德的意義。

❹ 對照來看，荀子認為人道係指禮的落實，而禮的根源在天，使得天與人因為禮獲得了統一。

❺ 在落實人道的同時，也正好參與了天的活動，成就出大化流行B。

UNIT 2-18 〈大學〉

圖解中國哲學史要略

〈大學〉為戰國末期的著作,後世學者對於〈大學〉與孟荀的關係有不同的理解,如馮友蘭認為〈大學〉屬於荀學的系統;蒙文通則認為〈大學〉屬於孟學的系統。

〈大學〉有云:「大學之道,在明明德,在親民,在止於至善。」宗旨在弘揚品德,藉由道德生命使個人、社會以至國家達到美善之狀態。對於〈大學〉而言,「物有本末,事有終始,知所先後,則近道矣」,明言任何事物都有它的根本、它的枝末。平天下是儒家外王精神的最終目標,天下要能平治必須以治國為方法,國家要能夠得治則必須以齊家為方法,家要能夠經營得當則必須以修身為方法,修身、齊家、治國、平天下在實現上具有的次第關係正是孔子由自身修德出發以成就大同世界的實踐路子,四者之中以修身最為要、最為根本,為其他三者的前提。

修身旨在成就己身的德行,〈大學〉認為若要完成修身,心必須得正,心若要得正,則意必須要誠,因為意是心之所發、心是德行之所在,也是道德行為的發源,〈大學〉明示格物致知是誠意與正心的工夫。除了格物、致知的工夫,〈大學〉另外還提出慎獨的工夫作為修身之道。

〈大學〉的文本內容簡易直截,使得它在詮釋上具有多元性,再加上格物、致知、誠意、正心是由孔門精神而發出的工夫主張,因此宋明儒學對於〈大學〉有過許多的詮釋。後世宋明儒學的多元發展,可以由思想家對於〈大學〉的不同詮釋來見得。關於〈大學〉的詮釋,以朱熹和王陽明二人說的最多,分別代表了性即理以及心即理兩種不同立場的看法。

(一)朱熹的解釋

朱熹《大學補傳》說:「所謂致知在格物者,言欲致吾之知,在即物而窮其理也。蓋人心之靈莫不有知,而天下之物莫不有理。惟於理有未窮。故其知有不盡也。」朱熹主張性即理,心不是理,因而心只是認知心,理是分布在外的。心具有認識天下之理的作用,人在實踐上之所以未能盡善便是因為未能盡知天下之理。朱熹認為格是窮究,物是指客觀的事物,要能夠致知,必須透過窮究心外事物之理。朱熹的格物致知說旨在藉由認識作用對於客觀的道德知識的取得來作為修身的主要工夫,經由客觀的道德知識作為行為實踐的指導方針,使得心由之得以正、意由之得以誠。

(二)王陽明的解釋

王陽明的解釋不同於朱熹,其《傳習錄》認為:「身之主宰便是心,心之所發便是意,意之本體便是知,意之所在便是物。」「格物如孟子大人格君心之格,是去其心之不正以全其體之正。但意念所在,即要去其不正以全其正。」認為所謂的格是正,物是意之所在,格物說的不是朱熹那種窮究心外之理的工夫,而是在正心。

王陽明認為心外無物、心外無理,道德實踐的價值根源不在心外,而是在人人具有的良知。良知是先天的,依理可實踐道德,透過格物可以盡良心之知,使心所發之意得以誠。

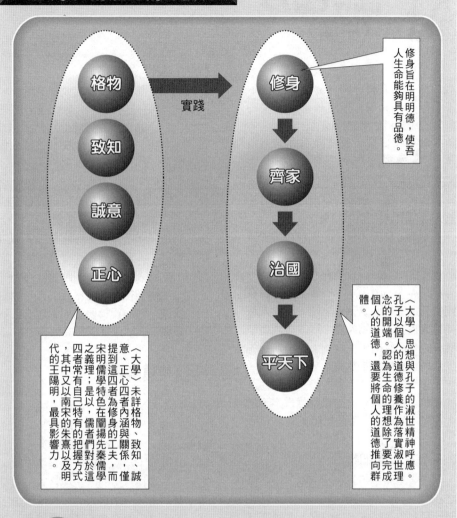

格物

致知

誠意

正心

實踐

修身

齊家

治國

平天下

修身旨在明明德，使吾人生命能夠具有品德。

〈大學〉思想與孔子的淑世精神呼應。孔子以個人的道德修養作為落實淑世理想的開端，認為生命的理想除了要完成個人的道德，還要將個人的道德推向群體。

〈大學〉提到這四者為修身的工夫，在闡揚先秦儒學，仍正心四者之義常有自己特有的把握以及方式；宋明儒學特色的儒者們對於格物、致知、誠意、正心未詳其內涵與關係，而明代，其中又以南宋的朱熹以及明代的王陽明，最具影響力。

知識補充站　★〈大學〉經一章

大學之道，在明明德，在親民，在止於至善。知止而後有定；定而後能靜；靜而後能安；安而後能慮；慮而後能得。物有本末，事有終始。知所先後，則近道矣。古之欲明明德於天下者，先治其國；欲治其國者，先齊其家；欲齊其家者，先修其身；欲修其身者，先正其心；欲正其心者，先誠其意；欲誠其意者，先致其知；致知在格物。物格而後知至；知至而後意誠；意誠而後心正；心正而後身修；身修而後家齊；家齊而後國治；國治而後天下平。自天子以至於庶人，壹是皆以修身為本。其本亂而末治者否矣。其所厚者薄，而其所薄者厚，未之有也！

UNIT *2-19*
〈中庸〉

〈中庸〉本來是《大戴禮記》的一篇，南宋朱熹將它與《論語》、《孟子》以及〈大學〉三者集合成為《四書》，成為科舉考試的定本。關於〈中庸〉的著作以及成書時間有許多種看法，司馬遷認為〈中庸〉出自於子思，鄭玄認為是「孔子之孫子作之」，馮友蘭認為〈中庸〉部分內容出自於子思，部分內容出自於孟子之後儒。

〈中庸〉具天人合一的思想，孟子雖然也有天人合一的思維，不過二者在理解天人合一方面卻有著義理上的不同。有關天與人的關係，〈中庸〉是先說客觀的天道下貫而成為人之性，再說人將此性落實於人世為人道，以落實人道來與天相合而說明天人合一；孟子則是先以四端之心的肯定為開始，通過擴充的工夫密契於天道，孟子的盡心、知性以知天是一種由主觀的道德實踐肯定天道內在於人的說法，由此來說天人合一。

（一）天命之謂性

朱熹《中庸章句》對〈中庸〉「天命之謂性」一句話的解釋為：「天以陰陽五行化生萬物，氣以成形，而理亦賦焉，猶命令也。於是人物之生，因各得其所賦之理，以為健順五常之德，所謂性也。」所謂天命之「命」，朱熹解釋為「令」，天命即天所命令於人的東西，在人身上稱之為性。性即理，人之所以得生，乃是人因為在天以陰陽成萬物過程中得有氣、得有理，人因為氣因而具有人形，人因為理因而人人具有共通性。

〈中庸〉藉由宇宙萬物的發生歷程說明天與人在發生上的關係，從而由天所賦予人的性，肯定人的價值。

（二）率性之謂道

人的一生其實就是修道成德的過程，人若能夠順天所命之性來實踐，即是率性之行，即人道的落實也是天道的落實。〈中庸〉有云：「唯天下至誠，為能盡其性；能盡其性，則能盡人之性；能盡人之性，則能盡物之性；能盡物之性，則可以贊天地之化育；可以贊天地之化育，則可以與天地參矣。」〈中庸〉明示所謂至誠者，即能夠盡天命所賦之性者，人若能夠如此實踐，則能夠彰顯人之為人的意義，同時還能夠盡物之性，使物獲得存在之意義；人若能夠如此實踐，他的行為便如同天地成就萬物，參與了天地成就萬物的活動。

（三）修道之謂教

〈中庸〉云：「誠者，天之道也。誠之者，人之道也。」〈中庸〉云：「自誠明，謂之性；自明誠，謂之教。誠則明矣；明則誠矣。」分析來看，〈中庸〉的「誠」具有二義，一是用來說天之道；二是指修道的方法。吾人生命當藉由誠的工夫來求得人道、實現天道之誠。朱熹《中庸章句》注解「誠者」為「真實無妄之謂也，天理之本然也」。天道是誠，人因有天命之性所以與天一樣是真實無妄的，不過人同時稟受有氣，因而行為往往有過或不及，無法達到盡性至誠的境界；要能夠完成人生的意義，必須透過教化的過程，亦即修道的過程。

〈中庸〉的天人關係

〈中庸〉先肯定存在有客觀的天道。又，〈中庸〉對於天道，有時稱之為「誠」。

客觀的天道下貫於人，成為人之性。

人率性、依性而行，既是人道的落實，亦為天道的落實。又稱為「誠之者」。

天人合一

 ★ 〈中庸〉的天道思想

比較來看，孔子、孟子、荀子思想雖也有天道思想，但卻沒有像〈中庸〉來的完整。這是因為儒學的發展一開始主要在關心人事的活動，嘗試以道德的進路解決周文疲弊的問題，因而初期的儒學思想說天不及說德，說天道不及於說人道。後來，儒學的思想對於天道的討論逐漸多了起來，戰國末年的〈中庸〉即為代表，〈中庸〉裡頭有許多談及天道以及天道與人的文字，全文的第一段便是它對於天人關係的主要看法。

〈中庸〉第一段：「天命之謂性，率性之謂道，修道之謂教。道也者，不可須臾離也，可離非道也。是故君子戒慎乎其所不睹，恐懼乎其所不聞。莫見乎隱，莫顯乎微，故君子慎其獨也。喜怒哀樂之未發，謂之中；發而皆中，謂之和。中也者，天下之大本也；和也者，天下之達道。致中和。天地位焉，萬物育焉。」〈中庸〉以為人因天而有，主張天為道德天，人要是能夠實踐道德，便能與天合一，參與天之化育。關於道德的實踐，主張吾人必須將稟受自天道的性發揮出來，至於性要如何才能發揮，則屬於工夫修養的課題。

★ 〈中庸〉的成書與地位

原本只是《大戴禮記》其中一篇的〈中庸〉，直到唐代才受到重視。唐代韓愈、李翱視〈中庸〉為經書，北宋程顥、程頤將〈中庸〉視為孔門傳授心法。朱熹指出「子程子曰：『不偏之謂中，不易之謂庸；中者，天下之正道，庸者，天下之定理。此篇乃孔門傳授心法，子思恐其久而差也，故筆之於書，以授孟子。』」其承程子之說，認為〈中庸〉係子思及其弟子所著成，其上承曾參、下啟孟子，為儒學正宗，屬道統之列，也因此將它獨立出《大戴禮記》，成為《四書》的內容。

UNIT 2-20
《易經》與《易傳》

《易經》在究天人之際中蘊有哲學思想，儒道思想受到《易經》影響，皆有《易經》思維的痕跡。

（一）《易經》

《易經》可稱為《周易》，又可簡稱為《易》，《周易》前身有《連山》與《歸藏》，《周易》是經過夏之《連山》、殷之《歸藏》的發展過程而形成的。《周易》分為上經三十卦、下經三十四卦，共六十四卦，一卦有六爻，六十四卦計有三百八十四爻。卦有卦題，六十四卦與三百八十四爻皆配有卦辭與爻辭。

中國古代宗教意識濃厚，人們為了確知身處的現況與知曉將來行事的方向，便以設計出的筮法取得卦象，並透過解卦、解爻獲得相關的可貴訊息；是以，筮法與卦象有密不可分的關係。相傳筮法一共有九種，現存筮法僅剩《周易》的筮法一種。

所謂《周易》之易，具有三種意義：簡易、變易與不易。《周易》旨在掘發天人之際，司馬遷指出「《易》以道化」（《史記‧太史公自序》），「化」為變化，自然以及人事始終在變動，《周易》則針對變動不息的現象，為人揭示出所有自然以及人事的變易其實是有規律可循的，變易只是個現象，本質上是不變的，變易與不易的關係是天地的法則，是簡易的道理。

《周易》除了具有卜筮的功能，還兼具哲學思想。從爻分有陽爻與陰爻、爻於一卦的所在位置有陽位與陰位之別，以及卦與卦之間兩兩相對的設計來看，《周易》是具有高度抽象思維的作品，以異質之陰陽的對立、相互依存與相互轉化解讀變化現象的奧義。陰與陽在殷商時代只是用於指稱陽光不照與照的現象，後來陽轉成為天、日、晝、暑、剛、強、男、牡的屬性；陰轉成為地、月、夜、寒、柔、弱、女、牝的屬性，陰陽的使用由表象轉為抽象，成為哲學的觀念。

（二）《易經》、《易傳》與儒道

《易傳》是理解《周易》的作品，相傳是孔子所著，但也有學者認為它應屬為道家的思想，《易傳》裡頭有〈彖上〉、〈彖上〉、〈象上〉、〈象下〉、〈文言傳〉、〈說卦傳〉、〈序卦傳〉、〈雜卦傳〉、〈繫辭上〉和〈繫辭下〉，合稱為十翼。

《易經》和《易傳》與儒道思想的關係密切。〈象傳〉有云：「天行健，君子以自強不息。」〈文言傳〉對乾卦說道：「夫大人者，與天地合其德，與日月合其明，與四時合其序，與時鬼神合其吉凶。」〈文言傳〉對坤卦則說：「君子敬以直內，義以方外，敬義立而德不孤。」《易經》明顯具有道德意識的精神，《易經》和儒家在對於為人應當效法天道、終日培德以與天合一的思維是一樣的。

《易辭上》說「易有太極，是生兩儀，兩儀生四象，四象生八卦。」以八卦、四象、兩儀、太極說明萬物與萬物存在原則之間的發生關係。這等宇宙論思維與老子「道生一，一生二，二生三，三生萬物。萬物負陰而抱陽，沖氣以為和」同具有宇宙論的說法。此外，《老子》內容出現許多《易經》的卦詞，也有許多和《易經》一樣的對反概念。

卦名

《易經》六十四卦					
上經三十卦					
乾	坤	屯	蒙	需	訟
師	比	小畜	履	泰	否
同人	大有	謙	豫	隨	蠱
臨	觀	噬嗑	賁	剝	復
無妄	大畜	頤	大過	坎	離
下經三十四卦					
咸	恆	遯	大壯	晉	明夷
家人	睽	蹇	解	損	益
夬	姤	萃	升	困	井
革	鼎	震	艮	漸	歸妹
豐	旅	鄙	兌	渙	節
中孚	大過	既濟	未濟		

卦象釋例

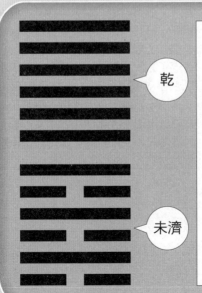

乾

未濟

卦象說明：
❶「乾」與「未濟」是六十四重卦中的卦名，六十四卦，每卦皆有卦名。
❷一長線，表陽爻；二短線，表陰爻。三爻成一卦，共八卦；八卦中，每二卦兩兩組合，可組六十四重卦。
❸一重卦，上面三爻構成的卦，稱作上卦；下面三爻構成的卦，稱作下卦。
❹八卦分別是乾卦☰、兌卦☱、離卦☲、震卦☳、巽卦☴、坎卦☵、艮卦☶、坤卦☷；八卦的自然象徵分別為天、澤、火、雷、風、水、山、地。
❺「乾」與「未濟」分別是六十四重卦的第一卦以及最後一卦。「乾」六爻皆陽，其上下卦皆為乾卦，表「天」。「未濟」上卦為離卦，下卦為坎卦，稱為火水末濟，表「事未成」。

UNIT 2-21
老子大略

　　老子為道家思想的創始人物，其生卒年與生平歷史不詳，一般說法認為他姓李名耳，字伯陽，諡號為老聃，楚國苦縣（今河南鹿邑東）人。傳統的說法表示老子著有《老子》一書，當代則有學者提出不同看法，認為老子是《老子》著作的主要作者，《老子》並非出自老子一人之手，主張與其將《老子》一書視為老子個人思想的代表，毋寧將《老子》視為是一股流行於春秋戰國時代的老子文化之集成。

　　老子對於中國文化的影響力，一點也不亞於孔子。荀子的「虛壹而靜」說的是老子的思想；受荀子性惡思想影響的韓非，為法家思想集大成者，卻留下〈解老〉、〈喻老〉兩篇對於老子思想的詮釋。漢初行黃老之治，漢末興起的道教視《老子》為重要典籍，魏晉時代將《老子》與《易經》、《莊子》視為玄學談論的主要對象，都足以說明《老子》的影響力。

（一）莊子學派與黃老學派

　　原有的老子之學，在戰國後期另外發展出兩種道家學派：一是位居南方以莊子為代表的莊子學派；一則是位居於北方的稷下黃老學派。兩派思想皆有所擅長，在發揮老子思想的同時，發展出獨具特色的思想。莊子學派著重於道論於心之境界的闡發以及外王的落實，並開創出藝術的境界；黃老學派則一如老子具有強烈的入世精神，假黃帝之言以發揚老子道論，期望藉由修身來治國。另外，黃老學派因處於齊國稷下，在發揮老子之時，亦同荀子吸收各家之長的學術性格，將禮法思想吸收於其思想底下。無論是莊子學派還是稷下黃老學派，都是以老子的道論為基礎而發展出的道家文化。

（二）入世精神

　　老子哲學先以論道作為出發，其以道為核心建立萬物與道的宇宙論關係，並言及道體與道用，從而由道論建議為人者應法道而行，為君者在政治上應採無為之治，君主能夠無為也將能夠無不為，天下自然得治，並認為「小國寡民」是理想國家的形式。

　　傳統在評定老子思想價值時，習慣將之以儒學思想的標準來進行對照，認為老子思想相對於儒家是消極的、避世的；但事實上，老子思想具有強烈的入世精神，這一點與孔子其實是相同的，二者的差異是在解決方式上的不同。《老子》說「修之身，其德乃真。修之家，其德乃餘。修之鄉，其德乃長。修之邦，其德乃豐。修之天下，其德乃普。」（第五十四章）由修身、修家、修鄉、修邦而天下的步驟實行，可見老子與孔子思想一樣都具有淑世的精神。《老子》說「無為而無不為。取天下常以無事，及其有事，不足以取天下」（第四十八章）以及「聖人無常心，以百姓心為心」（第四十九章），是有關於理想之治者的言論，正是心中淑世精神的反映。

戰國時代的道家文化發展

老子的思想在戰國時代發展成莊子學派與黃老學派，莊子學派產生於楚，黃老學派產生於齊。

老子的淑世精神的開展

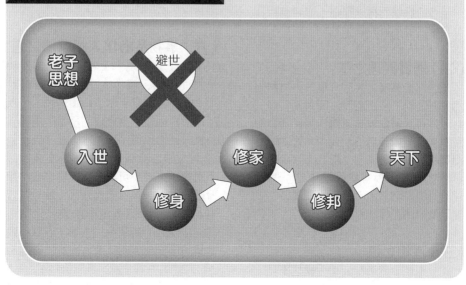

UNIT **2-22**
道

圖解中國哲學史要略

《老子》以論道為始及於人事當法自然，全書提到「道」共有六十七次，唐君毅認為「道」在《老子》具有六義：形上之道體、通貫異理之道、道相之道、同德之道、修德之道及其他生活之道、事物及心境人格狀態之道。

（一）形上之道體

老子的道論是以道體的存在為前提。道為形而上的存在實體，其他五種關於道的使用，則或是對於道體作用萬物的原則、歷程以及道相的描述，或是對於道的運用、修道的方法以及體道之理想生命的描述。

《老子》云：「有物混成，先天地生。」（第二十五章）「自古及今，其名不去，以閱眾甫。」道體的存在是絕對的，其先於時間與空間，萬物皆源出於道。《老子》云：「道生一，一生二，二生三，三生萬物；萬物負陰而抱陽，沖氣以為和。」（第四十二章）道體為萬物之本根，由道生一、二、三以至萬物來看，世間萬物乃因道之生的由一至多的歷程而得以存在，道與萬物具有發生之宇宙論的關係。

（二）通貫異理之道

此道係指萬物之共理，現象中物物固然各有其理，然而理理之間有其共理。共理具有普遍性，為道體作用於萬物的自然規律，如《老子》云：「天之道，損有餘而補不足。」（第七十七章）明示萬物具有「損有餘而補不足」的共理，月圓將虧、山高將卑、葉茂將枯，總是依規律進行調和。

（三）道相之道

關於道相，老子有云：「視之不見，

名曰夷；聽之不聞，名曰希；搏之不得，名曰微。此三者不可致詰，故混而為一。」（第十四章）道是萬物之母，初無形相，不同對於萬物之相可以道說、可以名指。道相無法通過吾人之感官作用予以把握，老子對於實存道體之相的形容，是將道與萬物之形相對照下的否定性說明。

（四）同德之道

道為萬物之根本、為萬物之共理，萬物因道而存在。老子云：「生之畜之。生而不有；為而不恃；長而不宰。是謂玄德。」（第十章）說道體對於萬物之不有、不恃、不宰的生與畜為玄德，其義等於也是說道即德。

（五）修德之道及其他生活之道

人應法道而行，而欲法道行，則必先修道，《老子》一書記有修道方法，並且提到許多欲法道者在日常生活履踐上應有的合道之道，以及在政治、軍事上應當行使的治國用兵之道。

（六）事物及心境人格狀態之道

《老子》云：「上善若水，水善利萬物而不爭，處眾人之所惡，故幾於道。」（第八章）水不是道，說水「幾於道」是因為水具有道的不爭、柔弱等特性，因而以道字描述水。又《老子》云：「古之善為士者，微妙玄通，深不可識。夫唯不可識，故強為之容：豫兮若冬涉川，猶兮若畏四鄰；儼兮其若客；……保此道者，不欲盈。夫唯不盈，故能蔽而新成。」（第十五章）則是以道字作為說明體道之士時的描述。

老子的道義

道之義

形上之道體
- 道指道體，道與萬物的發生關係為一與多的關係，萬物源出自道。
- 道體的存在是絕對的，其存在先於時間與空間，有別於萬物必須在時間與空間之中。

通貫異理之道
- 物物皆有其理，不過物的理為殊理。
- 道為共理，能將物物之理統一，其不同於物物之殊理，具有普遍性。
- 例如月有盈虧、葉有茂枯，月與葉皆有「損有餘而補不足」之共理。

道相之道
- 道為萬物之母，無形相，不可以感官作用來把握。
- 《老子》對於道相的描述，其實是一種將萬物之形相用以對照，所做的一種否定性的描述。

同德之道
- 《老子》說道是自然。
- 道固貴為萬物之源，但是道對於萬物的一切活動，卻是不有、不恃、不宰的，係道順其自身自然而有的。
- 道對於萬物的德用，即道本身。

修德之道及其他生活之道
- 《老子》認為人應法道、順應道之自然而行。
- 然而世界中有許多使人走向違於自然之路的誘因。是以，個人必須行工夫操作、國家必須依道行事，才能合於道，避於危險。

事物及心境人格狀態之道
- 用以描述：❶事物表現出的道，如水。❷體道之人的狀態。

UNIT 2-23
人與自然

《老子》云：「人法地、地法天、天法道、道法自然。」（第二十五章）道是道體，是先天地生的，它為萬物之根本，「自然」並不是在道之上、之外的存在。「法」有取法之義，所謂「道法自然」並不是說道要像人、地以及天取法於地、天以及道一樣地取法且存在於它之外、之上的「自然」。老子以「自然」來描述道，「自然」不是吾人語言習慣指稱的大自然，「自然」是自其本然的意思，道體是無條件、超越時空的存在，其展現於世人規律的表現是依道體而有的，是理所當然、理當如此的表現，有別有條件的大自然存在。道體作用於天、地及人一切的存在物，都是自然而然的，無論是過去、現在或是將來，都是如此作用著，人、地、天三者與道具有一種取法、依歸的關係。老子理想生命的落實當是能夠取法於道，藉由取法使得人與人、人與一切得以和諧共存。

（一）絕聖棄智

《老子》云：「大道廢，有仁義，智慧出有大偽，六親不合有慈孝，國家紊亂有忠臣。」（第十八章）《老子》云：「故失道而後德，失德而後仁，失仁而後義，失義而後禮。夫禮者，忠信之薄而亂之首。」（第三十八章）面對周文疲弊帶來的時代課題，孔子對於周文持肯定的態度，其所提出的救治方案，是將道德精神灌注於周文，並透過正名等主張的落實使政治回復於正軌。相較於孔子的道德精神，老子則從道的自然義提出解決之道。老子強調道、德、仁、義、禮五者在價值應當具有的依歸關係，禮是針對外顯行為之規範性

設計，老子認為周代的動盪現象正是人類社會在逐漸走向強調禮、重形式卻不知不覺地與道漸遠的過程中所造成的。禮之所以脫離了自然之道，正是因為巧智之緣故，周文因此不再能夠穩固周代的秩序並作周人的信念，欲正本清源就必須從病根著手，人理當取法於道，而不是背離自然大道，進行人為的干預。太多禮儀形式的強調，只會桎梏吾人的生命，只是將吾人的生命帶向原本不希望的處境。

（二）歸根復命

《老子》云：「夫物芸芸，各復歸其根，歸根曰靜，靜曰復命，復命曰常。」（第十六章）道是萬物之母，歸根與復命指的是回歸於道、回到「自然」。《老子》云：「常德不離，復歸於嬰兒。」（第二十八章）老子以嬰兒比擬先天地生的道，一方面是因為嬰兒是所有個體生命歷程的起始，而道則是一切存在物之根本；一方面是因為他不像成人具有巧智，正如同道體是自其本然，不為人為干預的表現。巧智是社會的亂源，世間的衝突來自於人心巧智的生成，如果社會中不存在禮儀之尊卑的形式，人們何嘗會貴尊賤卑？又何嘗需要極力使自己、家人居於尊位、遠離卑下？與自然大道背離的巧智只會弄巧成拙，巧智愈多造成人與人、人與世界的衝突也就愈多，使得生命喪失了原貌、失去了真生命。

道、天、地、人的取法

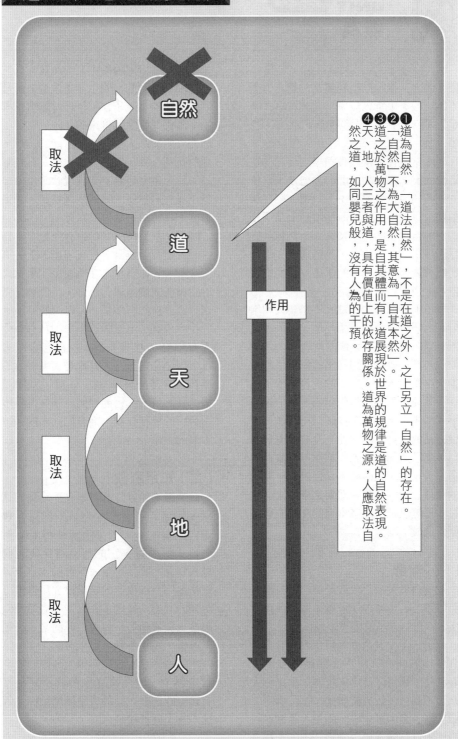

自然 ✕

取法 ✕

道

取法

天

取法

地

取法

人

作用

❶道為自然，「道法自然」，不是在道之外、之上另立「自然」的存在。

❷「自然」不為大自然，其意為「自其本然」。

❸道之於萬物之作用，是自其體而有；道展現於世界的規律是道的自然表現。

❹天、地、人三者與道，如同嬰兒般，沒有人為的干預。道為萬物之源，人應取法自然之道，

第2章 先秦哲學

UNIT 2-24
無為

《老子》云：「為學日益，為道日損。損之又損，以至於無為。無為而無不為。取天下常以無事，及其有事，不足以取天下。」（第四十八章）「為學」與「為道」在作用上是相反的。「為學」是在求得政教禮樂之學的外在經驗知識，投入的時間心力愈多，累積的相關知識也就愈多；「為道」則在藉由體道以把握萬物在原初不受人為干預底下的自然狀態，以及吾人不為私欲妄見干擾下的虛靜心境，為道愈多，也就愈能夠降低私欲妄見的干擾，愈能把握自然大道。

老子淑世精神的落實，不是要人利用自身的巧智來推動；相反地，吾人理當捨棄以巧智來改善社會的信念。

一般認為政治理想必須經過淑世的活動來推動與落實，老子的淑世哲學卻強調，若要無不為必須先無為，看似矛盾不通的主張，為的是打破以巧智作為淑世方法的成見。無為並不是要人毫無作為，老子這種正言若反的語言是稟持於道、天、地、人四者本是通貫的、整全的關係而說的，政教禮樂之學的人為建設非但無法維繫四者本有的和諧關係，反而造成了割裂。

（一）無身

離捨自然大道之政教禮樂的人為建設將戕害吾人生命以及社會，戕害所以發生，可就吾人私欲妄見來說。

老子云：「五色令人目盲；五音令人耳聾；五味令人口爽；馳騁畋獵令人心發狂；難得之貨令人行妨。是以聖人為腹不為目，故去彼取此。」（第十二章）老子眼中單求安飽的聖人生命與一般常人以為的理想生命顯然不同。從老子思想來看，欲論斷生命的品質高低並不是由享受到的文明生活之內容來衡量的。相反的，老子告誡吾人當謹慎別讓生命落入文明生活帶來的危險。文明生活充滿對於吾人生命各項官能的誘惑，面對花花世界，人心容易放蕩、行為容易不軌、生命容易不安於現狀，生命一旦不滿於現狀僅一味地追逐物質、滿足物欲，終將使生命失去本真。

《老子》云：「吾所以有大患者，為吾有身，及吾無身，吾有何患。」（第十三章）生命有患，在所難免，畢竟人的生命有肉體組成的部分，自然有其需求，因此自然有煩惱，這是再簡易不過的生命事實。老子強調生命因為有身因而有煩惱，並非要吾人設法忘身或去身，而是在告誡吾人有身是大患根源的事實。老子主張欲減少外患、減除煩惱，就必須降低官能受因於外在世界所引發出的種種物欲，唯有如此才能保持本真的生命。

（二）知足寡欲

政教禮樂的建立其實是私欲妄見的結果，對建立者而言，它只是使得社會走向動盪的一方，國家無法得治；對一般人民而言，它的建立將促使人們私心妄見的發生，生命只會捨本逐末，一味追逐物欲生活的結果終究只是獲得更多的大患。《老子》云：「名與身孰親？身與貨孰多？得與亡孰病？……知足不辱，知止不殆，可以長久。」（第四十四章）私心妄見使得生命流連於名利追逐中，看似真實，最終卻只是沒有輸贏的遊戲，有的只是徒增煩惱，因此，為人理當知足寡欲。

去巧智以回復自然

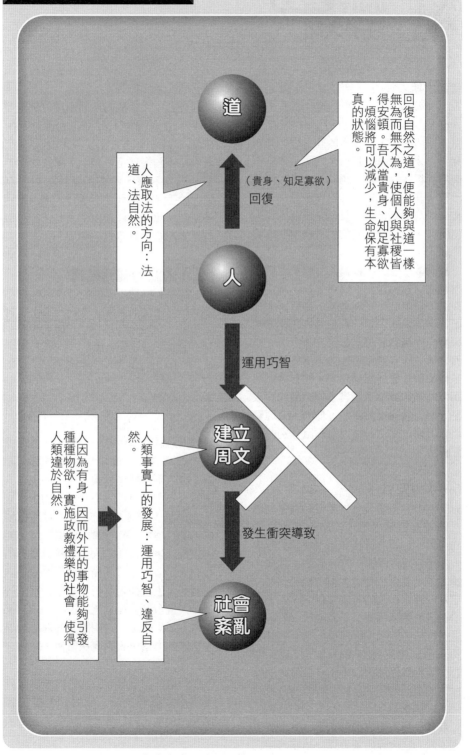

道

回復 （貴身、知足寡欲）

人應取法的方向：法道、法自然。

回復自然之道，便能夠與道一樣無為而無不為，使個人與社稷皆得安頓。吾人當貴身、知足寡欲，生命保有本真，的狀態。煩惱將可以減少，

人

運用巧智

建立周文

人類事實上的發展：運用巧智、違反自然。

人因為有身，因而外在的事物能夠引發種種物欲，實施政教禮樂的社會，使得人類違於自然。

發生衝突導致

社會紊亂

UNIT 2-25
莊子大略

莊子（西元前三六九至二八六年），戰國中期宋國蒙（今河南商丘東北）人。秦漢以來，多數人認為莊子著有《莊子》一書，《莊子》由內、外、雜三篇所構成，現今對於莊子思想的研究，主要在探討《莊子》內篇。清朝王夫之評析《莊子》，認為外、雜二篇非出自《莊子》一書，今日一般認為外、雜二篇應屬莊子後學及道家相關思想人物所作，後經漢人編彙而被歸納在內篇後面。

劉笑敢比較外、雜篇內容以及它們與內篇的關係，將莊子學派分為三類：述莊派、黃老派以及無君派。述莊派大抵而言與內篇的思想一致，其特色在闡明與發揮內篇的思想；黃老派著重君人南面之術，除了道家思想外，另外還吸收了儒家與法家的部分思想，主張君無為而臣有為的觀點；無君派提出徹底解放吾人之自然之性的觀點，他們大大抨擊現實社會，期待一種沒有君臣分別的理想社會。

（一）內聖外王

《莊子》全書大多為寓言形式，其中含藏豐富哲學思想，同時也具有文學的性質，世間流行許多為人傳頌的故事大多出自《莊子》一書，例如：井底之蛙、魯侯養鳥、鳩笑大鵬、朝三暮四。相對於儒家人物的言論與行止，莊子似乎與世間完全脫離，不僅對於一般人心之於物欲的追求不感興趣，甚至連社會國家治亂與興衰的問題也同樣毫不關心，現世對他而言似乎不具價值，因而世人閱讀他的作品常將其解讀為具有深深的虛無感。

其實，莊子思想根源老子，其書著重在道於心之境界的闡發以及相關體道之工夫，並同於老子對於社會國家有著深憂之情、理想抱負。

莊子云：「是故內聖外王之道，暗而不明，鬱而不發，天下之人各為其所欲焉，以自為方。」（《莊子‧天下篇》）「內聖外王」最早出現於莊子，依其思想看來，內聖係指將心內含有道，外王為理想社會的推行，由內聖到外王即理想社會係藉由聖人有德，將道自然施行於世來完成。

（二）內篇的邏輯結構

《莊子》內篇一共有七，依其次序分別為：〈逍遙遊〉、〈齊物論〉、〈養生主〉、〈人間世〉、〈德充符〉、〈大宗師〉及〈應帝王〉。

逍遙為莊子理想生命境界的代稱，〈逍遙遊〉指出真正的逍遙必須「無待」的道理。人心因對於世間價值有著盲從與執著，因而無法逍遙。〈齊物論〉則意圖消解生命的小知，使生命進入「道通為一」的境界。生命是有限的，吾人應當好好善養它。〈養生主〉提醒吾人順應自然、不應被外物所使。〈人間世〉描述行事於世間的各種難事，並且提供正確行事的各項方針。能夠正確行事於世間的人，是將道藏於內心的人。〈德充符〉描述理想生命是內在有德，生命是否有德在其能否宗主於道。〈大宗師〉在描述體道真人的有德生命。〈應帝王〉說明國家的理想治理應採取的方法，人君應採自然、順物之治。

內七篇的內容具有一種由內聖以至外王的思想邏輯，莊子的思想非但不虛無；相反地，對於生命的經營與社會國家的治理有其一套完整看法。

《莊子》內七篇要旨與邏輯結構

《莊子》內七篇

為莊子哲學的要旨,勾勒出逍遙為理想生命的境界,亦即「無待」的生命。	逍遙遊
揭示破除阻礙生命逍遙之小知的方法,生命藉由工夫與道合一。	齊物論
有限的生命,不應放矢於逐物,要能夠好好善養它,保有本真的生命。	養生主
世間充斥各式各樣的難事,描繪出社會的事實,提供面對解決之道。	人間世
能夠從容不迫面世應世者,其生命有道,能據道行德。	德充符
生命能夠宗主於道者,描繪體道真人的有德生命。	大宗師
理想國家的實現必須採取正確的治理方式,君王應採自然、順物之治。	應帝王

❶《莊子》以「逍遙」作為他哲學思想綱領,並逐一說明逍遙的工夫、真生命的保持、面對世間的處理方式、肯定宗主於道之人之有德生命,進而提出為君者應採自然、順物之治道思想。

❷縱觀全書內容,《莊子》具有淑世精神,一點也不消極,內七篇的編排順序正反映出他主張由內聖開展出外王的理念。

UNIT *2-26*
〈逍遙遊〉

《莊子·逍遙遊》裡頭有一則關於大鵬鳥的寓言:「北冥有魚,其名為鯤。鯤之大,不知其幾千里也。化而為鳥,其名為鵬。鵬之背,不知幾千里也。怒而飛,其翼若垂天之雲。是鳥也,海運則將徙於南冥。南冥者,天池。齊諧者,志怪者也。諧之言曰:『鵬之徙於南冥也,水擊三千里,摶扶搖而上者九萬里,去以六月息者也。』」魚在水中悠游不是很好嗎?庸碌的世人蹀足於溪畔,眼觀水中自在的魚,內心何嘗不羨慕牠的自在與自由?但是,為何鯤不安身處於北冥海中,寧可拖負著難以想像的龐大身軀轉化成為本來不是自己的大鵬鳥,極力從熟悉、自在的環境中脫離,歷盡艱辛只為飛向那遙遠的南冥呢?

試想要能夠容納幾千里長的鯤,需要多大多深的海,大海縱然能夠提供足夠的空間,然而不見天日的深海中終年冰冷、毫無生機,身處其中什麼也見不著卻四處充滿危機,還得成天背負無法估算的海水重量。吾人若是鯤,如果能夠有機會成為鵬鳥飛向天空,會選擇繼續待在北冥海裡嗎?

(一)小知與大知

大鵬鳥的舉止,遭受到蜩鳩們的嘲笑:「我決起而飛,槍榆枋而止,時則不至而控於地而已矣,奚以為這九萬里而南為?」其實蜩鳩們哪裡知道這箇中的道理,自以為逍遙自在的牠們,口中的自信對莊子而言正是一般世人愚知的反映,吾人經常安於自身的習慣,即便身處的現況充滿了不合理,卻滿足於辛苦過後的短暫成功,忘記了過程中所經歷的辛苦,也沒想到要維持現況還要付

出多少。鵬鳥與蜩鳩之喻,點明了大知與小知的分別,反照出世俗凡人與至人、真人、聖人在認知上的不同。

就像宋榮子與列子的差別,宋榮子能夠忘名,超越世俗人追求成就的境界;而列子不但忘名,還能忘我,更超越宋榮子能夠忘名的境界。

《莊子·逍遙遊》云:「若夫乘天地之正,而御六氣之辨,以遊無窮者,彼且惡乎待哉?」「六氣」係宇宙萬物造化之氣,至人、神人或聖人為能御六氣者,能乘大道而遊,其生命狀態已回歸於自然大道,無論言行或內心世界皆同於自然,悠遊於世。

這樣的生命境界豈是小知者能夠把握的,難怪會自以為是地笑看大鵬;事實上,能夠不為財富、名位、榮辱等所滯的無待生命才是真正的逍遙。

(二)無用之用

至人、神人或聖人的生命境界是常人所難以想像的,他們對待問題往往有不同於世人的看法。《莊子·人間世》云:「人皆知有用之用,而莫知無用之用也。」惠施認為五石之瓠是無用的,既無法盛水又占空間,不如丟棄;莊子卻認為它可以作為船舟使用。狸狌自恃,卻遭捕捉無法安度一生,氂樹因形狀大小奇特,可以免於斧金之害。有用或無用不是世人所決定的,當然更不是由個人的主觀來規定;事實上,萬物皆有其用。而有用之中,又以看似一無所用的最為有用。莊子之有用或無用之辨,點名真正的生命當能遂其所生者,生命若能如此,雖說無用,卻是有用。如是生命係能夠悠遊於世,開啟順乎自然之有用。

鳩笑大鵬

人經常安於自身的習慣，滿足於辛苦過後的短暫成功，卻忘了過程中的辛苦和維持現況仍要付出。

知識補充站 ★有待與無待

莊子〈逍遙遊〉強調恢復生命主體的自由，逍遙是無待的。有待的生命與無待的生命相對。「有待」係指相對待之意，對於周遭的事物有大小、高低、好壞、福禍、人我、生死等的相對分別。有待生命的生活是有所對待的、是有所依恃的，它期待某一方面的擁有，而不願相對之另一方的出現，此等生命是受束縛的。「無待」係指沒有相對待的分別，無待的生命是無所對待、無所依恃的，它脫離了所有對待關係的束縛，其生命主體得以真正的逍遙。以有待生命對於生與死具有分別為例，生命雖處於生的狀態，但由於不願死之狀態的到來，因此生命主體每當想起死亡將於某日出現，便會因為擔心、害怕發生而受到束縛；無待的生命能夠將生與死齊一。生與死對他來說，無有分別，其生命不受生與死的束縛。

UNIT 2-27 〈齊物論〉

其實大鵬鳥飛往的目的地——南冥，並不是在空間上與北冥遙遙相對的地方，由北到南說的其實是生命境界上的差異，說的是生命質變的事實。吾人的遷徙距離無論再怎麼的長，總還是身處同樣的世間，與一般人不同，至人、神人與聖人的生命境界是「道通為一」的，如同莊子在「庖丁解牛」寓言告訴世人的道理，能夠「緣督以為經」的人能夠找出事物的間隙，將能夠找到不傷害自己的方法，且能夠完成所要完成的事情。

《莊子・應帝王》裡頭有一則寓言，如同大鵬鳥的故事發人省思：「南海之帝為儵，北海之帝為忽，中央之帝為渾沌。儵與忽時相與遇於渾沌之地，渾沌待之甚善。儵與忽謀報渾沌之德，曰：『人皆有七竅以視聽食息，此獨無有，嘗試鑿之。』一日鑿一竅，七日而渾沌死。」儵與忽二者本於好意的動作最後意外害死了渾沌。莊子以渾沌來比喻無為自然的生命，渾沌由於開了七竅而產生了有得與喪、是與非、美與醜等的分別之心，卻也失去了本是無為自然的本真生命。

（一）執著與偏見

《莊子・齊物論》云：「夫吹萬不同，而使其自己也，咸其自取。」自然界的氣流吹過山林，發出萬籟之聲，造就不同聲音的原因係氣流所經的孔、穴不同所致。同樣，吾人對於世間的種種意見、主張或理論皆取決於自己。換言之，取決於自己將產生偏見。自然之聲本是無聲，有聲係因於自取，吾人自以為有聲為自然之聲，遂也因此產生執著，而一人有一聲，人人在差異下與他人產生爭執，無謂的傷害也因此伴隨出現。

世間一切言論所展現出或是或非的說法豈有絕對？《莊子・齊物論》云：「道惡乎隱而有真偽？言惡乎隱而有是非？道惡乎往而不存？言惡乎存而不可？道隱於小成，言隱於榮華。故有其儒墨之是非，以是其所非，而非其所是。」在莊子心中，儒家與墨家之爭，正是他所謂小知者的執著表現，其實爭來爭去，無論誰輸誰贏，都只是相對底下的說法，沒有真正的贏家，雙方早在爭的同時就都已經成為輸家。

（二）返於自然

《莊子・齊物論》云：「天地與我並生，萬物與我為一。」這是一項敘述在齊「物」或說齊「物論」後之生命境界的描述句。相較之下，分別之心的得與喪、是與非、美與醜的判別，不僅是多餘，而且違背自然。吾人在認識中常將世界當作對象來看待，存在於世界中的萬物，無論是具體之物、語言使用亦或是某種理論思維，也因而得其所用。但其實，經由認識作用形成的知識系統，代表的不是真正的客觀，不但無助於生命的逍遙，反使生命受到羈絆。

因為，知識系統的建立必先確立有一能夠獨立於世界進行認識的主體存在，然而確立了認識主體便將原本與生命同於一源的其他存在給分離出來，生命與其他的存在本屬自然，理當不分，認識的作用不但無助於此自然之理的展現，反而割裂了人與世界。生命因為種種的認識活動，與自然愈走愈遠，生命反而從遂其自然的無待，轉成為違於自然的有待。

自然之聲與萬籟之聲

圖中有山岩、溪水、瀑布、石頭、樹木、花草等自然物（莊子說自然本身沒有聲音，不同聲音的出現是因為氣流通過不同的事物而產生的）。

認識與執著

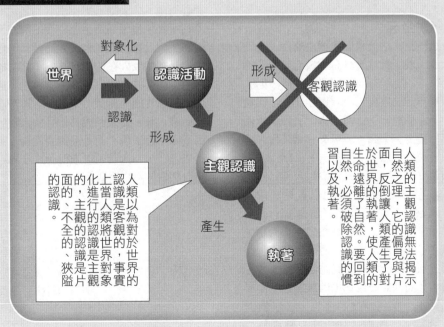

對象化

世界 ← 認識活動 形成 → ✕ 客觀認識

認識

形成

主觀認識

產生

執著

人類以客觀對於世界事實的認識上，當人類以客觀對世界進行認識時，是以人為主觀的認識，是主觀片面的認識、不全的認識、狹隘片面的認識。

人類的主觀認識無法揭示片面與偏見了類對世界的執著，自然遠離了執著。自然而然，它使人生反的倒理。自生於面自命世，執著及，必須破除執著。要回到類的認識的習慣以及執著。

UNIT **2-28** 坐忘與心齋

吾人與萬物本是以自然的狀態存於世間，而吾人因為意見、主張或理論等自取的認識活動，世間一切遂因吾人主觀的單向度認識變得片面。原本世界與生命的關係是渾然一片的，認識活動的介入使得生命由無待變為有待，而吾人欲返自然、遂其自然而生，就必須將吾人與萬物由現有片面的關係裡還原至原初自然的狀態，這是一種回歸於道的歷程。

北冥的鯤除了自己的龐大身軀還兼負海水的重量，牠奮力化為大鵬鳥飛向南冥的艱辛，正是對於回歸於道之歷程不易的描述。吾人一旦認識自我，便很自然地將世界客觀於自己，對於世間的主觀解讀便理所當然的展開，如此模式的解讀一旦變成吾人的習慣，一旦成為生命的常態表現，那麼，試圖破除常習，使自身回歸自然豈為易事？

（一）坐忘

對於世人之於世間萬物之有待之心理狀態，莊子稱之為具有「成心」與「師心」。《莊子·大宗師》中有一則孔子與顏回的對話：「顏回曰：『回益矣。』仲尼曰：『何謂也？』曰：『回忘仁義矣。』曰：『可矣，猶未也。』他日復見，曰：『回益矣。』曰：『何謂也？』曰：『回忘禮樂矣。』曰：『可矣，猶未也。』他日復見，曰：『回益矣。』曰：『何謂也？』曰：『回坐忘矣。』仲尼蹴然曰：『何謂坐忘？』顏回曰：『墮肢體，黜聰明，離形去知，同於大通，此謂坐忘。』仲尼曰：『同則無好也，化則無常也，而果其賢乎！丘也請從而後也。』」對於「坐忘」，郭象《莊子注》解釋為：

「夫坐忘者，奚所不忘哉！既忘其跡，又忘其所跡者。內不覺其一身，外不識有天地，然後曠然與變化為體而不通也。」原來莊子與老子的理念是一樣的，老子主張絕聖棄智與無身，莊子則主張離形去知。藉由坐忘的工夫得以離形去知，由之超越生命與萬物相對的現狀，以破除吾人對於萬物習慣已久的片面解讀。表面上莊子似乎對於現世充滿消極，其實他是看透成心或師心對於生命的戕害事實，因而主張藉由坐忘遠離形體與認知的執著。

（二）心齋

除了坐忘的工夫，心齋則是另一項工夫。《莊子·人間世》有云：「若一志，無聽之以耳而聽之以心，無聽之以心而聽之以氣。聽止於耳，心止於符。氣也者，虛而待物者也。唯道集虛，虛者心齋也。」人的心思作用容易為世間萬物所擾，也因而造生出片面的解讀。經驗生發自吾人的感官，然而感官的作用只是在接收外在的訊息，還不如心的作用；而心的作用只是在查證萬物，無助於超越片面的認識。是以，對於身處的周遭，莊子要人們與其用耳朵去聽，倒不如用心去想，而且最終要能夠「唯道集虛」，為人若可以虛靜應物，即順應自然對於萬物之運行。

心齋與坐忘的工夫作用

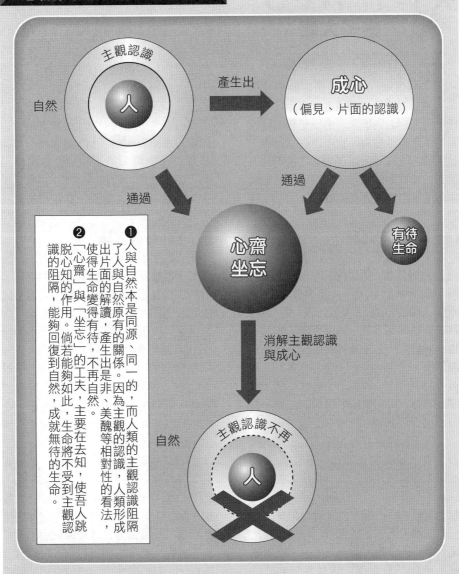

自然　主觀認識　人　──產生出──>　**成心**（偏見、片面的認識）

　　　　通過　　　　　通過

　　　　　　　心齋　坐忘

　　　　　　　　　　　　　　　　有待生命

消解主觀認識與成心

自然　　主觀認識不再　人　✕

❷ 使得生命變得有待、不再是自然、美醜等相對性的看法，人類形成了片面的解讀，生命出是自然、美醜等相對性的看法，人類形成了人與自然原有的關係。因為主觀的認識，人類形成

❶ 人與自然本是同源、同一的，而人類的主觀認識阻隔識脫離的阻隔，作用能夠回復到自然，如此，成就無待的生命。「心齋」與「坐忘」的工夫，主要在去知，使吾人跳出片面的解讀，倘若能夠如此，生命將不受到主觀認

知識補充站　★成心與師心

「成」為成見，「成心」意指心對於事物具有主觀之見。「師」為採用、效法，「師心」意指人以自己的心為師，只相信自己，自以為是、自矜自用。「成心」與「師心」皆是生命陷入有執的狀態，人一旦陷入有執，將產生成見，人類的一切巧智作為係因「成心」與「師心」而生。「成心」與「師心」的出現扭曲了生命本然的面貌，為人修道必須將「成心」、「師心」轉化為「常心」、「靜心」，使生命契合自由，獲致真正的逍遙。

UNIT 2-29
墨子大略

圖解中國哲學史要略

墨子（西元前四六八至三七六年），名翟，為魯國人，曾經學習儒學，後來其思想與儒學日漸遠離，因而自立學派，後人稱之為墨家。墨子思想同儒家具有高度淑世精神，也不乏有承繼者，如孟勝、田襄等人；不過，它卻不具有儒道二家在中國思想上的影響力，戰國末年墨家思想便逐漸式微。

（一）為天下之利

孟子對於楊子、墨子與子莫三人的思想，有過這麼一段評論：「楊子取為我，拔一毛而利天下，不為也。墨子兼愛，摩頂放踵利天下，為之。子莫執中，執中為近之。執中無權，猶執一也。所惡執一者，為其賤道也，舉一而廢百也。」（《孟子·盡心上篇》）在孟子心中，墨子與楊朱的思想可謂大相逕庭，吾人可從對楊朱思想的認識，對照出墨子思想的特色。

《列子》一書據有〈楊朱〉一篇，現今學界一般認為此乃後人所作，不代表楊朱的思想。吾人雖然無法直接認識到楊朱的思想，但是仍可間接由其他文獻的記載進行把握。孟子說楊朱是「拔一毛而利天下，不為也」，韓非說楊朱是「今有人於此，義不入危城，不處軍旅，不以天下大利，易其脛一毛。」（《韓非子·顯學篇》）。孟子與韓非兩人對於楊朱的評論雖未盡相同，卻也有一致的認同：無論楊朱思想反映的究竟是極端自私抑或是淡漠利欲的思維，至少可以確定楊朱是貴己的，誠如《淮南子》對楊朱有「全性保真，不以物累形」的評論。

墨家思想於當時與儒家並稱為顯學。相對於楊朱對於天下的冷漠，墨子對於亂世則如同儒家一樣充滿抱負。《墨子·大取篇》言：「殺己以存天下，是殺己以利天下。」對於天下有利之事，即便必須要以生命交換才能夠實現，也能夠赴湯蹈火。墨子力主的各種思想都是基於他對於天下之利的關懷所提出的，如：節用、節葬、尚同、尚賢、天志、明鬼、兼愛、非命、非攻與非樂。

（二）非命與非樂

雖然說墨子與儒家在思想上有過一段淵源，但墨子思想卻與儒家明顯不同，有些主張甚至很明顯是針對儒學而有的批判，例如《墨子·公孟篇》批評「儒之道足以喪天下者四政焉」，文中對於「以天為不明」、「以鬼為不神」、「厚葬久喪」、「弦歌鼓舞」、「以命為有，不可損益」等儒學思想大表不滿，認為這些思想皆足以喪天下。在這些批評裡面，有的是因錯解儒學而產生，例如非命與非樂。

墨子認為儒家相信貧富壽夭、治亂安危係受命運安排，無法由己身來掌握，此等命定思想將使得為人君者怠於政事、為人臣者無心努力，人人將無所用心於個人的貧富貴賤以及國家的治亂興衰等課題，此等思想對於個人與社會危害極大。對於儒家之於樂的肯定，墨子認為大鐘鳴鼓、琴瑟竽笙無助於國家抵禦外患，反而容易促使為人君者荒廢政事，使人們怠惰生產。其實，儒家講知天命，強調以道德實踐生命，其所以重樂，是因為樂具有教化人心、修養性情的功能，儒家有別於墨子單就實用角度而忽略人性之所能、所需的思考。

墨家與儒家的比較

	墨家	儒家
	兼愛	仁愛
關於愛的主張	本於「興天下之利，除天下之害」的關懷，主張人與人之間不分親疏遠近，一律以相同的愛來對待彼此。	提倡仁愛，強調愛有等差，以仁愛實現人倫社會的和諧。不過人與人之間親疏遠近的分別，因而仁愛在表現上會因關係的不同而不同。
	天有天志	天為道德
關於天的主張	承襲古代宗教對於天的看法，以為天具有意志，具有人格性。天主宰人倫以及社會的秩序，能夠賞善罰惡，以為現世天子的職分在代天行政。	取消古代宗教意味的天，視天為道德天，認為天之於萬物的生成活動具有道德意義，萬物與天具有道德上的關係。
	肯定鬼的存在	不論鬼的存在與否
關於鬼的主張	辨明並主張鬼的存在，和天一樣，鬼能夠賞善罰惡。主張明鬼和天志是為了要能使人們相信並實踐兼愛的理念。	鬼的存在與否對儒家不具影響性。儒家以為人生在世，唯有藉由道德的實踐才能創造出生命價值，鬼的有無，與道德是否實踐沒有關聯。
	否定命運的決定	強調道德天命
關於命的主張	認為命運若是存在，將使得現實中的努力與否與結果毫無關係，人們會抱持自己未來是由命運主宰的心態，而無視於自己的責任。	一方面承認人生中有些部分不是自我能夠決定的，一方面指出人有道德上的使命，無論有限的生命處於什麼樣的處境，都必須實踐道德，藉由道德展現人的尊嚴與責任。
	非樂	倡樂
關於樂的主張	站在實用的角度評估樂的存在價值，以為樂不能幫助國家抵禦外患，反使人君荒廢政事、人們怠惰生產。	樂具有教化人心、修養性情的功能，對於道德生命的陶養具有影響作用。

★墨子的故事

墨子的兼愛主張，在當時曾有人提出質疑。有一次巫馬子對墨子說：「你提倡兼愛思想，但是天下卻未因此而受利；而我不愛天下，天下也未因此而受害。」墨子聽完後則反問巫馬子：「當火災發生的時候，你會贊同添薪的人嗎？還是提水的人呢？」兼愛雖然未嘗使天下受利，但行事的或善或惡其實已能夠由意圖中獲得判斷。

UNIT **2-30**
三表法

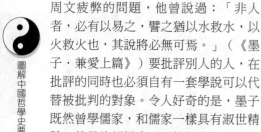

面對百家爭鳴，墨子自立學派來回應周文疲弊的問題，他曾說過：「非人者，必有以易之，譬之猶以水救水，以火救火也，其說將必無可焉。」（《墨子・兼愛上篇》）要批評別人的人，在批評的同時也必須自有一套學說可以代替被批判的對象。令人好奇的是，墨子既然曾學儒家，和儒家一樣具有淑世精神，然最終卻提出不同於儒家思想的主張，這究竟是因於什麼樣的因素？又或者說，他究竟是基於什麼的判準而放棄了他一開始接觸的儒家思想，另外提出他自己的見解？

「三表法」是墨子在思考吾人某項意見是否能夠為人接受的一套判斷標準，它是一套論證的工具，用以檢視一項意見是否正確；換言之，可以被人接受的意見，必須能夠通過「三表法」的驗證。墨子在〈非命篇〉裡對「三表法」有完整的論述，不過〈非命〉上中下三篇所論之內容並不完全相同。墨子云：「言必有三表。」何謂三表？「有本之者，有原之者，有用之者。於何本之？上本之於古者聖王之事。於何原之？下原察百姓耳目之實。於何用之？廢以為刑政，觀其中國家人民之利。此所謂言有三表也。」（《墨子・非命篇上》）大抵而言，所謂「三表」是指：本之者、原之者以及用之者。

（一）本之者

除〈非命上篇〉的記載，〈非命中篇〉指「本之者」為「考之天鬼之志」，〈非命下篇〉則將「本之者」成為「考之者」，指「考先聖大王之事」。合其義，欲判斷吾人某一言論是否能夠為人接受，則必須視此言論是否合於天神的意思或先王的行事。以「兼愛」主張為例，墨子認為「人人之間理當兼愛」是正確的，因為天創造了人以及萬物，也就當然平等看待一切所造之物，對於所造之物的愛護也都相同，而古代聖王也都愛護萬民，沒有差別對待。

（二）原之者

除〈非命上篇〉的記載，〈非命中篇〉中言「原之者」為「徵以先王之書」，〈非命下篇〉則說「原之者」是「察眾之耳目之情」。合其義，吾人之任何言論，要能夠成立、為人所接受，則此言論絕不可與先王之議論以及眾人所見所聞相違反。換言之，任何言論必須要與人之經驗事實相符合，違經驗者，便不足為人信。以「兼愛」為例，考徵古代聖王之書，堯、舜、禹、湯、文、武等聖君皆有愛民的言論。

（三）用之者

除〈非命上篇〉的記載，〈非命中篇〉言「用之者」為「發為刑」，〈非命下篇〉則說「用之者」為「發而為政乎，察萬民而觀之」。合其義，吾人某一言論是否真確，則此言論必須能通過實際上效用的評估。換言之，一項真確的言論倘若能夠流行，將能夠使國家與人民得利；反之，則此言論則不正確。以「兼愛」為利，墨子認為人若能夠落實兼愛，將能夠消弭人與人之間的衝突，增進社會的和諧。人若能夠兼愛，則天下得治；人若無法兼愛，則盜賊起、天下亂。

三表法內涵及主張「兼愛」的論證

 墨家兼愛　　　　　　　　儒家仁愛

墨家兼愛	儒家仁愛
人與人之間不應該有親疏遠近的分別，彼此間應付出相同的愛，如同愛他人的父親和愛自己的父親一樣，人若能夠兼愛則天下得利、人民受惠、戰爭不再。	人與人關係的和諧，應以仁愛為方法。不過，人與人之間有親疏遠近的事實，愛的流露與實踐必須要考量此存在的事實；是以，在實踐上，仁愛的表現會因關係的不同而不同。

 正確主張　　　　　 錯誤主張

以三表法檢視　　　　　　　　　　　　　　　以三表法檢視

判斷標準一

本之者：「本之於古者聖王之事。」（〈非命上篇〉）「考之天鬼之志。」（〈非命中篇〉）意指正確的主張要能夠符合天神的意思或先王的行事。

判斷標準二

原之者：「原察百姓耳目之實。」（〈非命上篇〉）「徵以先王之書。」（〈非命中篇〉）「察眾之耳目之情。」（〈非命下篇〉）意指正確的主張必須符合經驗，不可與先王之議論或眾人之見聞相違。

判斷標準三

用之者：「廢以為刑政，觀其中國家人民之利。」（〈非命上篇〉）「發而為政乎國家萬民而觀之。」（〈非命下篇〉）意指正確的主張能夠具有實際上的效用。

 結論　　　　 結論　　　　 結論

結論	結論	結論
天創造一切，平等看待，自然對一切萬民，而且聖王皆愛萬民，而兼愛主張是相符的。	古代聖王如堯、舜、禹、湯、文、武皆有愛民言論，兼愛主張與聖王之書記載相符。	兼愛能夠增進社會和諧。

UNIT 2-31
知識

西方對於「知識」的哲學課題有許多豐碩的成果，相形之下，中國哲學甚少將知識作為哲學思考的對象，在思想發展中，墨家與名家是少數對於知識進行哲學思辨的學派。雖然，儒家與道家也都有相關於知識的哲學理論，但是從根本上來看，這些理論並不是因於人對知識的好奇所提出的。孔子與儒家的正名思想，雖然涉及語詞與所指對象的關係，但是正名的提出宗旨是在討論落實道德的途徑，而且面對德性與見聞兩種知識型態，儒家明顯強調前者，對於後者卻甚少關注，更別說有關後者如何可能的哲學探討。老子與道家也是如此，雖然他們的思想曾論及知識，但是其宗旨在「言亡絕慮」與「絕聖棄智」；他們之所以談知識，只是為了揭示知識的局限，因而不得不談知識，他們最終目的在使人能夠遂自然而生。

相形之下，墨家對於知識實有純粹的探討。除了墨子提出以「三表」作為論證方式，墨者（墨子思想的跟隨者，又稱作「鉅子」）在《墨子》中還進一步論及知識的來源、知識的可能、論辯與推理方法等課題。

（一）知識的來源

《墨子‧經說上篇》云：「知，傳受之，聞也。方不障，說也。身觀焉，親也。」知識依來源可分為：聞、說、親三種。「聞」指傳聞知識，係經由傳授而得到的知識，包括老師的授業以及自古以來流傳下來的知識。「說」指推論知識，係由已知的知識為推論之始，藉由推論獲得原本不知道的知識。「親」為親知知識，係吾人藉由親身的經驗所得到的知識，包含與外界接觸所產生的感覺、印象與知覺等。聞、說與親三者，以親知知識最具可信度。墨者重視經驗，聞與說亦以親知為根據。

（二）知識的產生

吾人究竟如何產出知識？對此，墨者分成三部分來解釋。首先，吾人能夠有知識，係因吾人具有認識外界的官能。「知，材也。」（《墨子‧經上》）「知，材，知也者，所以知也而必知。若明。」（《墨子‧經上》），知為材，說明吾人因具有認識的官能，因而在與外界接觸時能夠產生認識的作用，譬如吾人有眼睛因而當與對象接觸才有視覺作用。

其次，吾人的認識必須經由感覺作用方為可能。「知，接也。」（《墨子‧經上》）「知，知也者，以其知遇物而能貌之，若見。」（《墨子‧經說上》）此處所說的知，係指感覺。吾人經由官能知覺到事物的存在，感覺於是產生，譬如在眼睛視覺作用下會產生種種感覺。

最後，知識的產生必須經過心的統合作用。「知，明也。」（《墨子‧經上》）「知，知也者，以其知論物而其知之也著。若明。」（《墨子‧經說上》）此處的心指的是心知。單單有感覺，無法產生知識，吾人之心知具有在雜亂無章的感覺中進行時間以及空間統合的能力，也具備記憶的功能。譬如「我記得眼前冰箱中泛黃的蘋果，是昨晚我咬了幾口，口中感覺脆甜的那一顆紅色蘋果」，此一經驗知識便是經由眼與口的視覺以及味覺作用與產生的感覺，加上心知的時間、空間的統合作用，以及心知的記憶作用所產生的。

知識的來源

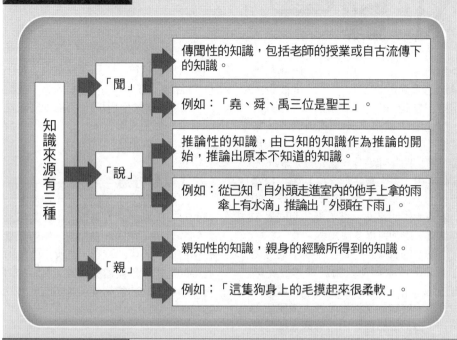

知識來源有三種

「聞」
- 傳聞性的知識，包括老師的授業或自古流傳下的知識。
- 例如：「堯、舜、禹三位是聖王」。

「說」
- 推論性的知識，由已知的知識作為推論的開始，推論出原本不知道的知識。
- 例如：從已知「自外頭走進室內的他手上拿的雨傘上有水滴」推論出「外頭在下雨」。

「親」
- 親知性的知識，親身的經驗所得到的知識。
- 例如：「這隻狗身上的毛摸起來很柔軟」。

知識的產生

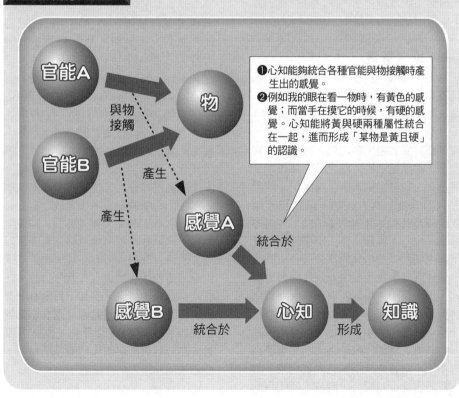

官能A

官能B

與物接觸

物

產生

產生

感覺A

感覺B

❶心知能夠統合各種官能與物接觸時產生出的感覺。
❷例如我的眼在看一物時，有黃色的感覺；而當手在摸它的時候，有硬的感覺。心知能將黃與硬兩種屬性統合在一起，進而形成「某物是黃且硬」的認識。

統合於

統合於

心知

形成

知識

UNIT 2-32
論辯

　　墨者論「辯」，以「辯」作為判定看法之真偽的方法。「辯，爭彼也。辯勝，當也。」（《墨子‧經上》）「辯也者，或謂之是，或謂之非，當者也。」（《墨子‧經說下》）「夫辯者，將以明是非之分，審治亂之紀，明同異之處，察名實之理，處利害，決嫌疑。」（《墨子‧小取篇》）「辯」的功能有六：明是非、審治亂、明同異、察名實、處利害以及決嫌疑。

　　「辯」的對象為外物，「辯」的主體在個人，個人與他人對於外物有不同看法時，透過論辯過程來判別彼此看法的真偽。在辯的過程中，吾人需要使用語言，以形成命題，由之與他人進行討論，以分別孰是孰非。墨者指出論辯要能符合「以名舉實」、「以辭抒意」與「以說出故」三要素。

（一）以名舉實

　　名是用來指稱所討論的客體，依名與被指稱的客體關係，名可分為三：達、類、私。「名，達、類、私。」（《墨子‧經上》）「名。物，達也。有實必待文名也。命之馬，類也。若實也者，必以是名也。命之臧，私也。是名也，止於是實也。」（《墨子‧經說上》）「達」為大共名，萬物皆不相同，但是乃有其共同點；依此，皆可通稱為「物」。「類」為大別名，萬物又可藉由相同以及相異的比較區分成為某物類，因其萬物相似處而歸於同類，例如「馬」是用來指稱所有具有成為馬之特質的存在，而一隻貌似馬的牛不可以「馬」稱之。「私」為私名，專用於某人或某物，例如「臧」為人名，專名需專用，不可移作為指稱它人或它物。吾人經語言進行論辯時，要注意所使用的名是否與實相符。「舉，擬實也；告，以之名舉彼實也。」（《墨子‧經說上》）名與實能夠相符，方能準確表達論辯者心想要說的對象，才能夠確保辯之雙方所論對象是相同的。

（二）以辭抒意

　　「以辭抒意」（《墨子‧小取篇》）指的是吾人藉由語言表達心中對於所論之物的看法，在進行表達時，需留意是否精確反映心中的意思，真實反映雙方心中的意思，不使辯論成為無意義的口舌之爭，如此才能夠確保論辯時理解的順暢。

（三）以說出故

　　「故」係指理由與原因，吾人將己意與他人進行論辨，必須提出根據以獲他人認同。墨者將「故」分為小故與大故。「故。小故，有之不必然，無之必不然。」（《墨子‧經說上篇》）小故是某項看法所以成立的部分理由或部分原因，如果具備小故，此看法並不一定成立，但有成立的可能；若無小故，此看法必然無法成立。例如，欲獲得高分，考前必須準備，不過有準備不一定能獲得高分，若是沒有準備則成績必然不如心中的期待。「大故，有之必然，無之必不然。」（《墨子‧經說上篇》）相對於小故，大故係某看法所以成立的所有理由或所有原因，如果具備大故，此看法必然成立；若無大故，此看法必然無法成立。例如，具備身體健康、睡眠充足、用心聽課、認真準備等四項條件，便能高取考分，而四者不具，高分難得。要使人接受某項看法，必須要能夠以大故來說理。

辯的目的、作用與要素

目的 → 不是為了意氣之爭而辯，而是為了能夠辯出真偽。

作用 → ❶明是非；❷審治亂；❸明同異；❹察名實；❺處利害；❻決嫌疑。

正確的論辯，必須要能「以名舉實」、「以辭抒意」與「以說出故」。

❶「以名舉實」
「名」在辯過程中的使用，要能夠與實相符，這樣才能夠清楚表達雙方想要說的內容。也就是說。名的使用要符合名的使用規定，大共名、大別名、私名不可混用。

辯

要素

❷「以辭抒意」
「辭」為語言，「意」為心中想法。語言是辯使用的工具，目的在傳達說話者心中的想法。語言的傳達要能真確，辯才具有意義。要真確傳達說話者心中的想法，遂說話者在使用語言傳達想法時，必須要小心。

❸「以說出故」
「故」為理由與原因。「故」可分為小故與大故二種。小故不充分，可以充分支持某種看法的理由，為大故。吾人與人辯時，應以大故來說理。

 **★小故與大故**

墨者的「小故」與「大故」即現代邏輯學說的「必要條件」與「充分且必要條件」。當我們說「植物要生長，必須有水。」表示水是植物生長的必要條件，如果沒有水，植物不可能有生長現象；不過，有水並無法保證植物就可生長。「小故」為「有之不必然，無之必不然」，正是「必要條件」。其實，欲使植物生長需要具備的必要條件不只一項，土壤、水、空氣、陽光、養分五者皆是植物生長的必要條件。今天我們假定這五項條件恰好是讓植物生長所必須具備的條件，那麼這五項條件一旦同時具足，將可充分支持植物的生長；五項條件一旦不再，植物的生長必然停止。在我們的假設中，土壤、水、空氣、陽光、養分五者恰是植物生長的必要條件和充分條件，因此為「有之必然，無之必不然」的「大故」。

第2章 先秦哲學

UNIT 2-33
說理七法

《墨子·法儀篇》有云:「天下從事者,不可以無法儀。無法儀而其事能成者,無有也。」《墨子·天志中篇》則云:「匠人亦操其矩,將以量度天下之方與不方也?曰:中吾矩者,謂之方。不中吾矩者,謂之不方。是以方與不方,皆可得而知之。此其何故也?則方法明也。」墨家重法,所謂法指的是標準、方法以及法則之義。包括思想在內的所有活動都應遵照法來進行,如同《墨子·非命篇》所說的「言必立儀。言而無儀,譬猶運鈞之上而立朝夕者也,是非利害之辯,不可得而明之也」。是以,就論辯活動而言,法若不立,則無以辨真偽。

「或也者,不盡也。假者,今不然也。效者,為之法者。所效者,所以為之法也。故中效,則是也;不中效,則非也,此效也。辟也者,舉他物而以明之也。侔也者,比辭而俱行也。援也者,曰:子然,我奚獨不可以然也?推也者,以其所不取之,同於其所取者,予之也。是猶謂也者同也,吾豈謂也者異也。」(《墨子·小取篇》)墨家注重論理的過程,要確立某項看法是否為真,必須經由論辯的過程,而論辯的過程便是說理的過程,強調吾人在說理時應留意說理的方法。或、假、效、辟、侔、援、推為說理過程當遵守之七法。當代學者對此墨家七法的解讀不全然相同,一般的看法認為此七法為墨家在推論時所強調的七種推論方法,彼此為並列的關係,而有的學者,如唐君毅與蔡仁厚卻認為將此七者視為七種推論方法並不正確,嚴格來說,七法為推論過程中應當注意的七種事項。

(一)或

「或」為不盡之意,而「盡」係「莫不然也」(《墨子·經說上》)盡與或(不盡),即今日所謂的全稱命題與特稱命題。

(二)假

有時命題的內容不一定與實際情況相符。所謂「假」係指所舉的命題內容與實際發生情況不同的假說。

(三)效

「效」為說理的原則,「中效」即符合原則,能符合「效」者為是,未能符合「效」者為非。

(四)辟

「辟」為譬,指的是拿已經為人理解的明顯事物去說明所論之內容,由之讓人們了解不易說明的部分。

(五)侔

「侔」係兩辭相互比較,故曰「比辭而俱行。」

(六)援

「援」為類推,由某項已知的事或物推知另一項事或物。

(七)推

「推」為歸納推理。透過經驗觀察所歸結之結果用於同屬於所觀察對象的事或物,藉由歸納推理形成有關此事或物的判斷。

	內涵	例子
或	❶「或」為不盡之意,與盡相對。在判斷的命題中,指特稱命題。 ❷特稱命題與全稱命題差別在,特稱命題用來敘述某一性質不完全適用於某一範圍的情形。相對而言,全稱命題則是用來敘述某一性質完全為某一範圍所包括的情況。	**全稱命題:** 所有的人(範圍)都會死亡(性質) **特稱命題:** 有些臺灣人(範圍)具有原住民血統(性質)。
假	❶「假」為假設之意。在判斷的命題中,屬假設命題。 ❷假設命題與實然命題不同,前者為假說,所指內容與實際上的情況不同;而後者則在述說實際,所作的敘述與事實相符。	**實然命題:** 人生最後都得面對死亡的來臨(與事實相符)。 **假設命題:** 如果人是不死的(與事實不符),將可以做更多的事情。
效	❶「效」為說理的原則、標準。 ❷說理、論辯必須要有標準,依據標準才能夠判斷是非真偽。倘若說理、論辯的內容能符合標準,即「中效」,為是;反之,為非。	例如要判斷所畫的圓是否為圓,要以規來檢查,符合者為圓;判斷所畫的方是否為方,要以矩來檢查,符合者為方。
辟	❶「辟」為譬喻。 ❷說理的時候,遇見聽者不明白的部分,以已知的明顯事物去說明,藉之使聽者了解。	例如聽者沒有見過「水杓」,可以先以聽者知道的「湯匙」來說明。
侔	❶「侔」為兩辭相互比較。 ❷用以相互比較的兩個辭,彼此間具有某種程度的相類似性。	黃驪,驪也;買黃驪,買驪也。 大船,船也;乘大船,乘船也。 黑豚,豚也;食黑豚,食豚也。
援	❶「援」為類推。 ❷由某項已知的事或物推知另一項事或物。	如:玉山有雲海,泰山亦有雲海。
推	❶「推」為歸納推理。 ❷透過經驗觀察所歸結得之結果用於同屬於所觀察對象的事或物,藉由歸納推理形成有關此事或物的判斷。	例如觀察了一萬隻猴子的活動,歸納出「這一萬隻猴子都會爬樹」的結論。將此結論用於其他未受觀察的猴子身上,推理形成「猴子都會爬樹」的判斷。

UNIT 2-34 名家

名家著重名理的探討，關於名家的起源有好幾種說法，如劉歆《七略》認為名家與古代的禮官有關，禮官擅長分別名位之事，依照不同的名位行以不同的禮儀，因此名家係出於禮官。另外，晉代魯勝嘗為《墨子》的〈經上〉、〈經下〉、〈經說上〉與〈經說下〉作注，其中指出「墨子著書，作辨經以立名本，惠施公孫龍祖述其學，以正刑名顯於後。」魯勝認為惠施、公孫龍係出自墨之「相里氏」一派。表面上看來，名家與墨家的主要論題有些是一樣的，例如二家思想裡頭皆有關於「同與異」以及「堅與白」的討論；不過，實際上二家在共同議題底下卻有不同的主張。若是由此來推測，惠施、公孫龍等名家思想人物，應該不是出自於墨家。之所以墨名二家對於「同與異」以及「堅與白」等論題同樣感到興趣，其實是因為名家的言論有違於日常生活的常識以及語言使用的習慣，因而引發墨者想要為之辯護的心理。

（一）思想特色

荀子對於名家思想也同樣感到不滿，他說：「不法先王，不是禮義，而好治怪說，玩琦辭，甚察而不惠，辯而無用，多事而寡功，不可以為治綱紀。然而其持之有故，其言之成理，足以欺惑愚眾，是惠施鄧析也。」（《荀子·非十二子》）名家思想在荀子眼中為怪說，所言內容皆不成理，無益於治亂，但卻用非理之言欺騙、迷惑人們。荀子的批評是站在儒家特有的角度而發，難免因而落於主觀，但是從整個春秋戰國的時代問題所發展出的諸子百家之現象來看，當時的思想家無不是以生命作為

思想建構的重心，期能夠透過思想解決社會秩序以及國家治理的問題；相形之下，名家著重於名的探討。

名家重名理，不同於儒、道以及墨三思想因關心人事而發，探討的問題跳脫了經驗，致力於語言的意義及使用等問題探討。語言原本為人類用於思辨的工具，在名家那裡，語言是他們思辨的對象，名家將經由探究語言後得到的觀點用於命題的表述，得到的結論時常乖離吾人的經驗。

（二）主要人物及思想

傳統認為名家思想的人物有鄧析、尹文、宋鈃、公孫龍、惠施、桓團、綦毋子、毛公、黃疵以及成公生等人。其中，除了鄧析、公孫龍以及惠施外，有些人物在思想的看法上並不一致，有些人物則未留下直接或間接的文獻，難以進一步認識。

《荀子·不苟篇》嘗引述鄧析和惠施的思想，有「山淵平，天地比，齊秦襲，入乎耳，出乎口，鉤有須，卵有毛。」《莊子·天下篇》裡頭記載了惠施的思想，有「至大無外，謂之大一；至小無內，謂之小一。無厚，不可積也；其大千里。天與地卑，山與澤平。日方中方睨，物方生方死。大同而與小同異，此之謂小同；萬物畢同畢異，此謂大同異。南方有窮而無窮，今日適越而昔來；連環可解也。我知世界之中央，燕之北，越之南是也。氾愛萬物，天地一體也。」公孫龍著有《公孫龍》一書，主要有「白馬非馬」、「離堅白」等思想。

惠施歷物十事

內容	可能意指
至大無外，謂之大一；至小無內，謂之小一。	關涉的是「無限」的概念。「大一」與「小一」是惠施分別用來指涉「無限大」以及「無限小」的語詞。
無厚，不可積也，其大千里。	談論的是「面積」。吾人對於平面的思考，平面是「無厚」，沒有厚度的，而且在思考平面的時候，具有自主性，想將它想成多大就可將它想成多大。
天與地卑，山與澤平。	說的是從「無限的空間」的角度下得到的結論。天與地、山與澤，本有高、低的事實不同，但若從無限的空間來看，天與地、山與澤可謂是等高的。
日方中方睨，物方生方死。	宇宙萬物無時無刻不在變化，從變化的角度來看，可以說日方中方睨，物方生方死。
大同而與小同異，此之謂小同異；萬物畢同畢異，此之謂大同異。	「小同異」係指相對意義底下說的同異；「大同異」則是就萬物「皆是存在的」以及「皆為獨立的、獨特的」的角度來說同異。
南方無窮而有窮。	「南方」可以是無窮，也可以是有窮。若是以「至大無外」、「大一」的角度來看，「南方」是無窮的；但是，若從一般地理的角度來看，則「南方」是有窮的。
今日適越而昔來。	就事實而言，「今日」與「昨日」不同，分別指不同的時間；不過，若是從「無限的時間」的角度來看，則說「今日」與說「昨日」就沒有分別。
連環可解也。	就現實而言，連環不可解；但若是從「無限的時間」來說，則有解的可能。
我知天下之中央，燕之北、越之南是也。	就「無限的空間」來說，任何所在位置，都可稱之為天下之中央；是以燕之北與越之南都可視為天下之中央。
氾愛萬物，天地一體也。	從「大同異」的角度觀之，萬物都是相異的，因而對於萬物要平等待之；萬物都是相同的，因而萬物是一體的。

有關惠施的學說，保存至今的，非常有限。《荀子》雖然引述了鄧析和惠施的思想，但是究竟哪些屬於鄧析、哪些屬惠施，卻是難以論斷的。相對而言，惠施的好友莊子對於惠施思想的記載，算是比較可信的。「歷物十事」為惠施思想上的結論，當今學者對於「歷物十事」有不少的詮釋與發揮，他們的看法彼此間有不少的距離；然而，惠施「歷物十事」所指內容在缺乏足夠研究資料的情形下，時賢的不同解讀究竟何者正確，恐怕也難以分辨。或許將這些不同看法，視為是惠施思想的可能性解釋，會是比較適切的態度。

UNIT 2-35 惠施

惠施（西元前三七〇至三一〇年），曾經擔任魏國相國。《荀子‧非十二子篇》批判惠施為「好治怪說，玩琦辭，甚察而不惠」，「然而其持之有故，言之成理」；同樣，《莊子‧天下篇》說惠施是「以反人為實，而欲以勝人為名，是以與眾不適也」，「散於萬物而不厭，卒以善辯為名。惜乎！惠施之才，駘蕩而不得，逐萬物而不反，是窮響以聲，形與影競走也。悲夫！」撇開莊子與荀子各自的思想立場，他們皆一致認為惠施善於言辯。

（一）魚樂之辯

惠施與莊子有很深的交誼，兩人時常交換思想心得。有一次兩人同遊於濠水，針對水中的魚有過一次精采的對話。一開始莊子說水裡的魚很快樂，惠施反問莊子不是魚怎知魚快不快樂？對此，莊子回應惠施又不是莊子怎麼知道他不曉得魚快樂？對於莊子的回應，惠施辯駁莊子，既然他不是莊子無法曉得莊子的想法，同樣莊子自然也不是魚，也無法曉得魚是否快樂。

其實，莊子對於水中魚是以一種直覺的方式來把握是否快樂，惠施不同於莊子，採以認識進路來進行把握。惠施與莊子兩人在思想方法上是不同的，前者為知識進路，重於分析、邏輯的名理之學；後者則離經驗、離語言，重於齊物後的真正逍遙。

惠施「氾愛萬物，天地一體也」等的主張與莊子泯除差異的思想十分類同，不過由於兩人在思想方式的不同，因而在意義上也就顯得有別。惠施的「氾愛萬物，天地一體也」是就名理上分析得到的結論，明顯不同於莊子藉由修道、體道而證得世間一般所認識的種種差異與分別實為虛妄的道理，而有「去死生」及「天地與我並生，萬物與我為一」的主張。

（二）合同異

基本上，惠施的思想主張可說推自於「合同異」。所謂「合同異」，指的是去除經驗中萬物的對立，將對立的萬物統合。對於同與異，惠施的主張為「大同而與小同異，此之謂小同異；萬物畢同畢異；此謂大同異。」一般而言，事物彼此間有同有異，說相同其實只是相對的說法，譬如臺南與臺北同樣在臺灣，但是臺南與臺北卻是在地理上有著南北的差異，這種相對性的同異為「小同異」。

有別於「小同異」，惠施「氾愛萬物，天地一體也」一說，則是「大同異」的應用與結論。雖然萬物事實上有別異處，但是萬物卻一樣都是存在的，就萬物皆具有的存在事實而言，可說萬物皆同；同樣，雖然說萬物有相同處，但是就萬物皆為獨立、獨特之個體來說，則又可謂萬物皆相異。所以要氾愛萬物，係因於萬物皆是相異的，因而對於萬物應予平等的對待，吾人應捨棄一般常見因小同與小異而有的相對相待方式，而要給予相同的尊重。所以要將天下視為一體，係因於萬物皆是相同的，在此認知底下，吾人與萬物實為一體，不應有一般常見小同與小異的區別。

惠施與莊子濠梁之辯

大同異與小同異

	大同異	小同異
基本主張	世間萬物雖各有不同之處，但以宏觀角度來看，它們皆存在有共同的性質。	世間萬物有其相同所在，但細察之仍有所不同，故不具一致性。
舉例說明	萬物雖然彼此間多少有差異，但它們皆是存在的。	臺北與臺南雖同屬臺灣本島一部分，但兩地實非同處。
衍伸意義	萬物皆相同，故應氾愛之，不可區別其小異。	萬物不具一體性，故應個別相對看待。

UNIT 2-36
公孫龍

公孫龍，戰國時期趙人，其生卒年不可考，大概與惠施同時，與惠施同為名家代表人物。《荀子·正名篇》說公孫龍白馬非馬之論是「此惑於用名以亂實也」。《莊子·天下篇》說，公孫龍是「飾人之心，易人之意滿能勝人之口，不能服人之心」。公孫龍與惠施一樣，思想同屬名理之學，在莊子與荀子眼裡一樣是擅長說辯。

公孫龍有《公孫龍子》一書，全書原有十四篇，北宋時遺失了八篇，今本只剩下六篇。其主要論題有：指物論、堅白石說以及白馬非馬說。

（一）指物論

指物論主張為「物莫非指，而指非指」。「指」不同於「所指」，「指」為指謂，名具有「能指」的功能，任何存在之物皆可以名來指稱，而「所指」係為「指」所指謂的對象。任何事物要能夠存在，則必須至少具有一種性質，凡具有一種性質以上的存在事物，可依具有性質之不同而歸屬於不同之類，吾人則可以規定以某名來指稱之。例如眼前蘋果為水果之類，而吾人可以規定以「果」來指稱眼前的蘋果。換言之，用於能指之名與為名所指之對象二者具有概念與個物的關係，吾人以名指稱對象時，表示在對象進行一種意義上的把握。

「指非指」則是在說用以指稱「所指」對象的「指」，即名，其本身所含有的內涵是有限的，吾人以「指」來指謂「所指」時其實是無法完全將「所指」之個別對象本身的所有內涵說盡。譬如吾人以「果」指稱眼前的蘋果，「果」的「能指」僅揭示了眼前蘋果的部分性質，無法窮盡它所有的性質。

（二）堅白石

「堅白石」謂指具有堅、白與石三種性質的存在物。「目不能堅，手不能白。不可謂無堅，不可謂無白。其異任也，其無以代也。堅白域於石，惡乎離？」「視不得其所堅，而得其所白者，無堅也；拊不得其所白而得其所堅，無白也。……得其白，得其堅，見與不見離，見與不見一一不相盈故離。離也者藏也。」公孫龍認為堅與白可相離，吾人可看見石頭的白色，觸摸出石頭的堅硬，但是卻無法看見石頭的堅硬，摸出石頭的白色，堅與白來自吾人不同感官的認識。堅與白不必限定在某物，堅與白二者是可以分離的，堅與白能夠獨立存在，眼前的堅與白其實是偶然下的結合。

（三）白馬非馬

公孫龍主張的「白馬非馬」，目的不在進行經驗判斷，在經驗世界裡白馬本是為馬，說白馬非馬是無法為人所接受的。公孫龍說「白馬非馬」並不是就實際狀況而發，而是對於概念與概念之內涵與外延的關係進行比較而有的主張。所謂「白馬」是「白」加上「馬」形成的概念，「白馬」的內涵比起「馬」的概念要為豐富；就外延來說，「白馬」的外延就比「馬」來得小，「白馬」僅在指身軀為白色的馬，而「馬」除了可以是白色的，還可以是黃的色、黑的色等其他種顏色。

白馬非馬

公孫龍：白馬非馬。

旁　人：白馬明明是馬，怎麼會説不是馬？

公孫龍：我説的「白馬」與「馬」不是指經驗上的白馬與馬，而是針對「白馬」與「馬」二詞之間的內涵與外延。白馬非馬是二詞經比較後提出的命題。

旁　人：你是指「白馬」與「馬」二詞的內涵與外延是不一樣的嗎？

公孫龍：「白馬」與「馬」二詞的內涵與外延確實不一樣。語詞具有能指的作用，它所指的是存在有一種性質以上的事物。「馬」是用來指那所有被歸類為馬類的動物，但是它並沒有限制他們身上的顏色；然而，「白馬」一詞除了具有「馬」的內涵，還加上了「白」所指的性質。因此「白馬」是「馬」與「白」的綜合，「白馬」的內涵要比「馬」來得豐富。不過，也因為「白馬」的內涵要比「馬」來得豐富，所以它們的外延也就跟著不同，「白馬」所指稱的，必須是白色的馬，「馬」則沒有這樣的限制，黑馬、黃馬都可以「馬」指稱。

旁　人：那麼「白馬」將一匹白馬的所有性質都説出來了嗎？

公孫龍：沒有。「白馬」的內涵僅包括馬應有的性質以及白的性質，但是一匹白馬具有的性質不僅是如此！「白馬」並不包括眼前這匹白馬的性別、個性或奔跑起來的速度。簡單的話，「白馬」所揭示的只是眼前這一匹白馬具有的部分性質，而非此匹白馬所有的性質。

第2章 先秦哲學

UNIT 2-37
法家

法家思想起源自春秋，完成於戰國，傳統認為法家人物有管仲、李悝、商鞅、申不害、處子、慎到、韓非、游棣子、晁錯等人。以今日所保留下來的文獻為根據，一般所謂法家，當以管仲、商鞅、申不害（西元前四〇一至三三七年）、慎到以及韓非五人為代表。商鞅強調以法來治理國家，申不害重視為君者之於其臣者的統御之術，慎到（西元前三七〇至二九〇年）主張勢的重視，而韓非（西元前二八〇至二三三年）則融合了法、術、勢，為集法家人物思想之大成者。管子雖然被視為法家思想的前驅人物，但是依當前的考據成果來看，《管子》應為戰國稷下學者的集合作品，它雖然言法，但實際是將法援入於道，因而就思想精神而言，《管子》當視為黃老道家學派。

（一）應時治法

《商君書·更法篇》有云：「前世之同教，何古之法？帝王不相復，何禮之循？……及至文武，各當時而立法，因事而制禮。禮法以時而定，制令各順其宜，……臣故曰：『湯武之王也，不修古而興；殷憂之滅也，不易禮而亡。然則反古者未必可非，循禮者未足多是也。』」面對亂勢，法家不同於儒家復周、墨家復夏之對於過往盛世之治方的肯定，也不同於道家捨棄人為之途、尋求以自然為度的態度，法家認為歷史的發展是向前的，為君者治國當正視眼前現況，昔日的好方略，若與今日脫軌，則當捨則捨，所有的治國之方都是暫時性的，沒有必然的方式。《韓非子·五蠹篇》有云：「今有搆木鑽燧於夏后氏之世者，必為鯀禹笑矣；有決瀆於殷周

之世者，必為湯武笑矣。然則今有美堯舜禹湯之道於當今之世者，必為新聖笑矣。是以聖人不期修古，不法當可，論世之事，因為之備。」「古人亟於德，中世逐於智，當今爭於力。……處多事之時，用寡事之器，非智者之備也。當大爭之世，而循揖讓之軌，非聖人之治也。」（《韓非子·八說篇》）韓非亦同商鞅，其雖然曾經學於荀子，但在面對如何救治亂世的思想上，明顯不同於荀子，曾經有的方法雖能有效治理前代，但畢竟今不同昔，周文無益於改善現況，眼前極需要通過有效的管理以求富國強兵。

（二）自利的人性觀

方式的有效與否在於是否能夠真正推動人性走向富國強兵的方向。因而方式的思考必須以回到人性的認識作為前提。《韓非子·備內篇》有云：「王良愛馬，越王勾踐愛人，為戰與馳。醫者吮人之傷，含人之血，非骨肉之親也。利之所加也。」《韓非子·外儲說上篇》有云：「利之所在，民歸之；名之所彰，士死之。」《韓非子·心度篇》則云：「夫民之性，惡勞而樂佚。」不同於儒道以及道家的看法，商鞅認為人性是「愛私」、「務勝」，韓非更是直斷人性是自利的，此乃一種吾人生命之自然傾向的表現。

法家言性，不是孔孟由探求道德實踐的可能處來肯定性，而是依據現象對於人行為之觀察而歸納得之的結論來論性，此自利之人性有無窮之欲望，法家為政之方便是基此而有的設計，由之求得有效的運用或抑制。

儒、道、墨、法四家對於周文疲弊的解決

儒家

肯定周文。注入道德精神於周文，認為周文的實踐具有道德的意義；藉此，人可彰明自身的人性，完成生命的意義。

道家

周文是巧智之物，造成了社會的紊亂，它與自然之道相違背。人必須去除巧智、捨棄周文，而求回復自然。社會便可得治。

周文疲弊

墨家

肯定周文。為加強人民的遵守，將具宗教意味的思維帶入，主張天志與明鬼等命題，期望藉此能恢復古代禮的文化。

法家

周文不再具有效用。治國之方的採用，必須考量時局。歷史不斷的在前進，過往有效的方式，必須捨棄。強調應時治法。

自利的人性

有效管理眾人。藉由法的實施，使眾人在法的安置下，同時滿足私利及國富強兵的目標。

人性自利 → **法的實施** → **滿足私利**

國家紊亂　　　**國富兵強**

自利的人性欲望是無窮的，若無有效的管理，任隨發展，則國家終將走向衰弱、滅亡。

法

相對而言,法之於道德,在外顯行為的約束上明顯有效,社會秩序之建立乃富國強兵所必須實現的。法家重法,《商君書・畫策篇》有云:「仁者能仁於人,而不能使人仁;善者能愛於人,而不能使人愛。是以知仁義之不足以治天下也。聖人有必信之性,又有使天下不得不信之法。所謂義者,為人臣忠,為人子孝,少長有禮,男女有別。非其義也,餓不苟食,死不苟生。此乃有法之常也。聖王者不貴義而貴法,法必明,令必行,則已矣。」明言有德的人固然能夠愛人,但是他的德卻無法讓他人也去愛別人,吾人固然因為德使得生命變得更有價值,但吾人是否有德與國家的治和不治並沒有直接關係,國家的治或衰的關鍵處在法,而非在德。

(一)謹慎治法

法之制定務求能夠合於時勢。《商君書・壹言篇》云:「凡將立國,制度不可不察也,治法不可不慎也。……故聖人之為國也,不法古,不修今,因世而為之治,度俗而為之法。故法不察民之情而立之,則不成。法宜於時而行,則不干。」法家認為治國之方必須從歷史的現況來思考;同樣,治法也須考慮國家的現況來進行設計。法雖然有強制力,但是君主萬不可因此而恣意頒定;否則,不但無益於天下大利,反而有害於國家。

(二)法為客觀標準

《韓非子・詭使篇》有云:「夫立法者,所以廢私也……所以治者,法也;所以亂者,私也;法立,則莫得為私矣。……上無其道,則智者有私詞,賢者有私意。上有私惠,下有私欲。」《韓非子,用人篇》有云:「釋法術而任心治。」法在求國富兵強,國要富、兵要強,自然全國成員必須同心,然而吾人之心本然是自利的,僅僅藉由道德的呼籲,恐怕難以推使所有人朝向同一目標努力,而吾人的自利之心又容易使人與人之間的關係出現裂痕,法的設計作用在使人的行為在法的規定下趨向於同一目標,以減少、甚至完全禁止自利的行為發生。

韓非明言法「不阿貴」、「不撓曲」、「智者弗能辭,勇者不敢爭」、「矯上之失,詰下之邪」。法的實施,不偏袒於任何一方,不因角色的不同而有別,任何人都不能脫其規定,它的效力可及所有人,其制定不在求個人私利,而在實現國家之公利。此外,法又包括刑,可以輔助法的落實。

(三)法為愛民利民

富國強兵固然為法家治法之要旨,但法家並非因此而無視人民。《韓非子・心度篇》有云:「故其(聖人)治國也,正明法,陳嚴刑,將以救群生之亂,去天下之禍;使強不凌弱,眾不暴寡,耆者得遂,幼孤得長,邊境不侵,君臣相親,父子相保,而無死亡繫虜之患。此亦功之至厚者也。愚人不知,顧以為暴。」韓非抱持和儒家一樣的理想社會,所用方法卻不同於儒家,實施立法治國同時,在求人民可以得到保障。藉由法的強制力,使得吾人無窮之自利心受到限制;換言之,法家以法實現國家公利之餘,個人之所需亦兼得於此。

實施法可使國富兵強

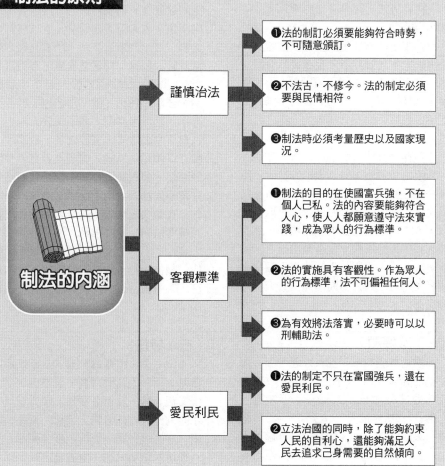

仁者愛人
善者愛人 ➡ ✕ 使人仁人
使人愛人

法明
令行 ➡ 國富兵強

制法的原則

制法的內涵

謹慎治法
- ❶法的制訂必須要能夠符合時勢，不可隨意頒訂。
- ❷不法古，不修今。法的制定必須要與民情相符。
- ❸制法時必須考量歷史以及國家現況。

客觀標準
- ❶制法的目的在使國富兵強，不在個人己私。法的內容要能夠符合人心，使人人都願意遵守法來實踐，成為眾人的行為標準。
- ❷法的實施具有客觀性。作為眾人的行為標準，法不可偏袒任何人。
- ❸為有效將法落實，必要時可以以刑輔助法。

愛民利民
- ❶法的制定不只在富國強兵，還在愛民利民。
- ❷立法治國的同時，除了能夠約束人民的自利心，還能夠滿足人民去追求己身需要的自然傾向。

UNIT 2-39
術

圖解中國哲學史要略

《韓非子·難三篇》云：「術者，藏之於胸中，以偶眾端而潛御群臣者也。」法固然有其強制力，但以政治實務觀之，則不足以治國，為君者必須要能夠配合術的操作。在過去宗法制度施行的時代裡，官職是世襲的，人是否為官必須看其血緣；當宗法制度不再，能否配有官職則要看個人的能力，因此人人皆有機會得官，並因為自利心而利用其職謀獲私利，為君者可能因此遭為下者蒙蔽而不知；而術乃為君者駕御群臣的手段及方法，為君者藉由術以有效落實領導統御。

韓非主張為君者施政要能法術皆具，不可缺一。《韓非子·定法篇》有云：「今申不害言術，而公孫鞅為法。術者，因任而授官，循名而責實，操殺生之柄，課群臣之能者也，此人主之所執也。法者，憲令著於官府，賞罰必於民心，賞存乎慎法，而罰加乎姦令者也，此人臣之所師也。君無術則弊於上，臣無法則亂於下，此不可一無，皆帝王之具也。」在上位者藉由法，固可取信於眾，人人因之而有標準可以依循，然而卻防不了人心；在上位者藉由術，則能夠防人心，人人因此不敢違逆而順服上位者；不過，若只有術而無法，人臣則無從循之。

（一）藏好惡

為君者要能夠不表個人好惡，申不害認為「上明見，人備之；其不明見，人惑之。其知見，人飾之；不知見，人匿之。其無欲見，人司之；其有欲見，人餌之。」（《韓非子·外儲說右上篇》）韓非也說「去好去惡，臣乃見素。」（《韓非子·主道篇》）藏好惡

係老子虛靜思想之運用，人君若能虛靜不顯好惡，則人臣無以窺知君意，如是群臣將無法虛飾其言其行，為君者則能夠客觀辨視群臣的實際才能。

（二）循名責實

申不害認為「治不踰官，雖知弗言」（《韓非子·難三篇》），明言為下者當盡其職。韓非子亦重視職事、功與言三者之間的關係，職事與功、言要能相應。《韓非子·二柄篇》有云：「人主將欲禁姦，則審合形名；形名者，言與事也。為人臣者陳而言，君以其言授之事，專以其事責其功。功當其事，事當其言，則賞；功不當其事，事不當其言，則罰。故群臣其言大而功小者則罰，非罰小功也，罰不當名也。群臣其言小而功大者亦罰，非不說於大功也，以為不當名之害，甚於大功，故罰。」韓非以韓昭侯為喻，韓昭侯曾有一次醉酒而寢，典冠為了不使昭侯受寒而為睡中韓昭侯加衣，韓昭侯睡醒後卻同時處分典衣與典冠兩人，這是因為前者失職而後者踰職。韓非強調「形名參同」、「審合形名」之術，群臣做的事要能與他的職位相符，說的話要能與其事功相符，為君者當以藉此確保用人是否能夠得當。

（三）參伍

《韓非子·亡徵篇》云：「不以眾言參驗，用一人為門戶者，可亡也。」參伍又稱參驗，為君者要參考多方意見，才能夠知人善任，防止父兄、養殃、同床、在旁、民萌、流行、威強與四方等八姦，並防堵六微（臣者為之奸）以及十過（為君之過）的發生。

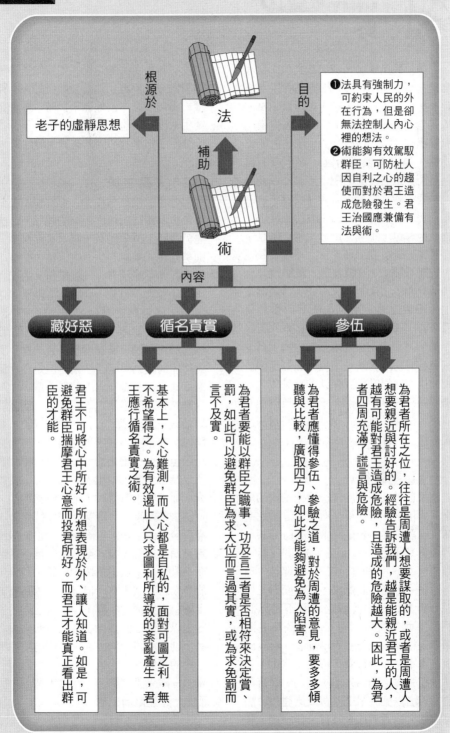

根源於 ← 法 ← 目的 →

老子的虛靜思想

補助

術

內容

藏好惡　　循名責實　　參伍

❶法具有強制力，可約束人民的外在行為，但是卻無法控制人內心裡的想法。

❷術能夠有效駕馭群臣，可防杜人因自利之心的趨使而對於君王造成危險發生。君王治國應兼備有法與術。

君王不可將心中所好、所想表現於外、讓人知道。如是，可避免群臣揣摩君王心意而投君所好。而君王才能真正看出群臣的才能。

基本上，人心難測，而人心都是自私的，面對可圖之利，無不希望得之。為有效遏止人只求圖利所導致的紊亂產生，君王應行循名責實之術。

為君者要能以群臣之職事、功及言三者是否相符來決定賞、罰，如此可以避免群臣為求大位而言過其實，或為求免罰而言不及實。

為君者應懂得參伍、參驗之道，對於周遭的意見，要多多傾聽與比較，廣取四方，如此才能夠避免為人陷害。

為君者所在之位，往往是周遭人想要謀取的，或者是周遭人想要親近與討好的。經驗告訴我們，越是能親近君王的人，越有可能對君王造成危險，且造成的危險越大。因此，為君者四周充滿了謊言與危險。

「勢」係指權勢、威勢或勢位，法家重勢，管仲指出「凡人君之所以為君者，勢也。故人君失勢，則臣制之矣」（《管子・法法篇》），慎到更進一步論勢之於為君者在政治管理上的必要性。為君者要能治國，除了要有法以及術，還需要勢的配合，韓非子認為「勢者，勝眾之資也」（《韓非子・八經篇》），「萬物莫如身之至貴也，位之至尊也，主威之重，主勢之隆也」（《韓非子・愛臣篇》），「勢之為道也，無不禁」（《韓非子・難勢篇》。

《韓非子・人主篇》有云：「萬眾之主，千乘之君，所以制天下而徵諸侯者，以其威勢也。」韓非重勢，認為「勢」同「法」、「術」為治國工具，三者各有功能，缺一不可。法為標準，術的操作在提升與確保法的實施效力，勢則為法所以能夠頒布、作用於群體的前提，法無勢無以立，為君者將無法治國，無法可行。

（一）重勢輕德

法家言勢，不同於儒家重德的政治思維。《慎子・威德篇》有云：「騰蛇遊霧，飛龍乘雲；雲罷霧霽，與蚯蚓同，則失其所乘也。故賢而屈於不肖者，權輕也；不肖而服於賢者，位尊也。堯為匹夫，不能使其鄰家，至南面而王，則令行禁止。由此觀之，賢不足以服不肖，而勢位足以屈賢矣。故無名而斷者，權重也；弩弱而增高者，乘於風也，身不肖而令行者，得助於眾也。」儒家主張政治應為人治、德治，期待藉由為君者以德服眾來落實政治理想。法家重法，為君者欲令能行、禁能止，關鍵不在為君者是否有德，慎到以龍蛇為

例說明為君者失勢之害，如同蛇龍身旁的雲霧一旦不再，龍蛇便與蚯蚓沒有兩樣。堯為明君，當他為平民時，縱然道德生命出眾，也無法驅使旁人，不肖之人雖然品格卑劣卻因其有勢而能屈賢。

（二）人為之勢

韓非也主張重勢輕德，但他也留意到因為重勢輕德所可能帶來的問題。「夫堯舜生而上位，雖有十桀紂不能亂者，則勢治也。桀紂亦生而在上位，雖有十堯舜而亦不能治者，則勢亂也。故曰：『勢治者則不可亂，而勢亂者則不可治也。』此自然之勢也，非人之所得設也。」（《韓非子・難勢篇》）所謂自然之勢係指因世襲制度而得有的勢，勢雖然能夠讓為君者行法術，但是在世襲制度底下，誰是為君者並無法選擇，一旦勢為桀紂等愚暴之人所操弄，國家將只能走向紊亂那一方。《韓非子・難勢篇》有云：「吾所為言勢者，言人之所設也。……世之治者，不絕於中；吾所以為言勢者，中也。中者，上不及堯舜，而下亦不為桀紂，抱法處勢則治，背法去勢則亂。今廢勢背法而待堯舜，堯舜至乃治，是千世亂而一治也。抱法處勢而待桀紂，桀紂至乃亂，是千世治而一亂也。」無從選擇的自然之勢雖可能為桀紂等人所有，但是韓非認為歷史上的為君者絕大多數還是中材之人，主張施以賞刑之法輔以中材之君的人設之勢，則國家將能夠得治，縱然仍免除不了亂的可能性，那也只是「千世治而一亂」，離人設之勢、「背法去勢」，反而是「千世亂而一治」。

飛龍乘雲

飛龍乘雲，因雲而使得龍顯得有勢，
令人心生敬畏、服從之感。

自然之勢及人為之勢

基本主張		
法家重法，慎子與韓非認為法落實與否的關鍵在君王是否有勢，而不在君王是否有德。因此，重勢輕德，主張將勢、術二者與法結合，以有效落實法。		
勢的區分	自然之勢	人為之勢
內容	因世襲制度而得有的勢	以賞刑之法輔助之而有的勢
優點	無法決定誰能夠獲得自然之勢，若堯舜一類聖王者得，則天下治；若桀紂一類暴君者得，則天下亂；人為之勢也一樣，若是不幸落於桀紂一類的人，則天下不幸。不過，歷史上的君王，多為中材之君，真正屬堯舜、桀紂者少之又少。韓非主張藉由人為之勢以輔中材之君之政，可使國家得治；縱然有亂，也只是「千世治而一亂」，比起離勢的「千世亂而一治」要好的多。	

UNIT 2-41
陰陽家

司馬談〈論六家要旨〉將陰陽家列為六家之首，謂「嘗竊觀陰陽之術，大祥而眾忌諱，使人拘而多畏；然其序四時之大順，不可失也。」鄒衍為陰陽家代表人物，其思想中包含有「陰陽」與「五行」思想，而「陰陽」與「五行」早在中國古代思想便已經出現，鄒衍將之結合發展出自身理論。

（一）陰陽

「陰陽」一詞作為哲學概念，意指宇宙間所有事物皆具有陰陽兩種屬性，陰陽兩種屬性彼此依靠、制約，事物的變化可以從陰陽二者的相互轉化之關係來解釋，進而還可作為宇宙的發展原理，宇宙一切事物的發生可由陰陽二者的互動來作為理解。

不過一開始「陰陽」並不是哲學概念，其作為哲學概念實經過一發展過程。「陰陽」為一複合詞，乃「陰」與「陽」二字相合的使用。依現今的資料看，「陰」與「陽」二字開始是個別使用的。「陰」字原本是用以指未獲得日照或陽光被遮蔽的地方；而「陽」則是用來指獲有日照或陽光未被遮蔽之處。

由日照之不及或及之處來說陰陽，只是一種自然現象的描述，後來陰陽進一步發展成具有自然現象發生背後之成因的意思，如《左傳》記載僖公十六年的時候，宋襄公問叔興有關宋國境內有隕石掉落情形所代表的吉凶一事，叔興回覆僖公說：「君失問，是陰陽一事，非吉凶所生也。」在叔興的答覆中，陰陽被用來說成是宋國所以有隕石掉落現象的原因。

被視為現象背後成因的陰陽，後更進一步成為形上的原理，為一切事物所以

發生以及變化的說明。《易經‧繫辭上傳》云：「一陰一陽之謂道。繼之者，善也；成之者，性也。」《易經‧繫辭下傳》云：「乾坤其易之門邪？乾，陽物也；坤，陰物也。陰陽合德而剛柔有體，以體天地之撰，以通神明之德。」二段話說的陰陽便是此義。

（二）五行

有關「五行」的說法有多種。首先，「五行」一詞最早出現在《尚書》〈甘誓〉與〈洪範〉兩篇文字裡。《尚書‧甘誓篇》有云：「有扈氏威五行，怠棄三正，天用勦絕其命，今予惟恭行天之罰。」此處說的「五行」是用來表示五顆星體的運行現象。而在《尚書‧洪範篇》的「五行」則是用來指水、火、木、金、土五種元素，〈洪範篇〉云：「五行。一曰水，二曰火，三曰木，四曰金、五曰土。」除了〈甘誓〉以及〈洪範〉提到「五行」，《荀子‧非十二子篇》在批評子思與孟子時亦曾提到「五行」這個詞，書中記載：「略法先王而不知其統，猶然而材劇志大。聞見雜博。案往舊造說。謂之五行。甚僻違而無類，幽隱而無說，閉約而無解。……子思唱之，孟軻和之。」蓋此處所謂的「五行」應指現今在馬王堆漢墓以及郭店楚墓發現的〈五行〉的「五行」，「五行」為仁、義、禮、智、聖等五種用來代表天運行之方式以及人的倫理行為。陰陽家的思想與〈甘誓〉、〈洪範〉的「五行」有關，而與〈五行〉的「五行」無關。

「陰陽」概念的發展

「陰陽」一詞由「陰」與「陽」二字組成，剛開始「陰」與「陽」二字是分開使用的，是對於自然現象的描述。「陰」指「未獲得日照或陽光被遮蔽的地方；「陽」指獲得日照或陽光未被遮蔽的地方。

發展

「陰」與「陽」組成「陰陽」一詞。由原本意指「自然現象」的意思轉為「自然現象發生背後的成因」的意思。

發展

「陰陽」一詞由「自然現象發生背後的成因」轉為「一切事物所以發生以及變化的說明」。「陰陽」一詞中的陰與陽，彼此間具有依靠、制約的關係。宇宙一切事物，係陰陽的互動而發生。

五行的幾種說法

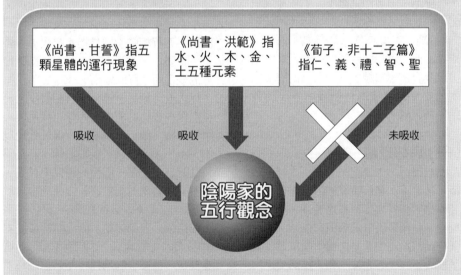

《尚書・甘誓》指五顆星體的運行現象

《尚書・洪範》指水、火、木、金、土五種元素

《荀子・非十二子篇》指仁、義、禮、智、聖

吸收　　吸收　　　　　　　　未吸收

陰陽家的五行觀念

★陰陽家的發展

知識補充站

陰陽家思想的宗旨在提倡陰陽五行學說，其學派產生於戰國時代中期，發展到了魏晉以後便逐漸消失。在這段時間，陰陽家的思想相當盛行，自戰國的稷下學派、呂不韋的《呂氏春秋》、劉安的《淮南子》裡都可找到陰陽家的思想。政治上，陰陽家代表人物鄒衍用以說明歷來朝代更迭現象的五德終始說，為秦、漢統治者證明自己統治身分的合理性時所運用。宗教上，陰陽家與道家、方仙思想結合，而逐漸成為現今宗教上的道教。

UNIT 2-42
鄒衍

《漢書・藝文志》記載：「陰陽家者流，蓋出於羲和之官，敬順昊天，曆象日月星辰，敬授民時，此其所長也；及拘者為之，則牽於禁忌，泥於小數，捨人事而任鬼神。」陰陽家出自羲和之官，羲和之官為天文學家，其職在觀察天象的變化，師掌氣節時令，其思想以陰陽與〈甘誓〉、〈洪範〉的「五行」為依據，與齊學有關。

鄒衍為陰陽家代表人物。「宣王喜文學游說之士，自如鄒衍、淳于髡、田駢、接予、慎到、環淵之徒七十六人，皆賜列第，為上大夫，不治而議論。」（《史記・田敬仲完世家》）依據《史記》的記載，戰國末期的鄒衍（西元前三四〇至二六〇年），曾經為齊國稷下學者，他的思想結合了當時的天文、星占以及曆法等知識，其中又以對歷史上朝代之更替現象進行解讀的「五德終始」為著稱。

（一）思想理趣

關於鄒衍，《史記》有云：「其次騶衍，後孟子。騶衍睹有國者益淫侈，不能尚德，若《大雅》整之於身，施及黎庶矣。乃深觀陰陽消息而作怪迂之變，《終始》、《大聖》之篇十餘萬言。其語閎大不經，必先驗小物，推而大之，至於無垠。先序今以上至黃帝，學者所共術，大並世盛衰，因載其機祥度制，推而遠之，至天地未生，窈冥不可考而原也。……稱引天地剖判以來，五德轉移，治各有宜，而符應若茲。以為儒者所謂中國者，於天下乃八十一分居其一分耳。……然要其歸必止乎仁義節儉，君臣上下六親之施。」一般認為鄒衍的思想係迷信之說，不過從《史記》對於

鄒衍思想「然要其歸必止乎仁義節儉，君臣上下六親之始」的評論來看，鄒衍的思想其實具有儒學的關懷，其之所以「深觀陰陽消息，而作怪迂之變」，係因於他有感於「睹有國者益淫，不能尚德」之故。

（二）五德終始

鄒衍指出「天地剖判以來，五德轉移，治各有宜」。「五德終始」之說係以「五行相生」、「五行相勝」為基礎，自然世界的變化乃決定於水、火、木、金、土五種元素彼此之間的運行關係。所謂「五行相生」是指木生火，火生土，土生金，金生水以及水生木；所謂「五行相勝」則是指水勝火，火勝金，金勝木，木勝土，土勝水，自然世界的變化即五行的變化。

以「五行相生」、「五行相勝」之於自然世界變化的關係，同樣可以用於人事的解讀。鄒衍將夏、商、周三代配以木、金、火，夏之所以被取代，乃是因為其時為金主運，因而商得以取代夏，而當其時轉化為火主運，因而周得以取代商。

鄒衍以「五德終始」的思想解讀歷史中朝代的更替現象，說明朝代的更迭其實是一種循環的過程，此過程是必然的，統治者不可能永遠高居於統治者的地位，因而「五德終始」一說成為新的統治者獲得天命的依據。同樣，依據鄒衍的「五德終始」思想來看，政治與社會秩序的建立，自當有別於周代，其「五德終始」思想深為秦始皇喜好，大概因為它能夠提供秦始皇「捨封建」、「行專制」之制度變革合理化的基礎。

五行相生與五行相勝

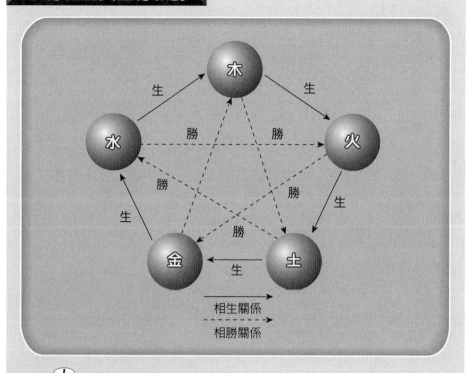

相生關係 →
相勝關係 ⇢

★五德終始說

水、火、木、金、土五種元素，各有其性質以及作用，鄒衍將此五種元素稱之為五德。「五行相生」與「五行相勝」為五德的二種相互作用，朝代的興或衰，乃決定於五德的相互作用。換言之，朝代的更迭也就是一德取代了另一德。鄒衍以「五德始終」說明自然以及人事的變化過程，通過「五德終始」的解釋，自然與人事的變化歷程皆是機械的、必然的發展。因此，「五德終始」的思想自然為後代的開國者喜愛，以秦始皇為例，「五德終始」可作為他改封建、立專制之政治變革的合理化支持。

★六月飛霜

劉安《淮南子》中記載有一則關於鄒衍為燕國奸人陷害入獄的故事：「鄒衍事燕惠王盡忠，左右譖之王，王系之獄，仰天哭，夏五月，為之下霜。」鄒衍深知陰陽大道，為傳播其陰陽思想而周遊於各國。有一次，鄒衍來到了燕國，成為燕國的官員。鄒衍既受重用，便全心全意協助燕惠王，然而燕惠王周遭的大臣卻陷害他，偏偏燕惠王不明察，竟誤信周遭大臣而將鄒衍關進大牢，鄒衍因此在獄中仰天大哭。當時為五月夏季，天氣本屬炎熱，然而上天因受鄒衍感動，而降下六月飛霜。

第 **3** 章
兩漢哲學

●●●●●●●●●●●●●●●●●●●●●●●●●●●●●● 章節體系架構 ▼

UNIT **3-1**
兩漢哲學

圖解中國哲學史要略

中國思想的發展一直與政治有密切的關係。為了解決周文疲弊產生的政治社會問題而出現的諸子百家，到了漢代又因政治的需要進一步發展。大抵而言，墨家與名家思想到了戰國末年已經衰微，而其他的諸子思想到了戰國末期則開始有一種相互吸收的發展趨勢，例如荀子在批評六家的同時吸取了道家的修養之術，而法家代表人物韓非除了結合法、術、勢等法家的重要主張外，另外也吸收了黃老道家的治國思想，並發揮了荀子的人性論。

秦始皇結束了春秋戰國以來的亂世，原本可藉由政治上的統一機會繼續發展諸子思想，可惜他採用了李斯的意見，焚書坑儒的行徑使得思想家的思想受到了壓迫，也同時破壞了原來諸子百家之間論異同、辨真偽的學術對話的自由風氣。

兩漢哲學的發展，同樣與政治關係密切，不同於秦朝對於思想的打擊，思想在漢代各階段的政治需求獲得了重視，也得到了發展的可能。

（一）道家思想

由於長期以來不斷的爭戰，使得漢高祖雖然統一了天下，但整個國家的經濟條件卻變得非常脆弱。《史記‧平準書》對於當時的社會經濟現象，有這樣的一段描述：「漢興接秦之弊，丈夫從軍旅，老弱轉漕饟，……自天子不能鈞駟，而將相或乘牛車。」為解決眼前的社會經濟問題，漢初政治選擇以黃老之學來處理。自高祖廢除了秦代的苛法開始，漢代政治歷經惠帝、呂后、文帝乃至景帝等人的統治皆主張無為清靜，例如《史記‧呂太后紀贊》記載有「黎

民得離戰國之苦，君臣俱欲休息乎無為。」人民在為政者不干擾的政策智慧下得以休息生養、安居樂業，國家經濟也因此逐漸富足。

能夠滿足當時民心的黃老道家自然在政治上得到重視，也因此提供了漢人深化老莊以及進行儒道思想對話、交流的環境，陸賈、賈誼、《呂氏春秋》、《淮南子》、《黃帝內經》與嚴遵等思想皆具有道家的思想成分。

（二）儒家思想

漢代經濟歷經初期六十多年來的黃老之治，而逐漸強大了起來，自漢武帝開始獨尊儒學，儒家便取代了黃老獲得主導地位。漢武帝設立了五經博士，開始明經取士的擇才制度。表面上看，儒家思想得到了發展的機會，不過事實上漢武帝之所以選擇獨尊儒術、罷黜百家，與其說是漢武帝自身對於儒家的欣賞與認同，還不如說是董仲舒將陰陽、讖緯思想摻入儒家後的思想深受武帝的喜愛所致。

一般學界對於漢代雖獨尊儒家卻雜有陰陽讖緯思想的思想成就評價不高，認為孔孟思想不但未得深化，反倒被破壞得面目全非，縱然漢武帝立了五經博士使得《詩》、《書》、《禮》、《易》與《春秋》獲得注疏，但是在儒家原本精神已失的情況下，五經的注疏變成純然只是文字上的工作，為的只是官途，如同《漢書‧儒林傳》的敘述「自武帝立五經博士，……訖於元始，百有餘年，……一經說至百餘萬言，大師眾至千餘人，蓋祿利之路然也。」不過，話雖如此，漢代卻也有具批判精神的儒家人物，如王充。

秦始皇焚書坑儒

秦始皇「焚書」與「坑儒」，壓迫了學術的發展，破壞了原本思想與思想之間自由對話的風氣。

儒道思想與西漢政治

時代	西漢初立至中葉	西漢中葉開始
統治者	高祖、惠帝、呂后、文帝、景帝	武帝
經濟狀況	剛結束長期以來的爭亂，國家的經濟非常脆弱。	歷經漢初以來六十多年的休息生養，國家的經濟逐漸強大。
思想取向	黃老道家	儒家
具體措施與影響	❶為政者不干擾百姓，國家經濟逐漸恢復，人民安居樂業。 ❷提供了深化老莊思想以及儒道對話、交流的環境。	❶立五經博士，注疏五經，開始明經取士。 ❷雖提倡儒家，卻雜有陰陽讖緯思想，孔孟思想未得深化，反被破壞。

UNIT **3-2**
陸賈

陸賈（西元前二三〇至一六七年）為漢初人，根據司馬遷《史記》的記載，陸賈著有《新語》，共有十二篇。西漢初期因為剛結束秦國的暴政，因此國家如何才能夠長治成為君臣間共同的課題。觀《新語》十二篇內容，其著重於論述治國之原則與方法，其歸納了歷史上不同聖王在施政差異上的始終不變的共同處，《新語》可以說是一部反映此項流行於君臣之間的共同課題的著書。

《新語》一書同時具有黃老道家與儒家思想，就思想的發展來看，係為在政治的現實處境底下將道家思想援入儒家理念的一種嘗試性的整合。

（一）道莫大於無為

陸賈建言漢高祖治國採黃老之治，認為「道莫大於無為」，他解讀堯舜所以能夠治天下乃是因為其能夠無為。《新語・無為篇》有云：「道莫大於無為，行莫大於謹敬。何以言之？昔舜治天下也，彈五弦之琴，歌南風之詩，寂若無治國之意，漠若無憂天下之心，然而天下大治。……故無為者乃有為也。」相較之下，統一天下的秦國國祚僅三十餘年，陸賈認為是因為「秦非不欲治也，然失之者，乃舉措太眾、刑罰太極故也」（《新語・無為篇》）。秦朝之所以快速滅亡，便是因於秦王施政太過嚴苛，嚴重偏離了道的無為特徵所導致。

《新語・基道篇》有云：「傳曰：『天生萬物，以地養之，聖人成之。功德參合，而道術生焉。』」又說：「天人合策，原道悉備。」萬物皆出自於天、養自於地，陸賈以為人事的治理務求能夠效法天道的自然規律，聖人之功係其德能夠參與天道之作用。《新語・道基篇》有云：「於是先聖乃仰觀天文，俯察地理，圖畫乾坤，以定人道，民始開悟，知有父子之親，君臣之義，夫婦之別，長幼之序。於是百官立，王道乃生。」先聖之王能夠貫徹道之自然規律於人事，陸賈認為為政者要能夠了解道，政策必要能夠符合自然，不可傷害物性。

（二）行仁義

《新語》一書提及「仁義」計有十五次。《新語・道基篇》有云：「仁者道之紀，義者聖之學。學之者明，失之者昏，背之者亡。陳力就列，以義建功，師旅行陣，德仁為固，仗義而強，調氣養性，仁者壽長，美才次德，義者行方。君子以義相褒，小人以利相欺，愚者以力相亂，賢者以義相治。《谷梁傳》曰：『仁者以治親，義者以利尊。萬世不亂，仁義之所治也。』」陸賈思想兼論儒家重仁義以及道家重無為之說，「仁義」與「無為」在他的思想裡具有實質與形式的關係，仁義為其政治思想的價值核心，此價值核心係藉由為政者採無為之治的施政形式來落實。陸賈重儒家仁義之教，國家的未來是走向昏亡或是走向強盛取決於是否行仁義，陸賈之所以在強調儒家同時援入黃老道家的無為思想，乃因考量自漢初政治環境的現實，希冀為政者能夠行使不干擾的無為之治，使人民在獲得休息生養的前提底下，施以仁義。

堯治國與秦始皇治國

陸賈《新語》

理論	《新語》
內容	❶以儒學思想為本，援道於儒的政治思想著作。 ❷全書內容含括治國原則、治國方法並敘述歷來聖王施政上的共同處。
目的	思考並回應「國家如何才能夠長治久安」的漢初政治課題。
主張	❶人事的治理必須效法天道之自然規律，政策的擬訂與實施必須符合自然，不可傷害物性。 ❷援入道家的無為觀念，以無為作為治國的形式。認為堯因無為，所以治天下；秦始皇施政太苛，偏離了道的無為特徵，所以國祚短。 ❸以無為為治國形式，配以儒家的仁義思想。政治的核心價值為仁義，君王能否以仁義治國，為國家興與亡的關鍵。

UNIT 3-3
賈誼

賈誼（西元前二〇〇至一六八年）著有《新書》共五十八篇，今存五十六篇。和《新語》一樣，《新書》為政治思想方面的著作，在反省秦朝何以滅以及漢興如何長治的問題上，賈誼指出「（秦王）懷貪鄙之心，行自奮之智，不信功臣，不親士民，廢王道立私愛，焚文書而酷刑法，先詐力而後仁義，以暴虐為天下始」（《新書·過秦論下》）其思想兼具儒家、黃老以及法家，相較而言以儒家為主。

（一）道與德

關於道與德的關係，《新書·道德說》有云：「道者，德之本。」賈誼指出：「道者無形，平和而神，道有載物者，畢以順理和適行。故物清而澤。」《新書·道德說》又說：「夫變者道之頌也，道冰而為德，神載於德，德者道之澤也。」就先後關係而言，道為本，德因道而有。《新書·道德說》還說：「德者變及物理之所出也。未變者道之頌也。道冰疑而變，變及諸生之理，皆道之化也。各有條理，以載於德。德受道之化而發之各不同狀。」道為萬物之根源，萬物雖然不同，各有其表現，然而萬物之所以得以存在、得以變化，皆是因為此根源之道所予萬物的德所造致的。

《新書·道術》有云：「道者所從接物也。基本者謂之虛，其末者謂之術。虛者，言其精微也，平素而無設儲也。術也者，所以從制物也，動靜之數也。凡此皆道也。」賈誼以虛來說道，具有老莊思想的味道。道體無形，萬物因道之載運而有，將此道理運用於人事，賈誼建議為政者在施政上要能夠順應天理人情之自然規律，明顯具有黃老道家的思想。

（二）禮

《新書·大政下》云：「刑罰不可以慈民，簡泄不可以得士。故欲以刑罰慈民，辟其猶以鞭狎狗也，雖久弗親矣；故欲以簡泄得士，辟其猶以孤忧鳥也，雖久弗得也。」秦朝因於苛刑所以短滅，刑罰在賈誼看來，對於治國並無真正的助益。賈誼主張為政者應以禮治國，《新書·禮》有云：「故仁人行其禮則天下安，而方理得矣。逮至德渥澤洽，調和太陽，則天清徹，地富煴，物時熱，民心不挾詐。」仁人行禮，則德能披於萬物，人事乃自於自然，可因仁人施禮而得到治化。

《新書·階級》有云：「天子如堂，群臣如陛，眾庶如地。」賈誼尊君，強調為政以禮、施政以禮，則能夠「使君無失其民者也。主主臣臣，禮之正也；威德在君，禮之分也；尊卑大小，強弱有位，禮之數也」（《新書·禮》）。禮為道德仁義落實之方，凡教訓正俗、分爭辯訟、名分職位都需要禮，禮能夠固國家、定社稷。禮的實質意涵在愛人，禮的具體規範為愛人的表現。《新書·禮》有云：「禮，天子愛天下，諸侯愛境內，大夫愛官屬，士庶各愛其家。失愛不仁，過愛不義。故禮者，所以守尊卑之經，強弱之稱者也。」（《新書·禮》）藉由禮，人之愛人表現能免於不及與太過，如是則使君仁臣忠、父慈子孝、兄愛弟敬、夫和妻柔、姑慈婦聽。

道與德

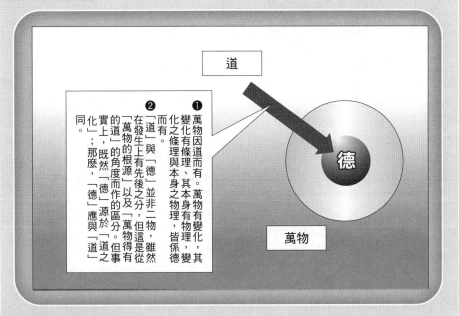

道

德

萬物

❶ 萬物因道而有。萬物有變化,其變化有條理、其本身有物理,變化之條理與本身之物理,皆係德而有。

❷「道」與「德」並非二物,雖然在發生上有先後之分,但這是從「萬物的根源」以及「萬物得有的道」的角度而作的區分。但事實上,既然「德」源於「道之化」;那麼,「德」應與「道」同。

以禮治國

UNIT **3-4** 《呂氏春秋》

《呂氏春秋》為秦始皇令呂不韋彙編自門客著作的一部集體作品，此書雖成於秦代，但它卻對兩漢的思想具有深遠影響。漢武帝雖立有五經博士，但在重儒的形式背後卻在思想上與先秦時代的儒家精神有段不小的差距。漢代儒學受到陰陽五行觀的影響，採氣化宇宙論的觀點，便與《呂氏春秋》所承繼並發揮的戰國末期鄒衍的陰陽五行觀念有關。此外，除了陰陽五行的思想對於漢代儒學的發展影響甚劇外，《呂氏春秋》同時還包含有道、儒、墨、名、法、農、兵等各家學說。東漢高誘在為《呂氏春秋》注疏所寫的〈序〉中指出：「此書所尚，以道德為標的，以無為為綱紀，以公方為檢標，與孟軻、孫卿，淮南揚雄相表裡也。」所謂「道德」與「無為」為道家的用法，《呂氏春秋》以道家思想為主要，為黃老道家的思想。戰國末期齊國稷下黃老道家流行，漢初行黃老之治，具黃老道家色彩的《呂氏春秋》為一部處於時代動亂與政治一統中間的作品，在思想上具代表性。

（一）氣化宇宙論

《呂氏春秋·有始篇》：「天地有始，天微以成，地塞以形，天地合和，生之大輕也。」以「微」與「塞」說天地，而「天」與「地」分別指「陽氣」與「陰氣」，陰陽相合而成物之性。《呂氏春秋》透過陰陽二氣的關係解釋一年中的四季變化現象。陽氣主生、陰氣主殺，春夏二季以陽氣為主、秋冬二季以陰氣為主，四季變化的發生係陰陽二氣彼此間的消長結果。

《呂氏春秋》將宇宙論思想運用於人事，要君王能夠法天之運行。蓋萬物產生自五行之氣的結合，而五行之氣則化生自陰陽二氣；是以，萬物之存在與變化係因於陰陽二氣及它們運動而成，陰陽二氣源自於一元之氣的分化作用。為君者在為政時當配合此萬物循環變化的規律，若能夠配合則得有天福；反之，則遭天懲，如「孟春行夏令，則風雨不時，草木早槁，國乃有恐」（《呂氏春秋·正月紀》）。

（二）天人相應

《呂氏春秋》具有天人相應的思想，其以五行配天地萬物，例如包括有天地之自然氣候、為君王應著穿的衣服、食物與政事等，使一切萬物結合成為一套無所不包的有機整體，而在此認知框架下，主張人事應順應天道。凡政治、經濟與社會等所有人事方面的活動，在以陰陽五行建立的宇宙論框架裡，彼此之間相互影響、牽動著。人即為陰陽二氣相互運動的結果，人亦有五行之氣；是以，人事活動的當與不當、適與不適，將反映在宇宙間自然的變化現象上。如「凡帝王之將興也，天必先見祥乎下民。黃帝之時，天先見大螾大螻，黃帝曰土氣勝，故其色尚黃，其事則土。」（《呂氏春秋·感應篇》）不過，宇宙自然所顯示的異常現象，僅具有預示的作用，而非決定的作用。《呂氏春秋·制樂篇》有云：「見祥而不為善，則福不至」，「見妖而為善，則禍不至」，人世的吉凶福禍最終還是決定於自己。

宇宙氣化論

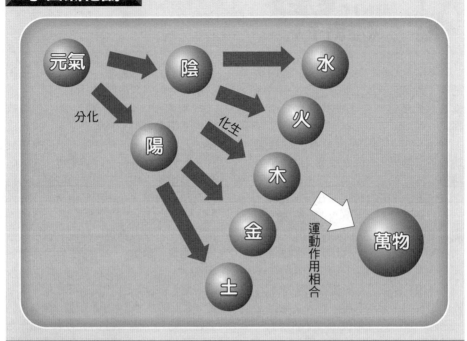

天人相應

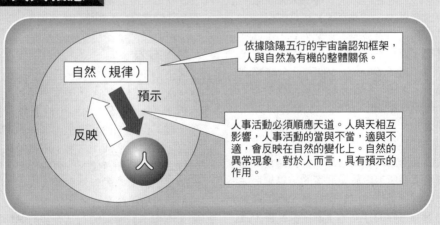

依據陰陽五行的宇宙論認知框架，人與自然為有機的整體關係。

人事活動必須順應天道。人與天相互影響，人事活動的當與不當，適與不適，會反映在自然的變化上。自然的異常現象，對於人而言，具有預示的作用。

![知識補充站] ★荊人渡水

《呂氏春秋》記載：「荊人欲襲宋，使人先表澭水，澭水暴益，荊人弗知，循表而夜涉，溺死者千有餘人，軍驚而壞都舍。嚮其先表之時，可導也。今水已變而益多矣，刑人尚猶循表而導之，此其所以敗也。」為攻打宋國，荊人派人測量水深，設計一條過河路線，到了夜晚澭水卻突然暴漲，荊人卻依計畫路線涉水，結果淹死了上千人。萬物總在變化，為人行事應隨變化而應變之。

UNIT 3-5 《淮南子》

《淮南子》原名為《鴻烈》，為西漢劉安（西元前一七九至一二二年）召集賓客共同撰述的作品，共計有二十一篇。

《淮南子》與《呂氏春秋》同樣兼納有各家思想。舉例來說，《淮南子·精神訓篇》有云：「頭之圓也象天，足之方也象地。天有四時，五行，九解，三百六十六日；人亦有四支，五藏，九竅，三百六十六節。天有風雨寒暑，人亦有取與喜怒。」此等依照數之相同將自然現象與人的各部分相配在一塊，係因於陰陽五行影響下的產物。此外，還有如「天地宇宙，一人之身也。六合之內，一人之制也」（《淮南子·精神訓篇》），顯示出萬物與人一體的觀念，與老莊思想是一樣的。除了陰陽與道家思想，《淮南子》也具儒家與法家思想，前者譬如「夫聖人者，不恥身之賤，而愧道之不行，不憂命之短，而憂百姓之窮」（《淮南子·修務訓篇》），後者有如「怯服勇而愚制智，其所託勢者勝也。故枝不得大於幹，末不得強於本」（《淮南子·主術訓篇》），同法家重勢的思想。

表面上看《淮南子》，會認為它是劉安將賓客所著獻於漢武帝的一本集合性質的雜家著作，但其實它是一部以道家思想為主幹的作品，《淮南子》書末說「觀天地之象，通古今之事」（《淮南子·要略篇》），此書宗於論治國與修身。

（一）無為

《淮南子·原道訓篇》云：「所謂無為者，不先物為也；所謂無不為者，因物之所為也。所謂無治者，不易自然也；所謂無不治者，因物之相然也。」承繼老子的無為思想，明示人事的活動必須要能夠與自然之道相符。

《淮南子·俶真訓篇》云：「是故虛無者道之舍，平易者道之素。夫人之事，其神而嬈，其精營慧，然而有求於外，此皆失其神明而離其宅也。」「虛無」為道體之相狀，相同於道家示人應符合道之虛無之狀，認為生命若逐於外物，將失其本真。《淮南子·精神訓篇》云：「聖人食足以接氣，衣足以蓋形，適情不求餘。」理想生命的活動係順從人性之自然而行，從食衣活動來說，聖人只在滿足自然之需求，而不求多餘。蓋此即為《淮南子》所謂「無為」的真義表現：所謂無為並非要吾人一點作為也不要有，無為其實仍然有為，明明有為卻說成是無為，其宗旨是為了強調吾人的有為活動當符合、順應自然之道。

（二）有為

《淮南子·修務訓篇》云：「夫地勢水東流，人必事焉，然後水潦得谷行。禾稼春生，人必加功焉，故五穀得遂長。聽其自然，待其自生，則鯀禹之功不立，而后稷之知不用。」倡言鯀禹、后稷之功，明顯為儒家的有為思想，卻同時又倡言道家的無為思想，表面上看來似乎具有矛盾。

《淮南子》所倡的有為，並非無所限制的有為，而是有條件的有為；它主張的有為必須是以在循理、按物性為前提下的有為。有為須能夠不害人性、不傷物性，才能夠真的有所作為；反之，則違反自然之道，違反自然之道的有為，終將無成。鯀禹、后稷所以有為，係因能夠按水、五穀之性，仍符合《淮南子》無為之說。

《淮南子》融入各家思想

❶同陰陽家具有將自然現象與人生命的各部分相配的思維。
❷例：四時與四肢、五行與五臟。

❶同法家具有重勢的思維。
❷君王有勢，便可有效治國。

❶同儒家具有求道以及淑世精神的思想。
❷不求富貴，不惡貧賤。而單求有道，憂心百姓生活。

❶同道家具有將萬物與人視為一整體的思維，並承襲道家無為治世的思想。

《淮南子》

❶ 西漢劉安召集賓客共同選述的作品。
❷ 融入先秦各家思想，以道家思想為主幹，宗於論治國與修身。

有為與無為

無為
順應自然

→

有為
有「無為」為前提

人事活動僅求滿足自然之需即可，多餘的人事活動是違反自然的，理想生命是順自然的本真生命；逐物之生命，失了本真。

吸收儒家「有為」的思想，但以道家「無為」為前提。人事的有為活動係指必須符合物性與人性，在不傷物性、人性下的作為。

知識補充站 ★劉安

《淮南子》除了以道家思想為主幹，結合儒家、墨家、法家等先秦思想學說之外，兼論豐富的自然科學領域方面的知識，包括有醫學、煉丹、天文、物理等，這與劉安愛好學問探索、嚮往神仙方術有一定的關係。據說劉安常與修道同好上山煉丹，有一回他在八公山上嘗試以泉水煉製丹藥，結果沒有成功，卻發明了中華民族後來飲食活動中常見的豆腐。另有一回，據說劉安有天如願煉成丹藥，服用之後隨即得道升天，然其他剩餘的丹藥被雞、犬吃了，結果雞、犬也因此得道升天，此係成語「一人得道，雞犬升天」的典故。

UNIT 3-6
道與氣

對於道與萬物的關係，《淮南子》以道為萬物所以存在的根源，並且認為道是萬物變化的依據。對照《淮南子》與《老子》的思想可以發現《淮南子》對於道及其與萬物關係的說法，與後者有許多相同之處。從思想史發展的意義來看，相較於《淮南子》，《老子》對道的談論較簡約，而《淮南子》的思想則深化了道家的道論，為《老子》有關道與萬物的關係提供了一套詳細且可能的理解。

（一）道

《淮南子》與《老子》所謂「道生一、一生二、二生三、三生萬物」的思維相同，將道視作為萬物的根源。《淮南子·天文訓篇》云：「道始於虛霩，虛霩生宇宙，宇宙生氣。氣有涯垠，清陽者薄靡而為天，重濁者凝滯而為地。清妙之合專易，重濁之凝竭難，故天先成而地後定。天地之襲精為陰陽，陰陽之專精為四時，四時之散精為萬物。」萬物的存在係經由道、宇宙、氣、天地、陰陽、四時的發生歷程而有。這也就是說，包括宇宙、氣、天地、陰陽、四時與萬物等所有一切存在皆是因道而生。

宇宙係指空間與時間，具時間性與空間性的存在，在時間上必然有其起點與終點，在空間上必然有其限制。「道始於虛霩，虛霩生宇宙」，道先於宇宙，宇宙因道而生，因而道不受時空的限制，其屬性與受時間與空間限制的存在不同，絕越時間與空間的道，具有無限性以及恆常性。

《淮道子·繆道訓》云：「道至高無上，至深無下，平乎準，直乎繩，圓乎規，方乎矩，包裹宇宙，而無表裡。」《淮南子·繆稱訓篇》云：「道者，物之所導也。德者，性之所扶也。」具有時空性的萬物係有限、非恆常的，皆有變化；無形、無限、恆常的道無所不在，它遍於所有的空間、所有的時間裡，為萬物的變化依據。

作為萬物所以存在之根本以及所以變化的道是自然的。《淮南子·原道訓》有云：「夫太上之道，生萬物而不有，成化象而弗宰。」《淮南子》同《老子》強調道之於自然，道之於萬物的發生及其他作用皆是自然的。面對萬物，道既沒有意識，也沒有任何目的。

（二）氣

萬物由氣而生，而氣則是由道而生。關於氣，《淮南子·覽冥形篇》有云：「故至陰飂飂，至陽赫赫，兩者交接成和，而萬物生焉。眾雄而無雌，又何化之所能造乎！」所謂「至陰飂飂」與「至陽赫赫」即陰陽二氣，而萬物所以成係因於陰陽二氣的結合。

陰陽二氣則源自於太一之氣。《淮南子·道德訓》有云：「道者，一立而萬物生矣。是故一之理，施四海，一之解，際天地，百事之根皆出一門。」《老子》說「道生一」，「道」與「一」不同，「一」為陰陽二氣未分之氣。

是以，《老子》所謂「道生一、一生二、二生三、三生萬物」此一段有關道與萬物之發生關係的話，假若以《淮南子》道與氣的思想來解釋，則是說萬物因道立了「一」而有生，陰陽未分之「一」後分為陰陽二氣，陰陽二氣再因相互結成而出現了萬物。

道與萬物

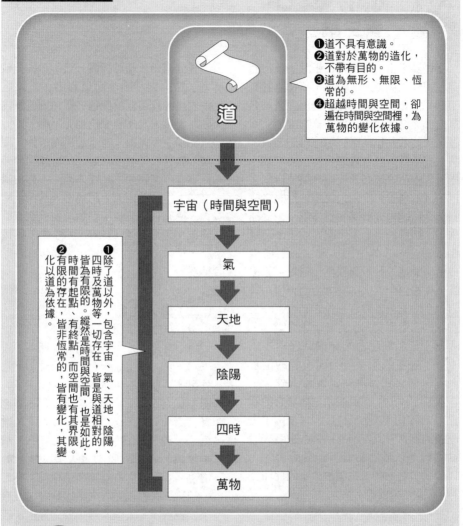

❶道不具有意識。
❷道對於萬物的造化，不帶有目的。
❸道為無形、無限、恆常的。
❹超越時間與空間，卻遍在時間與空間裡，為萬物的變化依據。

道

宇宙（時間與空間）

氣

天地

陰陽

四時

萬物

❶除了道以外，包含宇宙、氣、天地、陰陽、四時及萬物等一切存在，皆是與道相對的，皆為有限的。縱然是時間與空間，也是如此：時間有起點、有終點，而空間也有其界限。

❷有限的存在，皆非恆常的，皆有變化，其變化以道為依據。

知識補充站　★塞翁失馬

《淮南子·人間訓》有一則故事。邊塞有位擅長養馬的人，當地人稱他叫塞翁。有天，塞翁的馬跑進胡地，鄰居們知道後，前來安慰，塞翁卻以為馬匹逃跑說不定是件好事。幾個月過後，丟掉的馬自己回來了，身邊還多了一匹駿馬，鄰居們前來道賀，塞翁卻想無端多了一匹馬，說不定會惹事。

沒多久，塞翁的兒子在騎駿馬時摔斷腿，左鄰右舍前來關心，塞翁反而不擔心，心想摔斷腿也許是件好事。果然，沒過多久，為抵抗北方胡人的入侵，凡是身強體健的青年人都必須接受徵調至前線打戰，許多人因此戰死沙場，塞翁的兒子因為腿斷而得保住性命。

UNIT 3-7
養生論

　　道體為宇宙一切萬物之根源，萬物的存在與變化係為道之作用，萬物雖各有不同，卻有共同的存在與變化之則，此為自然之道的表現。人同萬物因道而存在，人的活動也就應該順應自然之道，將人的活動落於吾人的日常生活來談，則吾人生活之道必須要能夠順應自然之道。《淮南子》重視人之精神形骸之持養，「精神內守形骸而不外越」（《淮南子‧精神訓篇》），個人的生命乃是由「形」、「氣」、「神」三者所構成。《淮南子》重視養生，它在〈原道訓〉中提到：「夫形者，生之舍也；氣者，生之充也；神者，生之制也；一失位，則三者傷矣。」「神」、「氣」、「形」三者在生命的結構關係裡，以「神」在主制生命，因而所居的位置最高，個人在修身時當留意「神」、「氣」、「形」三者彼此之間應有的關係，千萬不可以亂了位次。《淮南子‧原道訓篇》有云：「故以神為主者，形從而利；以形為制者，神從而害。」以神來主制生命，整個生命將因此而受利；反之，則受害。

（一）守精神

　　《淮南子‧精神訓》有云：「精神盛而氣不散矣；精神盛而氣不散則理，理則均，均則通，通則神，神則以視無不見也，以聽無不聞也，以為無不成也。是故，憂患不能入也，而邪氣不能襲。」所謂「精神」即「神」、即「心」。「煩氣為蟲，精氣為人。」（《淮南子‧精神訓篇》）由氣化宇宙論的角度來看，人係精氣構成的。「精神」或「神」為無形的，而形骸乃化生自精氣，它使得吾人之形骸具有生命。

　　《淮南子‧精神訓篇》云：「夫孔竅者，精神之戶牖，而氣志者，五臟之使候也。耳目淫於聲色之樂，則五臟搖動而不寧失矣。五臟搖動而不寧，則血氣滔蕩而不休矣。血氣滔蕩而不休，則精神馳騁於外而不守矣。精神馳騁於外而不守，則禍福之至雖如邱山，無由識之矣。」《淮南子》認為吾人當保全精神，使五官、五臟不妄動，使欲望有所節制，若是妄動與無節制將會耗損精神，精神一旦受到磨耗，生命也就走向枯竭。

（二）真人生命

　　對於萬物的根源，《淮南子》除了以「道」來說之外，還有另一別稱為「太一」。真人的生命能夠保全精神、不為外累，為理想的生命型態。《淮南子》認為真人「能反其生，若未有形，謂之真人者，未始分於太一者也」（《淮南子‧詮言訓篇》）。《淮南子‧精神訓篇》云：「所謂真人者，性合於道也。」真人生命能夠與道相符、與太一相符，其表現宛若未始之狀。《淮南子》表示：「人生而靜，天之性也。感而後動，性之害也。物至而神應，知之動也。知與物接而好憎生焉，好憎成形而知誘於外，不能反己而天理滅矣。故達於道者，不以人易天。」（《淮南子‧原道訓篇》）《淮南子》認為人的先天之性，本來是與天相同的，真人的生命其實是吾人應有的生命，而人的精神若是因於外物而動，將因此而產生好憎之情，好憎之情一旦發生，將使得吾人之精神流失，生命一旦失去其主制者，也就會陷落相反於道的另一側。

生命的發生、結構與理想型態

道
（太一）

分化為氣

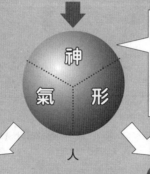

神

氣　形

人

人由「神」、「氣」與
「形」三者構成。其中，
「神」所居的位置最高，
「神」為無形，扮演生命
的主制角色。
個人在修身上，須留意三
者彼此之間理應具有的位
次關係。

真正的生命

以「神」為生命的主制者，
「形」從「神」得利，整體
生命因而受利。具此生命者，
憂慮不生、邪氣不入、視無
不見、聽無不聞，其與道相
合一，如同道之無始。

枯竭的生命

以「形」為生命的主制者，
「神」因而馳於外而不守。
精神受到欲望的限制，因而
對精神產生無謂的耗損，整
體生命因而受到戕害。

知識補充站　★養生

《淮南子》除了強調精神方面的養生，亦重視身體方面的調整，主張身體整體
論，認為人體內部某處一旦不健康、發生病變，必定會反映在人的外在形象，
而某處的病變會影響到整體。身體的養生須由精神的調整為主要進路，人的心
境若能隨時常保清淨，則「五臟無蔚氣」、「百脈九竅莫不順比」。身體健康
除了會受到精神的影響，嗜欲也會影響身體健康，因而主張禁欲。情緒也是一
項影響健康的因素，人類的生活境遇隨時都在變化，負面情緒的出現就在所難免，
但是過度的負面情緒對於身體來說，是不健康的。

UNIT **3-8**
嚴遵

嚴遵本姓莊，西漢蜀郡成都人，為明帝劉莊之避諱，故改姓為嚴，其字君平，又稱嚴君平。《華陽國志》敘述嚴遵「雅性澹泊，學業加妙，專精大《易》，耽於《老》、《莊》。常卜筮於市，日閱得百錢，則閉肆下帘，授《老》、《莊》，著《指歸》，為道書之宗」。其思想承繼老莊思想，在成都以卜筮謀生，終生隱居不仕。嚴遵的《老子指歸》與《老子河上公章句注》齊名，為漢代道家的代表，其深化《老子》的宇宙論、自然觀以及政治思想，賦予《老子》新的哲學詮釋，不僅對揚雄與王充的思想有所啟發，也影響了魏晉時代何晏與王弼的玄學思想。

（一）萬物發生的根源

對於《老子》有言「道生一、一生二、二生三、三生萬物」一段話，嚴遵《老子指歸·道生一篇》進一步理解為「道虛之虛，故能生一。有物混沌，恍惚居起。輕而不發，重而不止；陽而無表，陰而無裡。……故謂之一。一以虛，故能生二。二物并興，妙妙纖微，生生存存，因物變化，滑淖無形。……謂之二，二以無之無，故能生三。三物俱生，渾渾茫茫，視之不見其形，聽之不聞其聲，博之不得其緒，望之不睹其門。……謂之三。三以無，故能生萬物。清濁以分，高卑以陳，陰陽始別，和氣流行，三光運，群類生。有形臠可因循者，有聲色可見聞者，謂之萬物。萬物之生也，皆元始於虛始於無。」《老子》藉由「一」、「二」、「三」明示萬物的發生係由一至多的過程而來，嚴遵則與《淮南子》一樣，對此段話進一步做出描繪。嚴遵以「虛無」說「道」，認為一切萬物的發生皆源自於「虛無」，「虛無」為萬物的根本，自「虛無」以至萬物的過程，即自無到有的氣化作用。

（二）自然

自無到有的氣化作用，為自然的變化。《老子指歸·道生一篇》有云：「夫天地之生也，形因於氣，氣因於和，和因於神明，神明因於道德，道德因於自然，萬物以存。」又云：「道以無有之形，無狀之容，開虛無，導神通，天地和，陰陽寧。調四時，決萬方，殊形異類，皆得以成。變化終始，以無為為常。無所愛惡，與物大同。郡類應之各得所行。」（《老子指歸·萬物之奧篇》）根源之於萬物係根源本於自身的規律自然而然的產生萬物。

（三）政治思想

嚴遵以為君與民當視為一個整體，君與民關係緊緊相繫，君得道則萬民昌；反之，君失道則萬民喪。同樣，萬民昌則宗廟顯；反之，萬民喪則宗廟傾。依此君民一體思想，為君者在政治上要能夠依自然治民，不可壓迫百姓。《老子指歸·天下有道篇》云：「是以明王聖之欲尚民也，以自然之性，盛德之恩，容卑辭敬，比於庶人，視身若地，奉民若天。」治國之要在以民為首，為君者當謙下不爭。

《老子指歸·善為道者篇》云：「將以涂民耳目，塞民之心，使民不得知，歸之自然也。」嚴遵主張為君者以回復人民之純真本性為要務。儒家的禮樂教化，在嚴遵來看，只更加戕害自然之人性，無助於國家的長治久安。

《老子指歸》的《老子》新詮釋

❶為《老子》進行新的哲學詮釋，深化了《老子》的宇宙論、自然觀與政治思想。
❷思想上，影響了魏晉時代的何晏與王弼。

宇宙論	自然觀	政治思想
❶採取氣化論的觀點來解釋宇宙的發生，道係萬物發生的根源。 ❷自道發生為萬物，係為由「一」至「多」的歷程發展。	❶自無到有的氣化作用，係自然的變化。 ❷道於萬物的發生，是無為、無愛惡。萬物的本質是相同的，因為道，萬物得有其自身的規律。	❶為政當順乎道之自然；是以，為政者要能夠如道一般謙下不爭。 ❷禮樂對政治無益，為政應順應人的純真本性，萬民昌自然宗廟顯。

《老子河上公章句注》為《老子》的注疏書，推其成書時間約在東漢中晚期，與嚴遵的《老子旨歸》同為漢朝具有代表性的《老子》注疏。思想內容方面，《老子河上公章句注》裡頭融入漢代的思想以及神仙觀念，可視為是道教發展過程中的一部重要經典，此書對道教具有重要性地位。

漢朝的道家思想大抵可分成官方知識分子以及民間知識分子兩種類型，《老子河上公章句注》與嚴遵的《老子旨歸》屬於後者，前者則有如劉安的《淮南子》。觀《老子旨歸》與《老子河上公章句注》的內容，前者較偏重於心性方面的修養，後者則比較偏重與神仙、方術思想的結合。

UNIT 3-9
董仲舒

董仲舒（西元前一七六至一〇四年）為廣川人，於景帝因善治《公羊春秋》聞名而成為五經博士，為今文經的代表，著有《春秋繁露》與《賢良對策》等。漢武帝所以獨尊儒術、罷黜百家，與董仲舒提出的〈天人三策〉關係密切。

關於董仲舒思想的歷史評論，可說是褒貶不一、毀譽參半。諸子百家於兩漢的發展，基本上都是朝向互滲、結合的方向來進行，如陸賈、賈誼、《淮南子》等。兩漢思想的發展方向其實正是政治統一的迴響，董仲舒雖力主儒家，但同時也兼納了陰陽五行的思想觀念。武帝所以採納董仲舒之見，一方面是因為董仲舒的「尊君」主張符合了武帝的心意；二方面則是武帝期待能夠藉由儒家兼容並蓄的精神，使得思想發展能夠和政治一樣獲得統一。當然，若是從思想本身的內容來看，談互滲或結合還必須視思想彼此間是否具有會通的可能，一味互滲與結合恐怕只淪為政治上的目的。對於宋明儒學而言，董仲舒的思想無疑遠離了孔孟，他所說的儒學，其實只是一套迷信思想。不過，若將董仲舒迷信的那一部分暫時放在一旁，他的《春秋學》與經世精神，在清代思想家的眼裡，卻是備受肯定的。

（一）仁、義、智

就治國角度而言，本於儒家德治主義的精神，董仲舒認為治國者在修己方面必須先能夠「正己」，在治國方面，治國者要能夠懂得「愛人」。關於「正己」與「愛人」的方法，《春秋繁露・仁義法篇》云：「是故《春秋》為仁義法，仁之法在愛人，不在愛我；義之法

在正我，不在正人；我不自正，雖能正人，弗予為義；人不被其愛，雖厚自愛，不予為仁。」董仲舒發揮「嚴以律己、寬以待人」的思想，主張「由義正己」與「以仁愛人」。

「仁」若是作為殊德，則旨在愛人的「仁」，必須藉由「智」的配合才能夠真正落實。《春秋繁露・必仁且智篇》有云：「仁而不智，則愛而不別也；智而不仁，則知而不為也。故仁者所愛人類也，智者所以除其害也。」仁係行為生發與推動之力，智則關涉行為之前的判斷、構思與抉擇，它提供行為者有關「行」的正確方向。

（二）義與利

《論語》有謂：「君子喻於義，小人喻於利。」而《春秋繁露・對膠西王越大夫不得為仁篇》則云：「正其道不謀其利，修其理不急其功。」同孔子「重義輕利」的觀念，主張修身應以義為方，萬不可循利忘義。

（三）禮

董仲舒重禮，《春秋繁露・立元神篇》有云：「天生之，地養之，人成之；天生之以孝悌，地養之以衣食，人成之以禮樂。」在董仲舒天人思想裡，視禮本自於天，其主張與荀子之超越義的禮在意義上相同。禮「慎主客，序尊卑、貴賤、大小之位，而差外內、遠近、新故之級者也。」（《春秋繁露・奉本篇》）禮為群居和一之道，具有維持社會秩序、促成群我和諧的作用；在禮的規範下，尊卑、貴賤、大小之位可得安排，人人之間的關係得以確立，藉由禮的實施可防堵紊亂發生。

思想與評價

思想源流	❶董仲舒思想源自各家，一方面承襲孔孟思想，一方面兼納陰陽五行思想。 ❷綜合各家思想、欲求統一的思想特色，正是對於漢代政治統一的迴響。
與政治的關係	❶儒學與漢代政治關係密切，儒學因獲政治上的重視，而成為各家學術之首；漢代政治則因為儒學的發展，而愈加穩固。 ❷漢武帝之所以獨尊儒術，係因於董仲舒的「尊君」思想與武帝的心意相符合，而且儒家思想具有兼容並蓄的精神，希望藉此將學術統一。
後世評價	**宋明理學** 對於兼納陰陽五行的董仲舒思想，認為只是一套迷信，儒學雖然因為董仲舒而成為漢代的主流思想，但是也因為董仲舒，漢代的儒學只是脫軌的儒學、遠離孔孟的儒學。 **清代哲學** 對於董仲舒的思想，表示肯定。董仲舒思想具經世性格，與清代強調實學的方向相符。

德治主義的落實

修己方面
以義正己　盡己 ◁ 嚴以律己，以義修身，萬不可循利忘義。

⬇

治國方面
以仁（殊德）愛人　推己

❶寬以待人，以仁（殊德）愛人，並藉由智的判斷、構思與抉擇，輔助仁的落實，使仁的方向正確。

❷禮可使尊卑、貴賤、大小之位獲得安排；藉由禮，可形成社會秩序、促成群我和諧。

UNIT 3-10
天與人

圖解中國哲學史要略

董仲舒為漢代的儒家代表，其「天人感應」說獨特於先秦時代的儒家思想。所謂「天人感應」是一套有關於「天」與「人」究竟關係的思維型態，董仲舒的整個思想體系係以此為架構發展得來。大抵而言，「天人感應」觀念是將漢代流行之陰陽五行思想附加於先秦儒家本有之天人合德、天人合一的觀念而發展出的思想產物。

（一）天

「天」在董仲舒思想裡具有多重意義。孔子言天，並未排除天可以由宗教意識來理解的可能，而董仲舒則進一步將天視為至高無上的神，他說：「天者，百神之君也，王者之所最尊也。」（《春秋繁露‧郊義篇》）董仲舒視「天」為萬物生發的起源以及世間價值的根源與標準。例如《春秋繁露‧觀德篇》有云：「天地者，萬物之本，先祖之所出也，廣大無極，其德昭，歷年眾多，永永無疆。」明言天為萬物之根本。又例如《春秋繁露‧王道通三篇》有云：「仁之美者在於天，天、仁也。天覆育萬物，既化而生之，有養而成之，事功無已，終而復始；凡舉歸之以奉人，察於天之意，無窮極之仁也。人之受命於天也，取仁於天而仁。」人因於天而得以存在，世間理想價值的落實是圍繞於仁為核心的實現，而天之於萬物的作用既為仁的表現，它同時也是世間價值的標準。

（二）天人相配

天為萬物之本，人的存在本源自天。人作為天的所造物與天在物質結構上有著數字上的相同，在心理方面則與天有著活動上的相似。前者如《春秋繁露‧人副天數篇》所謂的「天以終歲之數，成人之身。故小節三百六十六，副日數也。大節十二分，副月數也。內有五臟，副五行數也。外有四肢，副四時數也。」而後者則猶如《春秋繁露‧人副天數篇》所謂的「作剛作柔，副冬夏也。作哀作樂，副陰陽也。」以及「故曰：天乃有喜怒哀樂之行，人亦有春秋冬夏之氣者，合類之謂也。」在董仲舒思想裡，人與天是相似的，是以為政者行事必須仿天。例如天表現有數「三」，如日月星三光、三月為一時等，因而為政者應在君王之下設「三公」；同理，又例如「公」底下設有卿、大夫以及士，合計共有四等官職，之所以設計為四等官職，係因於一年有春、夏、秋、冬四季變化，四為天之一數。

（三）天人感應

以氣之分化，解釋天生化萬物的歷程，《春秋繁露‧五刑相生篇》裡頭說「天地之氣，合而為一，分為陰陽，判為四時列為五行。」董仲舒以為宇宙萬物係由陰陽五行之氣所構成，且依據陰陽家五行相生及相克之理；因此，某一變化或活動將引發其他的變化或活動，萬物的活動彼此相互牽動，相互牽動的事實可由人事活動在天的表現上見得。董仲舒將天、人與萬物連結成為彼此相互影響的一大整體，而天為萬物之本、價值之源；是以，吾人當順天以行。此等思想，反映在政治上，便要求為政者必須敬天，天隨時監視著君王，若為人君者行政失當，則天將降災異顯於世間以作為警告。

天人關係

天的內涵

❶至高無上的神，為百神之君，王者之所最尊。
❷萬物生發的起源。
❸世間價值的根源與標準。
❹天的流行為仁。

天（仁）

以仁施人

取法與天

人

天人相配

❶在物質結構方面，人與天有著數字上的相同，如天有三百六十六日，人有三百六十六小節。
❷人在心理方面的表現，與天相似，如人有喜、怒、哀、樂，天有四時。
❸為政者必須仿天，如仿天之「三」數，而設三公；又如仿天之「四」數，而設四官。

天人感應

❶天以氣之分化生化萬物，萬物之變化須依據五行相生及相克之理，因而人事與天的活動是相互牽動的。
❷為政者必須敬天，為君者若行政失當，則天將降災異於世，為之警告。

知識補充站 ★災異說

董仲舒言災說異，其災異思想以其天人感應主張為基礎而提出。認為災異是天降於人的現象，目的在告誡君主，提醒君主反省、調整施政。《史記》有一則董仲舒差點因為論災異而丟掉性命的史料：「是時遼東高廟災，主父偃疾之，取其書奏之天子。天子召諸生示其書，有刺譏。董仲舒弟子呂步舒不知其師書，以為下愚，於是下董仲舒吏，當死，詔赦之。於是董仲舒竟不敢復言災異。」遼東地區的漢祖廟與高祖墓紛紛出現火災，董仲舒將它們看作為災異，解讀漢祖廟與高祖墓失火的發生，是為了告示君主應除掉違法的諸侯與大臣。董仲舒的災異解讀，令諸侯大臣深表不滿，欲置董仲舒於死地，幸好漢武帝赦免了其死罪，董仲舒才得以不死。

UNIT **3-11**
倫理思想

圖解中國哲學史要略

天為萬物之本、道德之源，在政治上天監督為政者，人君應依天而行政，否則天將降災異以示警；在倫理上，吾人則應法天，依天所顯示於人的法則，作為道德實踐的依據。董仲舒的倫理思想乃以其天人關係的架構為基礎，其有關於人倫關係以及人性的看法，對於後世的影響甚劇。

（一）人倫關係

在道德實踐上，董仲舒有許多的觀點是先秦儒家本來沒有的發明。董仲舒依五行之五數，言仁、義、禮、智、信為五德，而且按五行以仁德配木、智德配火、信德配土、義德配金、禮德配水，但是〈中庸〉一文卻僅說仁、義、禮三德，孟子也僅說仁、義、禮、智四德。又如董仲舒在《春秋繁露·基義篇》指出「君臣、父子、夫婦之義皆取諸陰陽之道。君為陽，臣為陰；父為陽，子為陰；夫為陽，妻為陰。」董仲舒按照天之三數，將人倫關係分類成為三種，並依據陰陽觀念說明君臣、父子、夫婦三種人倫的尊卑關係。董仲舒三種人倫之說後來在漢章帝召集的白虎觀會議中，被定為「三綱」，對於後世政治及社會秩序的影響甚大。後世學者有的以為「三綱」在倫理上造成人倫關係的僵化，在政治上則助長專制制度的發展，無形中造就了為政者採取專制的合理性。事實上，先秦儒家講求的人倫關係是一種相對的倫理，人倫關係並非指絕對的從屬。《論語·八佾篇》曰：「定公問：『君使臣，臣事君，如此何？』孔子對曰：『君使臣以禮，臣事君以忠。』」名位之分對於社會秩序的建立固然有幫助，但是對於秩序的維持，孔子並非以絕對化的上下關係來實現，而是強調彼此間的尊重。

（二）人性論

董仲舒不同於孟子以惻隱、是非、羞惡、辭讓四端流露之根本說心進而肯定人性為善的說法，認為言性善或性惡，僅僅是依所採標準之高低而有差別性的說法。《春秋繁露·深察名號篇》有云：「或曰性也善，或曰性未善，則各謂善者各異意也。性有善端，動之愛父母，異於禽獸，則謂之善。此孟子之言。循三綱五紀，通八端之理，忠信而博愛，敦厚而好禮，乃可謂善，此聖人之善也。是故孔子曰，善人吾不得而見之，得見有恆者斯可矣。由是觀之，聖人之所謂善未易當也，非善於禽獸，則謂之善也。使重其端善於禽獸，則可謂之善，善奚為弗見也？」若是以孔子的標準來看，自然不可說人性為善；若是以孟子的看法來論，則可言人性為善。其實，孟子言性善是針對人之為人的本質而發。《春秋繁露·深察名號篇》云：「人之誠，有貪有仁。仁貪之氣，兩在於身。身之名取諸天；天兩有陰陽之施，身亦兩有貪仁之性。」董仲舒則依據天生萬物的作用之理，說人性在結構上兼具有貪仁之性。同樣，《春秋繁露·身之養篇》則云：「天之生人也，使人之生義與利。」對於董仲舒而言，人性具有為義以及求利的傾向。人性在先天結構上同時具有為善以及為惡的可能，因而理想道德生命的成就，關鍵在於後天的教化。

孔子與董仲舒的人倫關係主張

	孔子	董仲舒
人倫關係	❶人與人之間存在的倫理關係，係一種相對性的倫理。 ❷人人之間雖然因角色而有尊卑、上下的區別，但區別的設計是為了秩序的形成，人可因自身與他者的角色區別，認識到自身應有的行為表現。 ❸這樣的人倫關係並不是某一角色單向地對另一角色提出行為要求，而是要求雙方都必須符合對他者應有的行為。一旦有一方破壞彼此應有的相對關係，此關係自然也就終止。	❶依據天之三數，將人倫關係分為君臣、父子、夫婦三種，並以陰陽觀念說明此三種人倫關係，此等說法經白虎觀會議後，被定為「三綱」，即：君為臣綱、父為子綱、夫為婦綱。 ❷三綱之說，使得人倫關係本來有的相對性，變得僵化。此等人倫關係的主張，助長了政治上專制制度的發展，使為政者取得行專制制度的合理性。 ❸三綱之說，對於人倫關係的和諧發展並無幫助，反而使得人倫關係落於徒具形式，實為緊張的狀態。

人性

❶依據萬物皆由陰陽二氣構成的思維說人性，人性之中有仁，亦有貪，因而人天同時皆有向義以及向利之自然傾向。

❷人後天或為善或為惡，關鍵在是否受教化，理想生命必須經由後天的教化才能夠完成。

仁　貪

UNIT 3-12
揚雄

揚雄（西元前五二至西元一八年），字子雲，生於漢宣帝，卒於王莽，嘗從師於嚴遵，其思想亦反映著先秦各家於兩漢嘗試融合的發展方向。揚雄著有《太玄》與《法言》二書，前者仿效自《易經》的體裁而著，後者則仿自《論語》的體裁而成。揚雄的思想應歸於儒家或道家，在學界上雖然沒有定論；不過，可以確定的是，揚雄嘗試調和儒道二家，並且還融入了陰陽五行的思想。將揚雄的思想與當時的思想進行對照，正好是道、儒與陰陽三家同時流行於漢代的另一項證明。

（一）《太玄》

揚雄《太玄》一書在體例上與《易經》相仿。《易經》有「卦」、《太玄》有「首」，《易經》的卦係依陰、陽二爻的排列所組成，共有六十四卦，而《太玄》的「首」則是由表示為天地人三數的三爻所構成。後世學者指出，《易經》為二元論，而揚雄的《太玄》則是三元論。

「玄」為《太玄》一書的重要觀念，「玄」字出自於《老子》，揚雄以「玄」字指稱萬物之所以生之源，為一切之根源。《太玄》描述「玄」是「仰而視之在乎上，俯而窺之在乎下，企而望之在乎前，異而忘之在乎後，欲違則不能，默而得其所者玄也。」又說：「夫玄者，天道也，地道也，人道也。」揚雄認為「玄」係無形無狀，吾人不可以耳目等感官獲得，但「玄」卻遍存於萬物之中，天地萬物無一不為「玄」所包攝。《太玄》云：「攡措陰陽而發氣。」陰與陽為氣，由「玄」之變化而產生，萬物因為陰陽二氣的交散

作用而發生且有變化。萬物的發生與變化的規律，為「玄」的表現。

（二）《法言》

揚雄對於人性的看法，近於董仲舒的思想。《法言·修身篇》云：「人之性也善惡混，修其善則為善人，修其惡則為惡人。」從結構上看，認為人性中同時混有善與惡，此係以陰陽作用的理解所形成之宇宙發生之解讀框架而有的說法。就經驗來說，揚雄對於人性的說法，其實是反思自經驗顯示人有善惡行的可能性的一種解釋。《法言·修身篇》云：「聖人耳不順乎非、口不肆乎善；賢者，耳擇口擇；眾人無擇焉。」揚雄還依據經驗所示的諸種人為表現，將人分成聖人、賢人與眾人等三品。《法言·學行篇云》：「學者所以修性也。視聽言貌思，性所有也。學則正，否則邪。」人性有為善與為惡的可能，道德生命的落實必須藉由後天的工夫來完成。

《法言·吾子篇》：「或曰：『人各其所是而非其所非，將誰使正之？曰：『萬物紛錯則懸諸天，眾言淆亂則折諸聖。』或曰：『惡　乎聖而折諸？』曰：「在則人，亡則書，其統一也。」此處所說的「書」係指五經，而「聖」指的是具備有仁、義、禮、智、信五德的聖人。吾人在生活實踐中，倘若遇見價值選擇或衝突的情形，當然以五經及聖人為依歸。揚雄雖以老莊思想言「玄」，在論及道德實踐方面，說的卻為儒家思想。此外，揚雄的五德說法同董仲舒，是因於漢代五行思想流行之故。

性善惡混

❶依據宇宙萬物的發生係因陰陽二氣之作用的理解框架,人的結構亦由陰陽二氣所成,因而主張人性是善惡混。
❷生活經驗指出人的行為有善有惡,有善有惡的事實出自於人有為善與為惡的可能,故人性善惡混。

性善惡混 ➡ 教化 ➡ 理想生命

❶人性既是善惡混,故理想生命的成就必須經由教化的歷程。
❷人在實踐過程裡頭,倘若遇見價值抉擇或衝突,應以五經及聖人為依歸;其中,又以聖人為優先。

 ★年高德劭

《法言》是模擬《論語》對話體裁而寫成的著作,內容許多部分在談論儒家禮義及孔孟之道,強調修德的重要。例如《法言‧孝至篇》所謂:「吾聞諸傳,老則戒之在得。年彌高而德彌劭者,是孔子之徒與?」便是針對《論語‧季氏篇》所謂「少之時,血氣未定,戒之在色;及其壯也,血氣方剛,戒之在鬥;及其老也,血氣既衰,戒之在得」的進一步論述。告誡人年老的時候,要小心貪欲。人的德行若可隨著不斷增長的年紀而提升,便是孔子思想的追隨者。

 ★《太玄》仿《易經》

揚雄《太玄》係仿照《易經》的體裁而作。《易經》有「陰」(--)、有「陽」(一);《太玄》則是有「一」(一)、有「二」(--)、有「三」(---)。《易經》卦中的爻,以「陰」與「陽」的排列組成,每卦有三爻,故有八卦,重卦則有八卦兩兩組合而成,重卦有六爻,故有六十四卦。《太玄》則有八十一「首」,每一「首」由「方」、「州」、「部」、「家」四者組成,「方」、「州」、「部」、「家」錯有「一」、「二」、「三」。是以,「方」有三方,三方又各有三州,三州又各有三部,三部又各有三家,共八十一「首」。此外,《易經》六十四卦,每卦六爻,共三百八十四爻;《太玄》共有七百二十九贊,每首九贊,共八十一首,故七百二十九贊。揚雄以二贊為一日,七百二十九贊為三百六十四日半,再加上二贊,合成三百六十五日半,使之能夠將一年都包括進去。揚雄以為藉由《太玄》之理,可對未來之事進行預測。

UNIT 3-13
王充

王充（西元二七至九七年）字仲任，少時孤，好博覽，著《論衡》共八十五篇，以及其他《譏俗》、《性書》、《政務》等書，今除《論衡》外其餘皆已失傳不存。依據王充自己的說法，他著書的原因係因於對當時的社會俗情、政治事務以及流行思想等的不滿而有。關於《論衡》的寫作，王充指出：「是故《論衡》之造也，起眾書並失實，虛妄之言勝真美也。虛妄之語不黜，則華文不見息。華文放流，則實事不見用。故《論衡》者，所以詮輕重之言，立真偽之平。」（《論衡・對作篇》）簡言之，《論衡》一書宗旨在破除虛妄的言論。

（一）批判精神

王充的思想若與兩漢的其他思想家進行對照，將更顯他的不同。基本而言，兩漢哲學在政治上大一統的環境底下有其一致性，各家思想具有朝向與其他思想交融、互滲的方向來發展的特徵，思考方向上亦有相同處。其中，儒家與道家是中國思想發展過程中主要的兩股力量，先秦儒家與道家思想皆對天與人關係的問題有所回應，兩漢哲學承繼了儒家與道家的天人思想，並進一步地藉由宇宙論的建立，深化先秦儒道二家的天人思想。而對於有關宇宙論問題的思考與回應，為兩漢思想家的共同任務，無論是「援儒入道」、「援道入儒」亦或是「儒道兼具」的思想皆有以建立宇宙論來認識、深化天人關係的思考傾向。按理來說，兩漢思想的特色應有助於儒道二家的會通與深化，但很不幸，天人感應、鬼神思想、讖緯思想也一併在思想發展的過程中滲了進來，使得漢代哲學在發展同時被迷信所籠罩。因此，今人在評論兩漢思想時，有以為兩漢思想可謂哲學發展的倒退。

相對而言，《論衡》立書旨在「疾虛妄」，王充對天人感應、鬼神思想以及讖緯等流行於當時的思想不以為然，認為此類言論為不實之妄言。就思想的價值來說，兩漢哲學因天人感應與讖緯思想的滲入，因而得不到現今多數學者的認同；不過，王充的批判精神卻相對獲得了學者們的肯定。

（二）思想價值

嚴格來說，王充思想稱不上是一個體系，其思想中同一概念的內涵相當分歧。例如他對於「天」的使用有不同意義的把握，有時指體、有時指氣、有時則是指具備意志的最高神祇。如《論衡・自然篇》云：「天之動也，施氣也。體動，氣乃出，物乃生矣。」後者有如《論衡・談天篇》裡的用法：「說《易》者曰：『元氣未分，渾沌為一。』……天地含氣之自然也。」究竟來說，王充自己可能也不知道該將天視為氣或是體。例如在《論衡・變虛篇》裡頭提到：「使天體乎？耳高不能聞人言；使天氣乎？氣若雲煙，安能聽人辭？」王充對天為體或氣，並沒有很確切的看法。不僅如此，王充思想中明顯有矛盾的地方，例如他反對命運，卻又說命出自氣，不可更改。

談王充思想的價值，實不在他那些無法確立、內涵分歧或明顯矛盾的不成體系的思想；而是在他身處於兩漢思想的流行裡所顯示出的那種凡事不輕言相信、必尋求實徵的態度。

兩漢思想發展

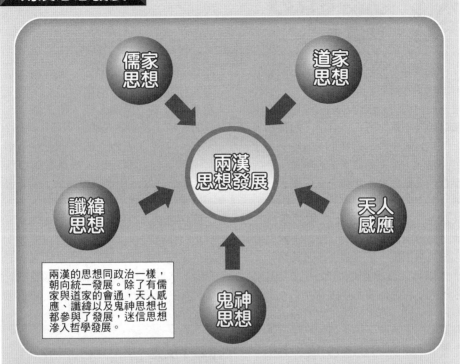

儒家思想

道家思想

讖緯思想

兩漢思想發展

天人感應

鬼神思想

兩漢的思想同政治一樣，朝向統一發展。除了有儒家與道家的會通，天人感應、讖緯以及鬼神思想也都參與了發展，迷信思想滲入哲學發展。

王充的思想與批判精神

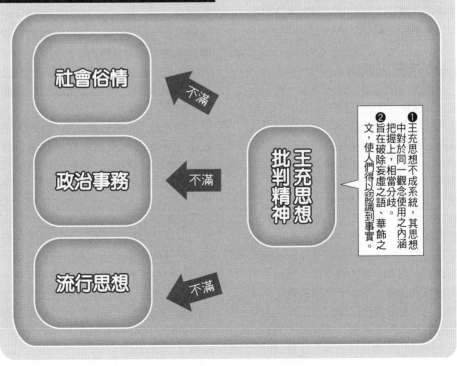

社會俗情

不滿

政治事務

不滿

流行思想

不滿

王充思想批判精神

❶王充思想不成系統，其思想中對於同一觀念使用之內涵把握上相當分歧。

❷旨在破除妄虛之語、華飾之文，使人們得以認識到事實。

UNIT 3-14
疾虛妄

一項主張若要能夠取信於人,則必須有足夠的證據與論證使主張為真。對於王充而言,天人感應、讖緯等思想言論皆是虛妄不實之言。《論衡‧知實篇》云:「凡論事者,違實不引效驗,則雖甘義繁說,眾不見信。」「效驗」意指事實的具體實效,此種方法係屬感官經驗上的證明方法,源自於墨子。另外,《論衡‧薄葬篇》云:「事莫明於有效,論莫明於有證。空言虛語,雖得道心,人猶不信。」《論衡‧薄葬篇》:「夫以耳目論,則以虛象為言;虛象效,則以實事為非。是故是非者,不徒耳目,必開心意。」除了「效驗」,王充還提出「論證」的重要。一項主張,若要為人相信,必須通過吾人心智作用的檢驗,即該項主張的內容必須符合邏輯。王充以「論證」輔助「效驗」,以確保吾人所信主張的真,因為「效驗」有可能是假的。

(一)反天人感應

《論衡‧明雩篇》云:「人不能對行感天,天亦不誕行而應人。」王充以為天人之間不具感應關係,天人之間之所以具有類似相感的關係,純然只是偶然所致。在反天人感應的論證上,王充指出天只是自然,不可能透過災祥向人類進行預示或警誡,若能向人進行預示或警誡,則天必須能夠有所作為。自然之物有體、有氣,王充主張若天和地一樣是有體的,則天是不可能有作為,因為要能有作為,必須要有口目;然而,天與地係為夫妻,而以土為體的地既然沒有口目,那麼天也同樣沒有口目,如何能夠有為於人?再者,若改說天是氣,王充則認為雲煙一類之物不具有口目,

而氣如雲煙一般;是以,天同樣也是沒有作為的。相類的觀點有:「使天體乎?耳高不能聞人言。使天氣乎?氣若雲煙,安能聽人辭!」「說災變之家曰:『人在天地之間,猶魚在水中矣,其能以行動天地,猶魚鼓而振水也。』」(《論衡‧變虛篇》)倘若退一步承認天是體、具有耳目之官,天人之間仍舊無法感應。王充以為災變家用「魚之鼓可振水」支持「人之行可動天地」,根本是無視兩個例子在距離上的差距,人的行動怎麼可能為距離遙遠的天所聞知,天既然無法聞知,又怎能應人。

(二)反鬼

兩漢為言鬼思想流行的時代,王充卻反對有鬼。《論衡‧論死篇》云:「人之所以生者,精氣也,死而精氣滅。能為精氣者,血脈也。人死血脈竭,竭而精氣滅。滅而形體朽,朽而成灰土,何用為鬼。」人係由精氣而成,人死之後,精氣便滅,形體也隨之而朽為塵土,鬼的存在如何可能?

不過,當時人們確實有著人死為鬼的觀念,甚而有人宣稱自己曾親眼目睹鬼,對於這樣的流行與可能的效驗證據,王充透過心理的角度來解釋。《論衡‧訂鬼篇》云:「凡天地之間有鬼,非人死精神為之也,皆人思念存想之所致也。致之何由?由於疾病。人病則憂懼,憂懼則鬼出。凡人不病則不畏懼。故得病寢衽,畏懼鬼至。畏懼則存,存想則目虛見。」鬼的思想係因於人心中的害怕而產生,那些宣稱目睹鬼的人只是誤將因心中害怕而產生的幻覺當成是真實。

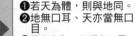 **反對天人感應**

凡屬於自然之物者，不是體，則是氣。依此，天或者為體，或者為氣。

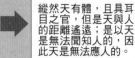
❶若天為體，則與地同。
❷地無口耳、天亦當無口目。
❸要有作為，必須有口目，既然無口目則天無法作為於人。

縱然天有體，且具耳目之官，但是天與人的距離遙遠；是以天是無法聞知人的，因此天是無法應人的。

❶若天為氣，則與雲煙一樣不具口目。
❷天既然無口目，則無法作為於人。

 結論

❶天人感應之說是不正確的。
❷天人之間若有類似相互感應的現象，那只是偶然所致。

 反鬼

❶王充主張人死不為鬼。
❷人由精氣、血脈構成，人死精氣滅、血脈竭，形體朽，一切歸於塵土。
❸若要為鬼，則需要有能夠成為鬼的條件存在，然而人死後既為塵土，沒有成鬼的條件。故人死不為鬼。

❶以心理角度來論，有人所以見鬼的原因。之所以會有人宣稱見過鬼，是因為人會生病，因而心會畏懼。
❷人心一旦有畏懼，便會產生出虛象，以為看見了鬼，其實所見並非真實。

 **★論證方式**

與當時學術思想風氣相較，王充思想顯得獨樹一格、與眾不同。當時陰陽、讖緯思想四處瀰漫，「疾虛妄」十足具批判性。王充對於無稽迷信、盲目崇拜、陰陽五行、鬼神卜筮、符命災異等思想都嘗試提出反駁，致力推翻這些思想在人們心中的真確性。王充「疾虛妄」目的在求真，其立論的特色在效驗的強調以及類推的使用，當代曾有學者因此主張王充的論證方式與科學的內涵相符。舉例來說，王充「雷是火」的主張，是根據遭雷擊的人頭髮焦黑、受雷擊的房子常出現火災等生活中的現象所類推出的結論。不過，王充的論證方式與科學的內涵並不相符，科學的探究活動固然重視效驗並在某些情形下使用類推，但是王充在類推的使用上並未考慮類推事物之間的相似程度。例如天人在結論上固然不相應，但天與人在性質上的差距實在太遠，而王充將天與人進行類推以證明天人不相應，嚴格來說，這樣的論證效力其實不足。

第**4**章

魏晉玄學

●●●●●●●●●●●●●●●●●●●●●●●●●●●● 章節體系架構 ▼

UNIT 4-1
魏晉玄學

儒家與道家思想到了魏晉時代勢力上有明顯的消長。漢代獨尊的儒家在魏晉時代幾乎沒有了位置，甚至成為知識分子口中批判的對象；相對於儒家的勢弱，道家思想卻成為當時各派思想的核心，老莊思想成為知識分子討論的重點。歸究儒家勢力之消退以及老莊思想可成為當時思想要角的原因，吾人可以從政治現況以及思想發展二個部分來進行理解。

東漢後期的政治與社會十分不安，政治上因宦官專政，以及在歷史上發生的「黨錮之禍」，使得知識分子不再願意議論政治，為了避免無端惹禍，轉朝向清談。而且，東漢末期接連兵戰，使得人民百姓痛不欲生，人們內心也自然傾向於老莊，期望生命能夠在亂世之中獲得逍遙。

在思想方面，漢武帝採董仲舒之見獨尊儒術，而漢儒在倫理實踐上提出的三綱之說，取代了人與人之間本應有的相對性倫理，使人群之間的關係因種種的禮教而變得僵化。禮教的實施在魏晉知識分子的眼裡看來，正是對於人性的戕害。漢代的經學研究不在探討先秦儒家的微言大義，只著墨專注於文字的訓詁工作上，既無法體現先秦儒家的微言大義，儒家思想反而變得支離破碎。此外，五經博士的設立本是為了選拔出有能力的人，為個人獲得功名利祿的途徑，但魏晉時代卻不推崇儒家，而且有為政者，如曹操「唯才是舉」的破壞士風之舉，使得儒學走向衰微。

老莊思想在這樣的背景下得到知識分子的重視。玄學為魏晉思想的代表，亦是以老莊思想為核心；而道教的完備以及佛教的義釋兩者皆是魏晉思想的大事，也與老莊的思想關係密切。

（一）玄學

玄學家好言老莊，依據他們所關注的問題，大抵可分為兩種類型。一種是區分玄學家為名理、玄論以及曠達三派；另一種，則是以為曠達派其實可歸併於玄論派，前者為後者的延伸。以第二種分類來看，名理派的思想人物，前期有劉劭、鍾會，後期有裴頠、孫盛；玄論派的思想人物，前期有何晏、王弼；後期有阮籍、嵇康與向秀三人。世人將阮籍等三人與山濤、劉伶、阮咸以及王戎等四人合稱作「竹林七賢」。

（二）道教

道教創於張陵之手，係為宗教，與道家本來沒有關係。張陵創設的道教本來並沒有深刻的義理，它所以興起，原因有二：❶漢代瀰漫著讖緯思想的迷信以及追求長生的欲望；❷東漢末期適逢兵戰，張陵因符咒治病、造義舍而獲有信眾。道教義理直到魏晉時期，加入葛洪、寇謙之、陶弘景等人的理論才逐漸完備，他們的理論亦有取自老莊之處。

（三）佛教

佛教傳入中土時間相傳為東漢明帝時，佛教的傳入先著手翻譯工作，後在義理宣揚。義理宣揚開始是以老莊的「無」來理解佛教般若部經典的「空」。魏晉時代老莊哲學的流行在佛教的順利傳入中土以及後來佛教中國化的完成過程裡，扮演著舉足輕重的角色。

魏晉玄學興起的原因

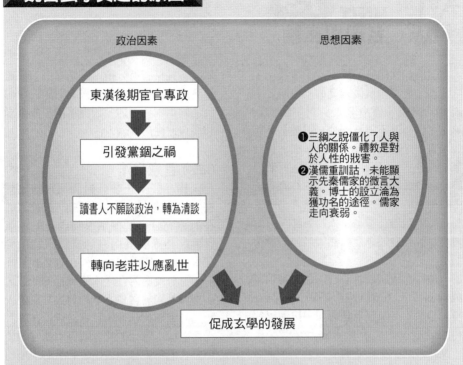

政治因素   思想因素

東漢後期宦官專政

↓

引發黨錮之禍

↓

讀書人不願談政治，轉為清談

↓

轉向老莊以應亂世

❶ 三綱之說僵化了人與人的關係。禮教是對於人性的戕害。
❷ 漢儒重訓詁，未能顯示先秦儒家的微言大義。博士的設立淪為獲功名的途徑。儒家走向衰弱。

促成玄學的發展

老莊與魏晉時代各家思想的關係

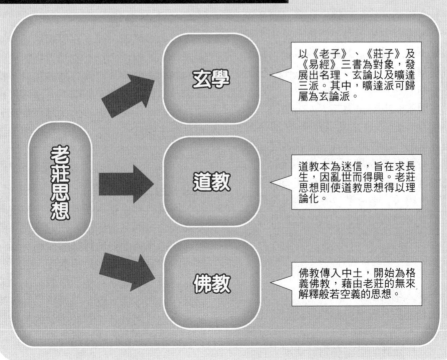

玄學

以《老子》、《莊子》及《易經》三書為對象，發展出名理、玄論以及曠達三派。其中，曠達派可歸屬為玄論派。

老莊思想

道教

道教本為迷信，旨在求長生，因亂世而得興。老莊思想則使道教思想得以理論化。

佛教

佛教傳入中土，開始為格義佛教，藉由老莊的無來解釋般若空義的思想。

UNIT 4-2
名理與玄論

　　魏晉時代知識分子間盛行「清談」，「清談」發源自東漢末期的「清議」，所謂「清談」係指多人針對主題的談論，主題有時不限為一種，主題多不落於現實，而參與的人士身分多樣，包括學者、名士、政府官員以及寺廟僧侶等。魏晉時代參與「清談」的知識分子各有他們的思想重心，若歸納言之，此時主要的哲學論題有：人物品評、言意之辨、孔老會通以及自然與名教的衝突四者。

　　一般而言，將魏晉時代的哲學又稱為魏晉玄學。之所以採「玄學」一詞，概取自於「玄」在老莊思想中扮演重要角色之故，如老子有「玄之又玄」、「玄妙微通」；莊子有「玄天」、「玄德」、「玄聖」、「玄冥」等用語。魏晉時代將《老子》、《莊子》與《易經》合稱為三玄，玄學家所發言論多以此三書為對象。不過，嚴格而言，名理派並不特以這三本書為討論對象，真正可視為魏晉玄學代表者應屬於在名理派之後的玄論派。

　　名理派的主要論題為「人物品評」，「清淡」雖然是知識分子對於當時政治社會的一種逃避方式，不過名理派仍然保有對現實的關心，人物品評的目的在能夠選出適合的人才擔任某項職務。言意之辨、孔老會通以及自然與名教等三項為玄論派的論題；其中的「言意之辨」可在與「人物品評」的對照中，得到一種發展解釋。

（一）人物品評

　　人物品評具有歷史淵源，從東漢光武帝表彰氣節，到魏文帝九品中正制度等，人物品評的重點在對於個別人物的才能、性格有所分辨、確切掌握，使選拔者能夠求得真正要求得的對象，而由於品評重點在個體，因而不同於先秦思想從普遍性角度論人性。

（二）言意之辨

　　人物品評不止在針對個別人物之外在，如容貌、談吐進行認識，最終目的在能夠充分了解個別人物內在的才氣質性。然而對於內在的認識只能由外在來推測，因而出現了外在容貌與談吐能否充分反應內在之才氣質性的問題，而玄論派對於言意之辨的討論其實是人物品評問題的延伸。言意之辨旨在探討「言」與「意」的究竟關係：語言的使用是否能夠充分地表達說話者心中所想要表達的內容。

（三）孔老會通

　　漢代獨尊儒術，而老莊思想卻是玄論派所崇尚的對象，以玄論派人物對於儒家的態度來區分，可以分為調和以及拒斥兩種型態。玄論派初期對於儒道係採調和的態度，正如何晏的《論語集解》是以老子來解讀儒家，目的在使儒學道家化。

（四）自然與名教

　　所謂自然係指內在於吾人生命中的本真人性，而名教係指外在的文化、禮教等在道德方面對於行為的規範。拒斥儒學的玄論派認為名教扭曲了人性，為生命發展的限制。在他們來看，生命若要保存自然本性，就必須對抗名教的束縛，由之以衝破外在對於生命的種種限制，以獲得真正的解放與逍遙。

清談與玄學

清談

❶發源：源自於東漢末期的清議。
❷主題：討論的主題不限，且大多與現實無關。
❸人員：身分多樣，學者、名士、政府官員以及寺廟僧侶都是參與清談者。
❹論題：主要哲學論題有「人物品評」、「言意之辨」、「孔老會通」以及「自然與名教」四者。

人物品評

旨在分辨與掌握人物的才能與性格，以求能夠選拔出真正要的人才，著重於人物之個別性的認識，不同於從普遍的角度論人性。

言意之辨

源自人物品評進一步發展出的哲學論題，旨在探討語言「言」與「意」的究竟關係。探討語言的使用是否能夠表達說話者心中想要表達的內容。

孔老會通

玄論派崇尚老莊，對於儒學，分別有調和及拒斥兩種態度。前期玄論派對於儒道，採以會通的立場，進行調和工作；後期則拒斥儒學。

自然與名教

玄論派認為名教害了人性的發展。名教的設計戕害了人性。人性本是自然，人要活出本性，則必須衝破名教限制。

為名理派的主要論題，名理派未特以三玄為討論對象。

為玄論派的主要論題，玄論派為魏晉玄學的代表。

UNIT **4-3**
劉劭

劉劭（西元一八二至二八五年）字孔才，廣平邯鄲人。漢代與魏晉流行對人物進行品評，相關著作中有流傳下來最具完整性的是劉劭的《人物志》。對於人的生命，劉劭承襲漢代的氣化宇宙論觀點：「凡有血氣者，莫不含元一以為質稟陰陽以立性，體五行而著形。」（《人物志·九徵篇》）生命為陰陽五行所構，個人生命的容貌、談吐為其內在之才氣質性的反映，而吾人雖然無法直接認識個別生命的才氣質性，但可由某人容貌、談吐等外在表現來理解此人內在的才氣質性。

（一）五物與五常

吾人生命的容貌、談吐等外在表現與內在才氣質性的相應關係，劉劭在《人物志·九徵篇》指出：「若量其材質，稽諸五物。五物之徵，亦各著於厥體矣。其在體也，木骨、金筋、火氣、土肌、水血，五物之象也。五物之實，各有所濟。是故骨植而柔者，謂之弘毅。弘毅也者，仁之質也。氣清而朗者，謂之文理。文理也者，禮之本也。體端而實者，謂之貞固。貞固也者，信之基也。筋勁而精者，謂之勇敢。勇敢也者，義之決也。色平而暢者，謂之通微。通微也者，智之原也。五質恆性，故謂之五常矣。」劉劭的「五物」即「五行」，為木、金、火、土、水；「五常」即「五德」，為仁、義、禮、信、智。劉劭認為五常之德係以弘毅、勇敢、文理、貞固及通微為基礎，而弘毅等五種氣質傾向體現於生命外在之骨、筋、氣、肌、血等五種形體的構成要素上面，而五種形體的構成要素則是由五行而成。換言之，五常之德的具備

與否可藉由對於形體外在表現的觀察來判斷。此外，五常之德不單是由形體反映，也可由吾人的精神活動表現，《人物志·九徵》提到：「雖體變無窮，猶依乎五質。故其剛柔明暢，貞固之徵，著於形容，見乎聲色，發乎情味，各如其象。」劉劭認為吾人之才氣質性可由生命外在的形體與精神活動來評斷。

（二）中和

《人物志·材理篇》有云：「是故質性平淡，思心玄微，能近自然，道理之家也；質性警徹，權略機捷，能理煩速，事理之家也；質性和平，能論禮教，辨其得失，義理之家也；質性機解，推情原意，能適其變，情理之家也。」所謂道理家、事理家、義理家、情理家四者雖有所擅長，但都只擅於一理；從另一面來看，只能擅於一理的人，便是偏於一理。劉劭云：「凡人之質量，中和最貴矣。」（《人物志·九徵篇》）聖人相對於其他偏於一理者，能夠真正通達天下各理，偏於一理者，其稟賦的五常之德尚未完美；而聖人的五常之德則處於「中和」之狀，無所偏至、無不適中合度。

劉劭「中和」之論為〈中庸〉之「中庸」概念的發揮，他以此為標準詳細地說明各種人物才氣質性的過與不及。並以此為前提替進行人物品評提供九則觀人之法，聖人者能夠同時兼備九則之法，未能兼備者，其五常之德必有所偏，若要擔任某項職務，則必須要視其所擅長者來進行分配。

外在反映內在

❶基本主張：認為內在於人的才氣質性，雖然無法直接認識，但可藉由外在的容貌、談吐等，表現推知。

❷主張根據依據氣化宇宙論的觀點，人表現為陰陽構成；是以才外在的，反映著內在具有的，才氣質性的表現。

五物與五常

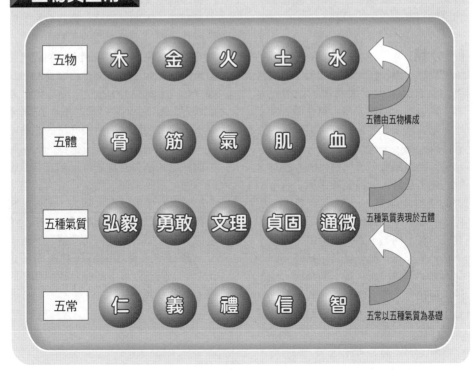

五物	木	金	火	土	水	
五體	骨	筋	氣	肌	血	五體由五物構成
五種氣質	弘毅	勇敢	文理	貞固	通微	五種氣質表現於五體
五常	仁	義	禮	信	智	五常以五種氣質為基礎

UNIT 4-4
何晏

　　何晏（西元一九三至二四九年）字平叔，南陽宛（今河南南陽）人，與曹操具有姻親關係，為曹操的女婿。何晏治有《老子》、《莊子》與《易經》三書。《文心雕龍·論說》說道：「迄至正始，何晏之徒，始盛玄論。於是聃、周當道，尼父爭塗矣！」魏晉玄論派的思想係為何晏與王弼所創，依文獻所載其著作繁多，如有《論語集解》、《老子注》、《無名論》、《無為論》、《韓白論》、《道論》等，現今何晏的思想成就，僅剩下《論語集解》以及被保留在其它書籍裡的內容。

　　何晏主張「貴無論」，並以「貴無論」為其思想架構的基礎，認為道家與儒家其實殊途同歸，《論語集解》其實是一部儒家道家化的著作，《論語集解》的出現也表現了玄學派一開始對於希望能夠會通孔老的嘗試。

（一）無

　　何晏以「無」作為萬物的根本。《無為論》有云：「天地萬物皆以無為為本。無也者，開物成務，無往而不存者也。陰陽恃以化生，萬物恃以成形，賢者恃以成德，不肖恃以免身。故無為之為用，無爵而貴矣。」何晏的「無」，說的並不是吾人一般認知中與「有」相對的空無、虛無，「無」非空無、虛無，而是有、是實。之所以不將此有與實以「有」稱之，而特別地以「無」來說之，是因為「無」係為超越時間與空間限制的本體，而「有」則是因「無」得以存在。「無」作為萬物的根本，具有化生天地的作用，它在天地有始之前便以存在。

　　「有」因「無」而存在，「無」對於「有」的作用係一種自然無為的表現。《列子·天瑞篇注引》云：「有之為有，恃無以生；事而為事，由無以成。夫道之無語，名之無名，視之而無形，聽之而無聲，則道之全焉。」有別於老子以道言萬物之根本，何晏特喜以「無」來說萬物之根本，目的在強調此萬物之根本的無限性以及超乎感官把握的性質，「無」係道之全，它是無語、無名、無形、無聲的。

（二）孔老會通

　　《論語集解》反映出何晏對於會通孔老的努力，他對於孔老的會通係以老子來解釋孔子。依照何晏的思想來看，其心目中的理想生命為聖人。「聖人」本是儒家之理想道德生命的代表，而何晏思想中的聖人生命卻是用道家的角度來進行理解。例如《論語·為政篇》記載一則孔子對於子路提問的回答：「修己以安百姓，堯舜其猶病諸！」何晏《論語集注》對此注解為：「百姓百品，萬國殊風，以不治治之，乃得其極。若欲修己以治之，雖堯舜必病，況君子乎！」何晏的解讀顯然與孔子的原意不符，孔子本意是指像堯舜這樣的人都恐怕無法達到修養自身德行以求安養百姓的目的，藉此來顯示品格修養之於君子的重要以及儒家的淑世關懷，何晏卻將此有為之舉以道家之論解釋為「不治治之」。又譬如《論語·為政篇》有云：「為政以德，譬如北辰居其所而眾星共之。」何晏以老子的無為理解孔子的德，以「德者無為」為注。

無

無

「無」為無限，為道之全，其無語、無名、無形且無聲，對於萬物的作用是無為的。

→ 「無」為萬物之根本

→ 「無」為有、為實，不是指與有相對的空無、虛無之意

→ 說萬物的根本為「無」，旨在強調無的超時空性

孔老會通

老子思想 →（理解）→ 孔子思想 →（目的）→ 會通孔老

❶何晏進行的「孔老會通」，是一種曲解孔子思想，以求與老子思想一致的調和方式。

❷例證一：將孔子「修己以安百姓，堯舜其猶病諸！」強調品格修養以及淑世精神的話，解讀成孔子在強調不治之治。

❸例證二：將孔子「為政以德」一段話中的「德」以「無為」來解讀，明顯與孔子的有為思想不同。

知識補充站 ★何晏的故事

何晏頭腦聰明，相貌出眾。《世說新語》記載：「何晏七歲，明慧若神，魏武奇愛之，以晏在宮內，因欲以為子。晏乃畫地令方，自處其中。人問其故，答曰：『何氏之盧也。』魏武知之，即遣還外。」何晏小時聰穎，非常受魏武帝喜愛，因此想將何晏安置在宮中，收何晏為自己的兒子。何晏得知魏武帝的打算，便在地面上畫了一個方框，接著自己便坐在方框裡。旁人看見何晏的舉動，便詢問他。何晏則回應地面上的方框是何家的房子。何晏以畫方處中的動作，暗示自己是何家人，魏武帝得知此事，便將何晏送出宮外。除了聰穎，何晏的外表也非常出眾。《世說新語》記載一則故事：「何平叔美姿儀，面至白。魏明帝疑其傅粉，正夏月，與熱湯餅。既啖，大汗出，以朱衣自拭，色轉皎然。」何晏無論是姿態或儀容皆十分出眾，臉上膚色極為白皙。許多人以為何晏平時學女人敷粉，魏明帝為了釐清事實便召喚何晏進宮，當時天氣十分悶熱，卻故意要人準備熱湯餅給何晏吃。何晏邊吃邊流汗，不斷以衣袖擦汗，不過何晏的臉龐卻沒有因為衣袖的擦拭而顯出拭痕，依舊十分白皙。

UNIT 4-5
王弼

王弼（西元二二六至二四九年）字輔嗣，曹魏山陽郡（今山東濟寧）人，嘗與何晏、夏侯玄清談，其思想頗受何晏佩服。王弼嘗為《老子》與《易經》作注，他的《老子注》是一九七三年中國在長沙馬王堆發現《道德經》之前的唯一一本流傳下的《老子》文本，在中國哲學歷代的道家研究上扮演著傳承的角色，其注釋具有非常大的影響力。

何劭的《王弼傳》記述了一場王弼與裴徽對於聖人境界曾有過的討論。裴徽問王弼說：「夫無者誠萬物之所資也，然聖人莫肯致言，而老子申之無已者何？」對此，王弼回應：「聖人體無，無又不可以訓，故不說也；老子是有者也，故恆言無所不足。」由王弼的答覆來看，王弼同何晏採貴無之說，對於儒家聖人生命亦由道家立場來解釋，努力於二家的調和。無係為萬物之根本，聖人的生命對於無實有體會，王弼認為聖人所以對於自身體之有無沒有任何的談論，是因為無係無法用語言來表示，王弼認為老子之所以大談無，乃是因為老子的生命並未體無。儒學視宇宙萬物為道德之流行，係以仁、或誠言此流行之本體；然而王弼卻說聖人體無、老子未體無，明顯是以儒家聖人為理想生命，以道家思想進行儒學的詮釋。

（一）聖人有情

王弼與何晏同為貴無，也同樣以聖人作為理想生命的型態；不過卻分別主張聖人有情以及聖人無情。何劭的《王弼傳》記載：「何晏以為聖人無喜怒哀樂，其論甚精，鍾會等述之。弼與不同，以為：聖人茂於人者神明也，同於人者五情也；神明茂，故能體沖和以通無；五情同，故不能無哀樂以應物。然則聖人之情，應物而無累於物者也；今以其無累，便謂不復應物，失之多矣。」何晏認為喜、怒、哀、樂係為人在應物上的反應，屬於有為；而聖人體無，因而在接物上不具有任何的情意。不同於何晏，王弼以為聖人與一般人一樣都是有情的，不可能如何晏所以為的能夠無情應物；不過，聖人的有情與一般人不同，一般人會被物牽累，而聖人有情卻能不為物所累，面對萬物他沒有任何執著，是順隨無之自然變化而行。

（二）崇本息末

王弼在其《老子注》提到：「《老子》之書，其幾乎可以一言而蔽之。噫！崇本息末而已矣！」所謂「本」具有根本、本體的意思。王弼以無言道，無為萬物之本體，此本體無名可稱、無有形象、無可感覺。《老子注》有云：「天地任自然，無為無造，萬物自相治理。」《老子注》又云：「聖人達自然之至，暢萬物之情。故因而不為，順而不施，除其所以迷，去其所以惑，故心不亂而物性自得矣。」王弼以為無與萬物具有本與末的關係，本為根、末為果，無之本體以自然對待一切萬物。王弼以為先秦各家的思想皆為末學，都是「捨本逐末」的。吾人欲完整地把握萬物則應避免「捨本逐末」，不滯於現象之萬物，才能返於萬物所以存在之無的本體。

王弼與何晏的思想比較

	王弼	何晏
思想相同處	❶王弼與何晏二人皆具有貴無的思想，以「無」詮釋《老子》中的「道」，將「無」作為萬物之根本。 ❷視「聖人」的生命為理想的生命。 ❸二人皆對儒家思想以及道家思想進行調和。	
思想相異處	❶主張聖人有情。認為雖說聖人體無，但是聖人也是人，和一般人一樣本是有情的，接物時自然也會表現有情。 ❷不過，聖人表現的情與一般人不一樣，聖人體無，當他表現出情的時候，並不會像一般人一樣會被外物牽累，他雖然有情，但實際上卻沒有一點執著。	❶主張聖人無情。以為一般人在接物時，所表現出的喜、怒、哀、樂，係為有為的表現。 ❷以貴無的角度來看，無既為萬物的根本，萬物的根本與萬物的關係是無為的，因而體無之聖人自是以無接物，不會產生有一般人接物時表現出的喜、怒、哀、樂之情。

崇本息末

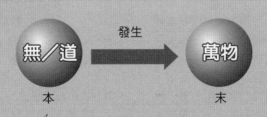

發生

無／道 → 萬物

本   末

❶無生萬物。是以，無與萬物的關係，無為本、萬物為末。
❷先秦儒、墨、法等各家思想，為末學，皆著重以萬物為所思對象，對於全體之道無法掌握完全，只片面地認識道。
❸為學不應捨本逐末，應以萬物之根本為對象。

UNIT 4-6
言意之辨

魏晉言意之辨的哲學論題可謂人物品評之哲學論題的延伸，旨在探討「言」與「意」的究竟關係。《三國志・荀彧傳》裴松之《注》引何劭對於荀粲的傳文：「粲諸兄並以儒術論議，而粲獨好言道，常以為子貢稱夫子之言性與天道，不可得聞，然則六籍雖存，固聖人之糠秕。粲兄侯難曰：『《易》亦云聖人立象以盡意，繫辭焉以盡言，則微言胡為不可得而聞見哉？』粲答曰：『蓋理之微者，非物象之所舉也。今稱立象以盡意，此非通于意外者也；繫辭焉以盡言，此非言乎繫表者也；斯則象外之意、繫表之言，固蘊而不出矣。』及當時能言者不能屈也。」荀侯與荀粲這對兄弟曾經對於「語言是否能夠表意」有過辯論，從這一段文字來看，荀侯的看法為何恐怕難以得知；但是可以知道荀粲認為語言完全不能夠表達意。王弼對此論題的看法不像荀粲那樣極端，他並不反對語言具有表意的功能，但強調要真正得意必須要能夠忘言、忘象。

（一）言不表意

就以何劭的文字推測，荀侯與荀粲所談論的「意」，指的是形而上的實體或原理，而他們對於語言的討論，範圍不只是文字，而是採取廣義的說法。荀侯與荀粲談及的語言包含「言」、「象」、「辭」等所有的文字或符號。

在荀粲來看，引子貢「夫子之言性與天道不可得聞」主張六籍乃是聖人之糠秕，荀粲認為語言是無用的，任何的語言型態都完全無法表達性與天道等形而上的實體或原則。魏晉思想家多認為語言無法完全表達形而上的實體或原理，荀粲的主張明顯不同於言意之辨的一般看法。

（二）忘言忘象以得意

《周易略例・明象篇》云：「夫象者，出意者也；言者，明象者也。盡意莫若象，盡象莫若言。言生於象，故可尋言以觀象；象生於意，故可尋象以觀意。意以象盡，象以言著。」王弼認為「言」、「象」與「意」具有程序上的發生關係，言因象而有、象因意而有，即意與象、言具有本與末的關係。因此就此三者在發生的程序來看，吾人進行理解當然可以藉由通過「尋言觀象」以至「尋象觀意」的歷程求得形而上的實體或原理。

不過，王弼認為吾人若僅只是通過「尋言觀象」以至「尋象觀意」的認識歷程將無法完全得意。《周易略例・明象篇》有云：「是故存言者，非得象者也；存象者，非得意者也。象生於意，而存象焉，則所存者乃非其象也；言生於象，而存言焉，則所存者乃非其言也。然則忘象者，乃得意者也；忘言者，乃得象者也。得意之在忘象，得象之在忘言。故意象以盡意，而象可忘也；重畫以盡情，而畫可忘也。」王弼指出「言」是為了明「象」而有、「象」是為了明「意」而有，言與象會限制人的認識活動。吾人在尋求把握形而上的實體或原理的歷程中，在藉由言、象求意的同時，必須要能夠得象忘言、得意忘象，不局限於象與言、超越象與言，才能夠對於具有形而上意涵的無有真正的把握。

荀粲與王弼對於言與意關係的看法

	荀粲	王弼
言是否能夠表意	❶主張言完全無法表意。認為任何的文字或符號皆完全無法表達形而上的實體或原則。 ❷依據子貢以為夫子之言性與天道不可得聞的說法，主張六籍係為聖人之糠秕。 ❸對於言是否能夠表意的問題，荀粲的觀點可以說是一種極端的型態。	❶相對於荀粲的看法，一般的看法則以為言無法完全表意，王弼便是持這樣的看法。 ❷言、象、意三者就發生上的關係而言，言因象而有、象因意而有，吾人可以由言來得象、由象來得意。不過，語言無論是再如何地精確表其對象，終究還是無法完全。 ❸任何文字或符號都有它的限制，是以不能夠完全表意。

言、象與意

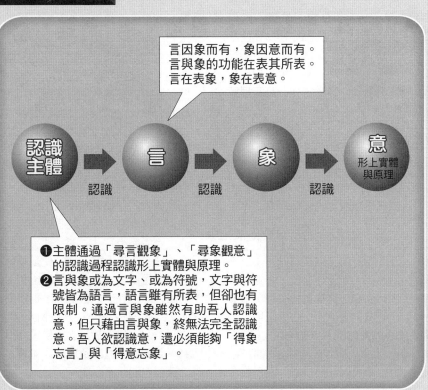

言因象而有，象因意而有。
言與象的功能在表其所表。
言在表象，象在表意。

認識主體　→　言　→　象　→　意 形上實體與原理

認識　　　認識　　　認識

❶主體通過「尋言觀象」、「尋象觀意」的認識過程認識形上實體與原理。
❷言與象或為文字、或為符號，文字與符號皆為語言，語言雖有所表，但卻也有限制。通過言與象雖然有助吾人認識意，但只藉由言與象，終無法完全認識意。吾人欲認識意，還必須能夠「得象忘言」與「得意忘象」。

UNIT 4-7
裴頠

裴頠（西元二六七至三〇〇年）字逸民，河東聞喜（今山西聞喜）人，善談《老子》與《易經》，何晏與王弼主貴無之論，裴頠則主張「崇有」，旨在批評貴無思想。裴頠《崇有論》云：「觀《老子》之書，雖博有所經，而云『有生於無』，以虛為主，偏立一家之辭，豈有以而然哉！」裴頠認為世間的萬物、一切的有必須自於有，所謂「有生於無」、將無說成是一切有的來源之說法根本說不通。就思想史的意義而言，裴頠崇有之說旨在力振禮制的價值，認為貴無思想實為當時社會滿是荒誕言行的禍源。不過，由他批判貴無說的內容來看，裴頠將貴無說所謂的「無」理解為「空無」、「虛無」之意，然而貴無說所謂的「無」卻是有、是實，之所以將「無」代「有」是為了與一般的「有」分別；是以，裴頠秉於「有不能來自空無、虛無」的思維立場，對「貴無」展開的批判內容其實並非真正理解貴無說的批判。

（一）有自有而生

對於有的發生，裴頠《崇有論》提出有來自於有而非無的看法：「養既化之之有，非無用所能全也。理既有之眾，非無為所能循也。心非事也，而制事必由於心；然不可以制事以非事，謂心為無也。匠非器，而制器必須於匠；然不可以制器非器，謂匠非有也。」並結論道：「由此而觀，濟有者皆有也，虛無奚為於已有之群生哉！」心、匠與事、器具有因果上的關係，雖說心、匠與事、器不同類，因而不可說心是事、匠是器，但也不可因此而說心、匠是無，實際上它們仍然是有。裴頠《崇有論》

表示：「夫至無者無以生，故始生者自生也。」裴頠以「自生」說明「有」的發生，「有」是自有、自生的，他反對在一切有之上另外立「無」作為一切有的根本。

（二）力振禮制

裴頠對於魏晉不守禮制、言行放蕩的風氣深感痛惡，認為社會風氣所以至此乃是貴無所生之弊，因而力倡崇有，並由他的崇有立場論證出禮制存在的必要性。《崇有論》云：「夫品而為族，則所稟者偏。偏無自足，故憑乎外資。是以生而可尋，所謂理也。理之所體，所謂有也。有之所須，所謂資也。資有攸合，所謂宜也。擇乎厥宜，所謂情也。識智既授，雖出處異業，默語殊塗，所以寶生存宜，其情一也。」裴頠認為若由整體的角度觀之，則一切的有都是有所偏、無法自足的，因而一切的有彼此間都必須憑藉其他的有才能夠存在。一切的有彼此之間相互支持的關係具有規律性，此規律為「理」。對於一切的有而言，凡是能夠合於它們的需要的叫做「宜」，是以一切的有皆會去選擇自己的需要，此番選擇則稱為「情」。

每個人的行為雖然不同，但是就同身為人的角度來說，人的「情」都是一樣的，因而必須有共同的「理」，此共同之「理」落於人群而言，便是維繫人群秩序的禮制。《崇有論》提出：「賤有則必外形，外形則必遺制，遺制則必忽防，忽防則必忘禮。禮制弗存，則無以為政矣。」痛斥貴無之說使人外形、遺制、忽防、忘禮以致於無政可言，社會之風俗也因此而敗壞。

有自有而生

崇有說

→ 反對

貴無說
❌

❶錯解貴無思想，以為貴無之說的無是虛無、空無。

❷主張有必然是來自於有，不可能來自於無，反對將無視為萬物的根本。

❸旨在維護禮制，反對貴無之說對於禮制造成的破壞。

禮制的重要

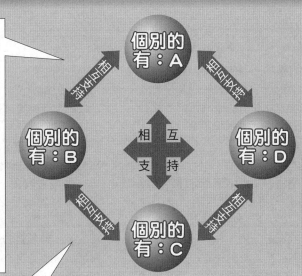

❶個別的有是無法自存的，個別的有必須獲得其他個別的有的支持，才能夠存在。

❷個別的有，在彼此相互支持的關係中顯示之規律性，為理。

個別的有：A

個別的有：B

個別的有：D

個別的有：C

相互支持

相互支持

相互支持

相互支持

相互支持

❸禮制為禮的具體化，而每個個別的人需要的，為情的對象。
❹是以，禮制對於人是重要的，失去禮制的社會，將風俗敗壞、政治難成。

UNIT **4-8**
阮籍

《水經・清水注》記載：「魏步兵校尉阮籍，中散大大譙國嵇康，晉司徒河內山濤，司徒琅王戎，黃門郎河內向秀，建威參軍沛國劉伶，始命太守阮咸等，同居山陽，結自得之遊，時人號之為竹林七賢。」阮籍、嵇康、山濤、王戎、向秀、劉伶與阮咸七人史稱為竹林七賢，竹林七賢為名理派晚期人物，他們的思想現今僅存有阮籍、嵇康與向秀三人。今有學者以為竹林七賢未嘗同時住在山陽，他們的交遊關係實可分為兩組：一是以阮籍為主，從遊者有阮咸、王戎、劉伶；一是以嵇康為主，從遊者有向秀、山濤。

阮籍（西元二一〇至二六三年）著有《樂論》、《通老論》、《通易論》、《達生論》以及《大人先生傳》。阮籍對於儒家的態度是矛盾的，他一方面與何晏、王弼等名理派前期人物對於儒道進行會通的嘗試一樣，認為儒家的禮樂係維持社會秩序必須的機制，嘗試結合儒道二家；但另一方面對於儒家又有著拒斥的態度，反映了莊子的精神，反對儒家的禮法，崇尚精神上的自由。

（一）名教

阮籍《樂論》中肯定劉子在問時所說的「夫禮者，男女之所目別，父子之所目第，百姓之所目平。為政之具，靡先於此。故安上治民，莫善於禮也」一段話。禮教能夠維持社會秩序，在此，阮籍對於儒家其實是肯定的。其《易通論》則主張「立仁義以定性」、父子有親、君臣有序等儒家思想。

阮籍與何晏、王弼同樣有會通儒道的言論。《通老論》云：「道者，法自然而為化。侯王能守之，萬物將自化。易謂之太極，春秋謂之元，老子謂之道。」說「太極」、「元」與「道」為同一，又說「道」為自然，阮籍明顯是以老子的道來會通儒道二家。

（二）自然

阮籍肯定儒學且嘗試會通儒道的思想，到了後期有了轉變。阮籍在《大人先生傳》痛斥禮法所帶來的禍害：「今汝尊賢以相高，競能以相尚爭勢以相君，貴寵以相加，驅天下以趣之，此所以上下相殘也。竭天地萬物之至，以奉聲色無窮之欲，此非所以養百姓也。於是懼民之知其然，故重賞以喜之，嚴刑以威之，財匱而賞不供，刑盡而罰不行，乃始有亡國戮君潰散之禍。此非汝君子之為乎？汝君子之禮法，誠天下殘賊危亡之術耳，而乃以為善行不易之道，不亦過乎？」在此，阮籍不認為禮法能維持社會秩序，禮法其實是滿足私人之欲的工作，是使國遭亡、君遭戮的禍因。阮籍的矛盾，其實是來自他不滿當時社會而改變了他對於儒家原有的態度。

《達生論》云：「天地生於自然，萬物生於大地。自然者無外，故天地名焉；天地者有內，故萬物生焉。當其無外，誰謂異乎？當其有內，誰謂殊乎？」還說：「自然一體，則萬物經其常。」面對名教的危險，阮籍認為天地與萬物皆生於自然，而且天地與萬物皆在自然裡，無一例外，因而萬物皆是平等的。自然為一切發生的根源，亦為人生的歸處，所有禮法皆是人為，他反對禮法對人的種種限制，追求完全不受禮法束縛的絕對自由。

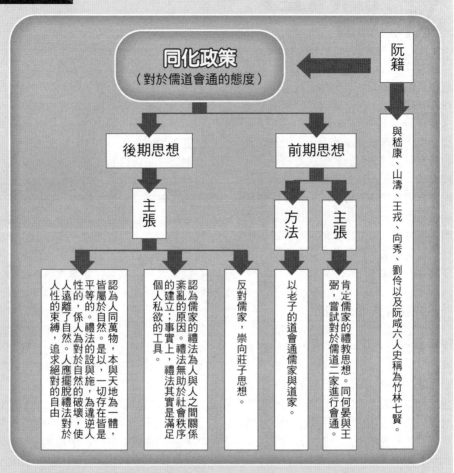

同化政策
（對於儒道會通的態度）

阮籍
與嵇康、山濤、王戎、向秀、劉伶以及阮咸六人史稱為竹林七賢。

後期思想

主張

認為人同萬物，本與天地為一體，一切存在皆是平等的關係。以一切存在皆是自然的。禮法的設立與施行，皆為達逆人性的，破壞對於使人性遠離自然，追求絕對擺脫禮法對於人性的束縛，追求絕對的自由

認為儒家的禮法為人與人之間關係紊亂的原因；禮法無助於社會秩序的建立；事實上，禮法其實是滿足個人私欲的工具。

反對儒家，崇向莊子思想。

前期思想

方法

以老子的道會通儒家與道家。

主張

肯定儒家的禮教思想，嘗試對於儒道二家進行會通。同何晏與王弼，肯定儒家的禮教思想。

知識補充站 ★阮籍的矛盾

阮籍嗜酒有名，有關他喝酒的故事很多。阮籍曾有一次為了能夠喝甘美的醇酒，自願由從事中郎降格為校尉，以順利地進出伙房。另外，阮籍前往賣酒的鄰居店鋪裡買酒、飲酒時，只要喝醉酒便乾脆倒臥睡在老闆娘的腳邊。甚至，為母親守喪的時候亦經常吃肉飲酒，一反社會對於守喪期間不得吃肉飲酒的常規，旁人覺得他的行徑離譜，對他有所批評，但阮籍卻依舊神情自若、自顧吃喝。表面上看來，阮籍這些與喝酒有關的怪異行徑與他反禮的態度是一致的，甚至連基本的做人道理都拋掉了。但事實上，阮籍雖在守喪期間喝酒，不過他曾在喝完酒後因為情緒無法再壓抑，頓時爆發而大哭，而他因為母喪藉酒澆愁，導致飲酒過度傷身而不斷口吐鮮血。阮籍是在乎母喪的，吃肉飲酒違反常規的行為，並不是為了反禮，而是為了掩飾心中的思念。其他有違的常的行徑，也許是他用以回應亂世、安身於世的一種方式。

UNIT 4-9
嵇康

嵇康（西元二二三至二六三年）字叔夜，譙國銍人，為竹林七賢之一，著作有〈釋私論〉、〈難自然好學論〉、〈養生論〉、〈答養生論〉、〈明膽論〉與〈聲無哀樂論〉等。與阮籍同為竹林七賢的嵇康對於儒家的看法要比阮籍來得一致，阮籍對於儒家與道家、名教與自然初期抱有會通的態度，而後期卻轉為崇尚莊子的思想，拒斥儒家與名教；而嵇康凡及於儒家的文章皆表達出他對於儒家的強烈批判，認為名教與自然衝突，倡自然、抗名教。

（一）越名教而任自然

對於名教與自然的問題，嵇康認為二者是衝突的，而主張「越名教而任自然」。〈釋私論〉中提到：「夫稱君子者，心無措乎是非，而行不違乎道者也。何以言之？夫氣靜神虛，心不存乎矜尚；體亮心達者，情不繫於所欲。矜尚不存乎心，故能越名教而任自然；情不繫於所欲，故能審貴賤而通物情。」嵇康的「越名教而任自然」以為，依儒家建築於社群中的道德禮法只是相對性的標準依據，雖然具有穩固秩序、凝聚眾人的作用，卻也綑綁了個人的自然生命。嵇康〈難自然好學論〉說到：「六經以抑引為主，人性以從欲為歡。抑引則違其性，從欲則得自然。然則自然之得，不由抑引之六經全性之本，不須犯情之禮律。故仁義務於理偽，非養真之要術；廉謙生於爭，非自然所出也。」六經為凡自詡為儒學者修身所重，嵇康卻以為儒家的六經有違人性、無益自然，凡六經所言皆為偽理。在嵇康來看，凡人之自然生命有其個別性、獨特性，道德禮法的實行只是使得自然生命受到限制，而且一旦道德禮法為有心人利用，將只是成為滿足私利的工具，個人的生命反受到更為不合理的壓迫。

（二）養生

名教是不合理的，吾人應保性全真，使生命能夠自然。〈答養生論〉有云：「人不慮而欲，性之動也；識而後感，智之用也。性動者，遇物而當，足則無餘。智用者，從感而求，倦而不已，故世之所患，禍之所由，常在於智用，不在於性動。」欲為自然本性應物之動，嵇康認為吾人本性應物之動的欲是有一定範圍的，一旦它獲得滿足，欲自然也就消失了；而智是一種添加在應物之欲的精神活動，它本是不必要的，智的發生會使人產出原來生命所不需要的嗜欲。嵇康認為世間之禍所以出現，不是因為吾人生命本然的欲，而是因為加諸於本然之欲的智而產生出的嗜欲，使得人心放逐於不合理、不必要的物欲追求。

對於養生，嵇康發揮了莊子的思想。〈養生論〉表示：「善養生者則不然，清虛靜泰、少私寡欲。知名位之傷德，故忽而不營，非欲而強禁也。誠厚味之害性，故棄而弗顧，非貪而後抑也。外物以累心不存，神氣以醇白獨著。曠然無憂慮，寂然無思慮。又守之以一，養之以和，和理日濟，同乎大順。」深知名位、厚味對於自然人性之害，力主清虛靜泰、守一養和的工夫，使心不累於物，嵇康明指嗜欲之害，吾人養生當養恬淡之心，消除智所生出的不必要的嗜欲。

性之動與智之用

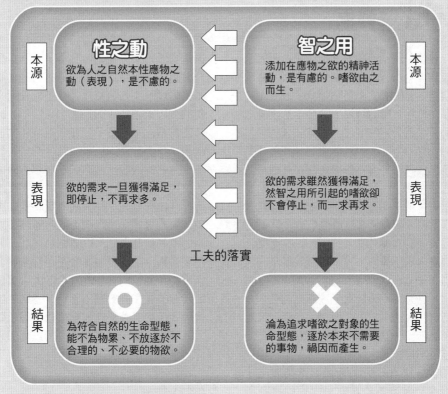

本源 | **性之動** 欲為人之自然本性應物之動（表現），是不慮的。 | **智之用** 添加在應物之欲的精神活動，是有慮的。嗜欲由之而生。 | **本源**

表現 | 欲的需求一旦獲得滿足，即停止，不再求多。 | 欲的需求雖然獲得滿足，然智之用所引起的嗜欲卻不會停止，而一求再求。 | **表現**

工夫的落實

結果 | ○ 為符合自然的生命型態，能不為物累、不放逐於不合理的、不必要的物欲。 | ✕ 淪為追求嗜欲之對象的生命型態，逐於本來不需要的事物，禍因而產生。 | **結果**

第4章 魏晉玄學

 **★聲無哀樂論**

除了主張「越名教而任自然」以及養生的思想，嵇康對於音樂方面的美學思考也極具造詣，〈聲無哀樂論〉是嵇康在這方面的代表著作。〈聲無哀樂論〉對於聲音與哀樂的名實關係、音樂的本質、音樂的審美活動及社會功能等問題皆有探討。儒家認為音樂具有教化的功能，以為音樂與內心的情感具有某種程度的相應關係，透過音樂可以端正個人的情感，有助良好品格的陶成。

對儒家而言，音樂是有哀樂之分的。〈聲無哀樂論〉表示：「音聲之作，其猶臭味在於天地之間。其善與不善，雖遭遇濁亂，其體自若，而不變也。豈以愛憎操哀樂改度哉？」嵇康認為聲音是聲音、情感是情感，聲音與情感是不相同的存在。〈聲無哀樂論〉云：「夫殊方異俗，歌哭不同，使錯而用之，或聞哭而歡，或聽歌而感詠然則哀樂之情均也。」〈聲無哀樂論〉云：「夫言自然一定之物，五方殊俗，同事異號，舉一名以為標識耳。」哀樂為存在於我們內心中的情感，聲音不是情感，聲音為存在於外在的自然屬性，聲音不表現情感。在實際情況中，聲音與哀樂感情的產生具有某種程度的發生關係。對此，嵇康認為聲音確實有引發哀樂情感的作用，具有移風異俗的功能，不過它們彼此具有的發生關係並不是必然的，而是偶然的。相同的聲音供於不同的人聆聽，產生在他們心中的情感不一定相同；相異的聲音供給不同的人聆聽，產生在他們心中的情感不一定不同。環境與個人認知等變因影響著我們對聲音的解讀與感受。

UNIT 4-10
郭象

魏晉名理派前期的玄學思想主要的依據為《老子》，隨著玄學的發展，玄學家們主要依據的典籍開始有了改變，約半在竹林七賢的時候，《莊子》逐漸取代了《老子》的地位，當時注《莊子》的人有許多，其中以郭象的《莊子注》最具代表性。而思想史上存在一則有關郭象《莊子注》的公案。《世說新語》記載：「初注莊子者數十家，莫能究其旨要。向秀於舊注外為解義，妙析奇致，大暢玄風。唯〈秋水〉、〈至樂〉二篇未竟而秀卒。秀子幼義遂零落，然猶有別本。郭象者，為人薄行，有儁才，見秀義不傳於世，遂竊以為己注，乃自注〈秋水〉、〈至樂〉二篇，又易〈馬蹄〉一篇，其餘眾篇或點定文句而已。」根據《世說新語》，郭象自己只注了〈秋水〉與〈至樂〉兩篇而已，根本來說是郭象竊取了向秀的《莊子注》。不過，《晉書·向秀傳》卻說郭象的《莊子注》是以向秀的《莊子注》為基礎的發展，並非全是抄襲。今人對於向秀與郭象此項關於《莊子注》的公案，大多採以對照向秀《莊子注》的佚文與郭象《莊子注》的內容而傾向於《晉書》的看法。

（一）隱解

郭象的《莊子注》顯示出玄學的發展由《老子》的探討轉向對《莊子》的理會的軌跡。相對於其他人對於《莊子》注解的方式，郭象《莊子注》極具特色，除了純粹文字的工作，他還藉由注《莊子》發揮他對於《莊子》的理會。《晉書·向秀傳》提到：「莊周著內外數十篇，歷世方士，雖有觀者，莫適論其旨統也。秀乃為之隱解。發明奇趣，

振起玄風，讀之者超然心悟，莫不自足一時也。」所謂「隱解」是指對於《莊子》的理解不是直接以《莊子》表面文句的意思來進行，而是直指《莊子》的真正實意。在《莊子》裡頭有許多寓言故事，「隱解」等於是認為《莊子》真正要傳達的內容，並非顯示在眾人面前的文字，而是隱藏在表面文字背後的道理。由於《莊子注》同時反映了向秀與郭象的思想，是以向秀的「隱解」亦為郭象的解莊方式，郭象認為《莊子》想要告訴世人的實義其實正是位處於表面文句所顯示的言外之意。基此，郭象的《莊子注》能夠別出心意；不過，卻也因此使得《莊子注》變成只是郭象以《莊子》注自己讀《莊子》所以為的思想之作品。

（二）無無

《莊子注》對於「無」的解讀，便與《莊子》不相合。「無」是老莊思想的重要概念，「無」並非指虛無、空無的意思，而是超越於相對之別的「有」的另一種絕然實有，老莊以為有與「無」的關係，是有生於「無」。而郭象卻認為「無不能生有」，他將原本具有實有之義的「無」給刪掉了。例如郭象對於《莊子·齊物論》「夫以萬常物不同而使其自己也」一段話便這樣注解：「無既無矣，不能生有，有之未生，又不能為生。」另外對《莊子·知北遊》「無古無今，無始無終」一段話，郭象解釋為「非唯無不得化而為有也，有亦不得化為無矣。是以有之為物，雖千變萬化，而不得一為無。不得一為無，故自古無未有之時而常存也。」明顯將「無」作虛無、空無來把握。

《莊子》與郭象《莊子注》

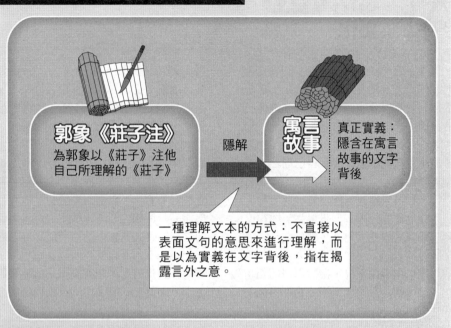

郭象《莊子注》
為郭象以《莊子》注他
自己所理解的《莊子》

隱解

寓言故事

真正實義：
隱含在寓言
故事的文字
背後

一種理解文本的方式：不直接以
表面文句的意思來進行理解，而
是以為實義在文字背後，指在揭
露言外之意。

有不可來自無

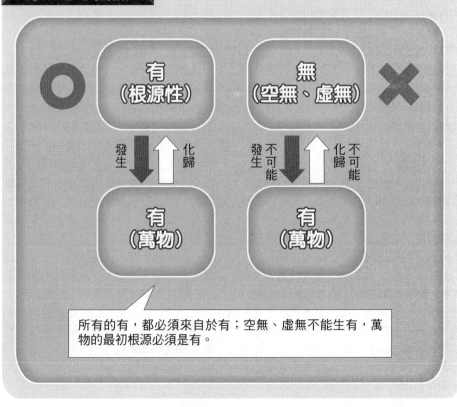

有
（根源性）

○

無
（空無、虛無）

✕

發生　化歸

有
（萬物）

發生　化歸
不可能　不可能

有
（萬物）

所有的有，都必須來自於有；空無、虛無不能生有，萬
物的最初根源必須是有。

UNIT 4-11
獨化

郭象《莊子注》對於「無」的看法與老莊的原意不相合，他的「獨化」思想是以對於無與有的新意解讀為基礎而有的發揮。郭象注〈齊物論〉指出：「自生耳，非我生也。我既不能生物，物亦不能生我，則我自然矣，自己而然，則謂之天然。」「故造物者無主，而物各自造。物各自造而無所待焉，此天地之正也。故彼我相因，形景俱生，雖復玄合，而非待也。」另外，郭象在注〈大宗師〉還表示：「然則凡得之者，外不資於道，內不由乎己，掘然自得而獨化也。」所謂「我不能生物，物亦不能生我」既跳過一般對於萬物存在彼此間具有的因果關係思維，在郭象的獨化思想中，萬物是無待的，萬物不因於其他事物而存在，也不受其他事物所造而存在，況且無不能生有，因而萬物在郭象來看是自生自化的。

郭象的獨化思想使《莊子注》對於莊子的「逍遙」一說有著不同的理解，並且在對於自然與名教的問題上，發展出名教與自然合一的主張。

（一）逍遙

「逍遙」為莊子思想中理想生命的生命境界，在《莊子·逍遙遊》裡藉以大鵬與蜩鳩的對話彰顯大知與小知之別，依據《莊子》原文來看，大鵬所顯示的「大知」明顯是指理想生命，而蜩鳩所代表的「小知」則是指一般人的生命。大鵬所以從鯤轉成鳥，奮力振翅朝向南冥飛去，目的是為了逍遙；而相形之下蜩鳩僅具小知而不知逍遙真義，因而笑看大鵬的舉止。

對於大鵬與蜩鳩的寓言故事，郭象注解為：「夫小大雖殊，而放於自得之場，則物任其性，事稱其能，各當其分，逍遙一也，豈容勝負於其間哉！」「苟足於性，則雖大鵬無以自貴於小鳥，小鳥無羨於天地，而榮願有餘矣。故大小雖殊，逍遙一也。」郭象以為大鵬與蜩鳩皆可得有逍遙。郭象指出：「天地以萬物為體，而萬物必以自然為正。自然者，不為而自然者也。故大鵬之能高，斥鴳之能下，椿木之能長，朝菌之能短，凡此皆自然之所能，非為之所能也，不為而自能，所以為正也。」萬物皆自化自生，無有高下之低、貴賤之別，因而莊子故事中的大鵬與蜩鳩在郭象看來僅具有結構及能力上的差異，而不具有境界上的差別。一物倘能順其自然而成、不為而能的性，即所謂的逍遙。

（二）自然與名教合一

郭象的「自然」只是自然界，而不是莊子的超越時空的自然，因而他所理解的逍遙便與莊子的逍遙不相應。不過，郭象對於自然與逍遙的理解，卻為魏晉自然與名教的問題提供了一種可能的解決方式。郭象注〈逍遙遊〉時指出：「夫聖人雖在廟堂之上，然質愈無異於山林之中，世豈識之哉？」另外，在注〈大宗師〉時則表示：「故聖人常遊外以宏內，無心以順有，故雖終日揮形，而神氣無變，俯仰萬機，而淡然自若。」一般人看聖人以為有為，其實聖人在廟堂上的作為只是順其性的表現，是無為、是自然的。聖人雖忙於朝政，但其內心卻是逍遙自得，郭象認為自然與名教並不衝突。

獨化思想

《莊子》以「大鵬與蜩鳩」的寓言故事譬喻人有大知與小知的不同。具大知者，可逍遙；若人要入逍遙之境，必須去除小知。

《莊子注》則以為《莊子》「大鵬與蜩鳩」寓言故事中的大鵬與蜩鳩，雖然身軀大小不同，但就逍遙這點來看，都是一樣的。

主張

萬物皆是自生自化的，凡一物若能順其自然而能、不為而成的性，便能夠逍遙。

根據

❶無不能生有。
❷忽略萬物彼此存在著因果關係的事實，主張「我不能生物、物不能生我」，萬物彼此不存在著因果關係。加上無不能生有；是以，所有的存在皆為自生自化的。

自然與名教

名教 ←— 不相衝突 —→ 自然　聖人

聖人生命已入自然之道，他有為的行為，是順自然之性的表現；是以，雖位宮室、忙於朝政，其內心逍遙自得。自然與名教二者不相衝突。

UNIT **4-12**
神仙之學

從歷史的角度來分析，東漢桓帝時候，張道陵的道教後來所以能夠站穩成為中國一大宗教，甚至成為今天中華民族的主要宗教之一，實歷經一發展歷程，道教初期只是民間一個自發性的宗教組織，到了北魏太武帝時因為寇謙之的努力轉變成為國教，所以有如此發展可歸因教道符合當時人民心理的需要以及神仙之術的融入。

馬端臨《文獻通考》中指出：「道家之術雜而多端，先儒論之備矣。蓋清淨一說也，煉養一說也，服食又一說也，符籙又一說也，經典科教又一說也。」其實馬端臨的說法，除了清淨一說之外，其餘皆屬於道教；經典科教則是唐代以後才有，煉養與服食合稱丹鼎派，丹鼎派與符籙派二派與道教的發展和完成關係密切。

道教的組織與儀式的形成開始是由創始者張道陵與其子孫張衡、張魯及後繼者傳播，他們將老子視為教主，以《道德經》為寶典，施予百姓符水、符咒以治病且造義倉，這些正好都是身處動盪社會中的人們所需要，因此逐漸深入社會為人們所接受。三張的組織又稱作五斗米道，而自稱賢良大師的張角所組成的太平道，亦事奉老子，並且施予百姓以符水咒語治病。符籙派使得道教組織在發展上漸趨完整，不過道教的義理則完備於丹鼎派的魏伯陽以及葛洪的神仙思想。

（一）長生

神仙之學起源甚早，可追溯至先秦時期。所謂神仙之學旨在藉修煉之術使生命成就神仙境界。神仙思想與道家有著密切關係。老莊思想強調養生，如《老子》云：「蓋聞善攝生者，陸行不遇兕虎，入軍不被甲兵。兕無所投其角，虎無所措其爪，兵無所容其刃，夫何故？以其無死地。」（第五十章）老子認為善養生者能夠無欲，故能無死地。又如《莊子》云：「為善無近名，為惡無近刑。緣督以為經。可以保生，可以養親，可以盡年。」以為吾人理當無為善、無為惡，無為善使吾人之真生命不受善名所累，無為惡使人免於刑，吾人由此可以得真正的逍遙。老莊的養生思想則被莊子後學進一步解讀變成對於長生觀念的重視，如《莊子·在宏篇》有云：「無視無聽，抱神以聽，形將自正。必靜必清，無勞女形，無搖女精，乃可以長生。目無所見，耳無所聞，心無知，女神將守形，形乃長生。」神仙之學遂將老莊的長生思想結合於其思想中。

（二）內丹與外丹

神仙之學將老莊理解成為重長生，在如此理解框架之下，原本老莊作為譬喻或象徵之意的段落就成為對於理想生命的事實描述。例如《莊子·逍遙遊》說「藐姑射之山，有神人居焉，肌膚若冰雪，綽約若處子，不食五穀，吸風飲露，乘雲氣，御風龍而遊乎四海之外。」這是對於真人生命的實然描述。真人也就是神仙，為了能夠成就神仙之境，神仙之學發展出內丹與外丹二種方法。所謂外丹之法係指以運用化學知識將各種礦物熔在一塊提煉出的金丹，認為人若服用後可以成仙；而內丹係指運用老莊的長生之法與《易經》的學說將吾人生命裡頭先天的金性加以修煉成為金丹。

練外丹

練內丹

❶道教丹鼎派具神仙思想，其融合了老莊思想中的長生觀念，強調人藉由外丹以及內丹之術而成仙。

❷外丹係指運用化學知識將各種礦物熔在一塊所提煉出來的丹藥。

❸內丹是指運用老莊思想中的長生之法及《易經》學說，將人生命中的金性修煉成為金丹。

❹外丹煉就成以提供服用，同時配有修成內丹，則人能夠由有死轉變成為仙而不死。

UNIT 4-13
魏伯陽

魏伯陽，生卒年不詳，相傳為東漢人，不過就其著作《參同契》一書的文體與內容來看，將《參同契》歸屬於魏晉時代道教思想較成熟的作品似乎比較恰當。《參同契贊序》有云：「惟曉大象，必得長生，強己益身，為此道者，重加意焉。」《參同契》屬神仙之學，為道教重要經籍，史稱丹經王，全書記載延年益壽以及長生不死的內丹和外丹之法以及相關學理。俞琰《周易參同契》指出：「參，三也；同，相也；契，類也。謂此書借大易以言黃老之學，而又與爐火之事相類，三者之陰陽造化殆無異也。」朱雲陽《參同契闡幽》以為：「仙翁悲憫後學，慨然著《參同契》一書。本大易乾坤坎離之象，假丹家龍虎鉛汞之名，而歸本於黃帝老子盡性至命之旨。」《參同契》的學理基礎為《易經》、老莊以及丹道，魏伯陽認為《易經》揭示的變易法則、老莊的思想智慧與丹道的修煉方式三者其實在原理上是相同的。

(一) 煉氣

魏伯陽《參同契》認為天與人相通，凡大宇宙的結構、運行變化之道與作為小宇宙的人是一樣的，其間有著共同不變的理，吾人若能通曉此共同之理便能夠「偷造化之機」以煉丹。

《參同契》有云：「元精雲布，因氣託初，陰陽為度，魂魄所居。」《周易參同契考異》解釋：「元精者，元氣也。元氣生於陰陽。陰陽，精為萬物，人則天地之中一物耳。」魏伯陽認為人是陰陽二氣交感而生成，因而煉氣係求長生的關鍵。有關於煉氣的方式，《參同契》云：「耳目口三寶，固塞勿發揚。」耳目口與外物接而應物，容易為外物所影響，魏伯陽主張煉氣必須將吾人生命與外物相接時的五官固塞住，藉由固塞之法使五官不為外物所累，由陰陽二氣組成之精氣便能不為外在事物所牽累。魏伯陽的煉氣方法實源自《老子》的「塞其兌，閉其門，挫其銳，解其紛」（第五十六章），吸收了老莊無欲、無思的思想。

(二) 返

魏伯陽之煉氣係採道家返樸歸真的思想。朱雲陽《參同契闡幽》云：「常道行，俱從順生，如金生水、木生火之類。順流無制，必至精炁耗散，去死不遠，生機轉作殺機。所謂生者死之根也。丹道之五行，全用逆轉，如流珠是木龍，卻從離水中取出；金華本是金虎，卻從坎水中取出。水火互藏，金木顛倒，方得歸根復命，劫外長存。殺機轉作生機，所謂死者生之根也。」與《老子》思想相對照，《參同契》的煉氣思想既「反者道之動，弱者道之用」（《老子》第四十章）中「返」思想的運用。所謂「順」係指順隨生命之生、老、病、死的自然現象，而「逆」是相對於「順」，是逆於自然現象，魏伯陽以為順則生、生則死，生為死之根，若生命按其自然現象而行，吾人之精氣將愈為耗弱，生命也就距死不遠。魏伯陽主煉氣在固塞耳目口等五官之於外物原本會有的自然關係，便是對於老子「返」的思想發揮。除了固塞五官之外，魏伯陽還將老莊靜篤、凝神、守一以及虛寂等思想融合於他的思想中，也都是「返」的表現。

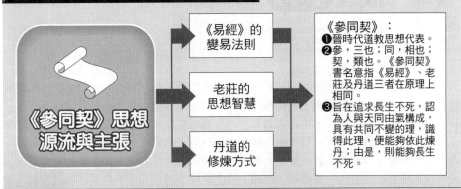

《參同契》思想源流與主張

《參同契》思想源流與主張 →
- 《易經》的變易法則
- 老莊的思想智慧
- 丹道的修煉方式

→ 《參同契》：
❶晉時代道教思想代表。
❷參，三也；同，相也；契，類也。《參同契》書名意指《易經》、老莊及丹道三者在原理上相同。
❸旨在追求長生不死，認為人與天同由氣構成，具有共同不變的理，識得此理，便能夠依此煉丹；由是，則能夠長生不死。

返

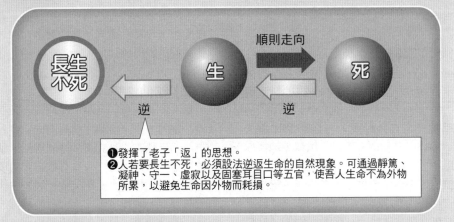

長生不死 ← 生 → 順則走向 → 死
生 ← 逆 ← 死
長生不死 ← 逆

❶發揮了老子「返」的思想。
❷人若要長生不死，必須設法逆返生命的自然現象。可通過靜篤、凝神、守一、虛寂以及固塞耳目口等五官，使吾人生命不為外物所累，以避免生命因外物而耗損。

知識補充站 ★魏伯陽的故事

葛洪《神仙傳》：「後與弟子三人入山作神丹，丹成，弟子心不盡，乃試之曰：『此丹今雖成，當先試之。今試飴犬，犬即飛者，可服之，若犬死者，則不可服也。』伯陽入山，特將一白犬自隨。又有毒丹，轉數未足，合和未至，服之暫死。故伯陽便以毒丹與白犬，食之即死。伯陽乃問弟子曰：『作丹惟恐不成，丹即成，而犬食之即死，恐未合神明之意，服之恐復如犬，為之奈何？』弟子曰：『先生當服之否？』伯陽曰：『吾背違世俗，委家入山，不得仙道，亦不復歸，死之與生，吾當服之耳。』伯陽乃服丹，丹入口即死。弟子顧相謂曰：『作丹欲長生，而服之即死，當奈何？』獨有一弟子曰：『吾師非凡人也，服丹而死，將無有意耶？』亦乃服丹，即復死。余二弟子乃相謂曰：『所以作丹者，欲求長生，今服即死，焉用此為？若不服此，自可數十年在世間活也。』遂不服，乃共出山，欲為伯陽及死弟子求市棺木。二人去後，伯陽即起，將所服丹內死弟子及白犬口中，皆起。弟子姓虞。皆仙去。因逢人入山伐木，乃作書與鄉裏，寄謝二弟子。弟子方乃懊恨。」魏伯陽將煉好的神丹給狗服用，狗卻死了。魏伯陽與其中一位弟子見狀後仍堅持服丹，其餘二位則害怕服用，後來魏伯陽、弟子與狗都升上了天，未服用的弟子則十分後悔。

UNIT 4-14
葛洪

　　葛洪（西元二七八至三五九年）字稚川，丹陽句容人，為道教思想中最具影響力的人物。葛洪博覽群書，晚年喜好神仙導養之術，著作繁多，現存著書有《抱朴子》、《神仙傳》以及《肘後備急方》，其中以《抱朴子》一書最為著名。《抱朴子》分有內、外兩篇，為道教重要經典，書中整理了戰國以來道教各種的神仙理論，此書有許多思想承襲自儒家、道家以及佛教思想。

（一）玄與一

　　「玄」與「一」為葛洪形上思想的重要概念。葛洪依據老子的思想而說「道」，《抱扑子·地真篇》云：「道起於一，其貴無偶，各居一處以象天地，故曰三一也。天得一以清，地得一以寧，人得一以生。」便是取自老子所謂「道生一、一生二、二生三、三生萬物」而有的發揮。對於「道」，葛洪常以「玄」與「一」來說。例如《抱朴子·暢玄篇》有云：「玄者，自然之始祖，萬物之大宗也。眇眇乎其深也，故稱微焉。綿邈乎其遠也，故稱妙焉。」以「玄」說「道」，視「玄」為自然始祖、萬物大宗。又例如《抱朴子·暢玄篇》有云：「一能成陰生陽，推步寒暑。春得一以發，夏得一以長，秋得一以收，冬得一以藏。其大不可以六合階，其小不可以毫芒比也。」以「一」說「道」，視「一」為萬物生發之根本。

　　葛洪的「玄」與「一」不同於老子的「道」，葛洪除了承襲老子以道作為萬物的本體，認為萬物的生化皆根自於道的思想外，他還將老子的思想予以宗教化。例如《抱朴子·地真篇》云：「人能守一、一亦守人。所以白刃無所措其銳，百害無所容其凶，居敗能成，在危獨安也。……若忽偶忘守一，而為百鬼所害。」葛洪的「一」為一具有意志的神祇，可為信奉者消災解厄。葛洪認為萬物係由創造者元君所造，元君與「道」同一，為真道。道教為多神信仰，在元君之外還有其他的神，《抱朴子·對俗篇》云：「至於彭老猶是人耳，非異類而壽獨長者，由於得道，非自然也。」葛洪視老子為道教神仙，老子係因悟道而成仙。

（二）成仙之方

　　葛洪以為若想要長生、成仙則必須通過一定的方法、步驟才能夠完成，這些方法、步驟有心誠立志、博聞得師、積善得福、煉氣服丹、少私寡欲等。人要成仙必須先相信人能夠成仙，並經由後天的努力，發揮自己先天稟有的神仙之氣。博覽群書、覓得名師將有助個人得到成仙的要訣，而金丹的服用、積善、少私寡欲皆是有用的方法。葛洪說的少私寡欲的成仙方法明顯取自老子思想。如《抱朴子·釋滯篇》云：「其事在少思寡欲，其業在於全身久壽。」又例如《抱朴子·道意篇》云：「俗人不能識其太初之本，而修其流淫之末，人能淡默恬愉，不染不移，養其心以無欲，頤其神以粹素，掃滌誘慕，收之以正，除難求之思，遣害真之累，薄喜怒之邪，滅愛惡之端，則不請福而福來，不禳禍而禍去矣。」皆與《老子》的工夫同。人若能夠少思寡欲，則吾人生命的本真便能夠不為欲、物所害，自然能夠引福去禍，能夠長生進而為神仙。

葛洪的玄、一與老子的道

	葛洪的玄與一	老子的道
相同之處	承襲老子道的思想，以「玄」與「一」說「道」，取老子道生一、一生二、二生三解釋宇宙萬物的發生，視「玄」與「一」為自然之始祖、萬物生發之根本，「玄」與「一」為萬物大宗。	
相異之處	老子的「道」不具有宗教意味，而「一」除為萬物之大宗，還為元君，元君為創造者，即「道」，為具有意志的神祇。	

成仙之方

藉由以下五種方法，可使吾人獲得生命本真、得以長生進而成為吾人神仙：

❶誠立志、博聞得師。
❷積善成德。
❸煉氣服丹。
❹❺少私寡欲。
（葛洪視老子為由人而成的得道神仙，圖為太上老君。）

★葛洪的故事

葛洪一生不乏有做官的機會，但心中不忘的是煉丹，曾經聽聞有個地方出產他煉丹需要的丹沙，便主動要求朝廷外放他去當地任官。《抱朴子》便是在當地從事煉丹實驗時的心得記載。傳聞葛洪在快死的時候曾要鄧嶽前來見他最後一面，鄧嶽聞訊後匆忙趕赴卻只見到已死的葛洪。離世的葛洪身體柔軟，呈坐姿，外表上看起來和活人沒有兩樣。據說葛洪死後羽化成仙，送葬的棺木裡裝的只是葛洪的衣服，不見葛洪的身體。

UNIT 4-15
格義

所謂「格義」意指一種在魏晉時代流行的詮釋佛學思想的方式。僧叡《喻疑論》有云:「漢末魏初,廣陵、彭城二相出家,並能任持大照,尋味之賢,始有講次,而恢之以格義,迂之以配說,下至法祚、孟祥、法行、康會之徒。」「格」為量度,「義」為佛經的正義,「格義」始於漢末魏初,而流行於魏晉時代,此方法以老莊思想作為主要理解佛經的文本。

《高僧傳·竺法雅傳》云:「時依雅門徒,並世典有功,未善佛理。雅乃與康法朗等,以經中事數,擬配外事,為生解之例。謂之格義。及毗浮、曇相等,亦辯格義,以訓門徒。雅風采灑落,善於樞機,外典佛經,遞互講說。」「格義」方法相傳為竺法雅所創,當時翻譯至中國的佛經以般若思想為主,傳授者之所以喜以「格義」為方法可歸因於魏晉時代老莊思想的盛行。當時的玄學思想者愛好清談,嘗交遊在一塊討論,參與討論的成員除了名士之外亦有僧侶,因此老莊與佛教的思想就在這樣的機會下相遇。傳授佛教的人士為了能夠使佛教思想為人們所認識,遂以老莊思想來解讀般若思想。

魏晉時代發展出「六家七宗」的佛教思想皆屬格義佛教。嚴格的說,以老莊解讀般若思想雖然方便,容易幫助人們理解佛教,但是道家與佛教二者思想究竟不同,格義的使用便在僧肇《肇論》批判玄佛合流後逐漸被廢止。魏晉時代的佛教「六家七宗」有:本無宗、本無異宗、心無宗、即色宗、識含宗、幻化宗以及緣會宗;其中以本無宗、心無宗、即色宗三家在當時最具有影響力。

(一)本無宗

道安為此宗代表。吉藏《中觀論疏》有云:「釋道安明本無義,謂無在萬化之前,空為眾形之始。夫人之所滯,滯在未有,若託心本無,則異想便息。……安公明本無者,一切諸法,本性空寂,故云本無。」道安以老子的「無」來解釋般若思想的「空」,以為吾人習慣上以為的實有之物其實皆非真正的實有,一切萬物皆是因緣而生,其本性為空、為無。

(二)心無宗

竺法溫為「心無」的提出者,慧遠《肇疏論》敘述此宗要旨為:「夫有,有形者也,無,無像者也。有像者不可謂無,無形者不可謂有。而經稱色無者,但止其心,不空外色也。但使內止其心,不想外色,則色想廢。」所謂「色」係指一切形色之物。竺法溫將般若思想的「空」解釋為,心若是能夠止息一切,則一切「色」自然也就從心境中消失。

(三)即色宗

代表人物為支道林,嘗注莊子〈逍遙遊〉。吉藏《中觀論疏》云:「明即色是空,故言即色遊玄論。此猶是不壞假名而說實相。與安師本性空故無異也。」認為凡被視為是實有之物者,實有並非是吾人所見,因萬物始終在變化,因而所見的有皆是假有。萬物的真正實有乃隱藏於貌似實有之變動現象的背後,其本性為「空」。吾人能觀悟此理,便具有同莊子之逍遙境界。

格義

魏晉時代的「六家七宗」皆屬格義佛教。在當時以本無宗、心無宗以及即色宗三家最具影響力。

格義：「格」指量度，「義」指佛經的正義。

---

❶內涵：相傳由竺法雅首創，為一種盛行於魏晉時代，詮釋佛學思想的方式。
❷以老莊思想作為詮釋佛教般若思想的文本。

❶成因：魏晉時代老莊思想盛行，因此參與清談的僧侶接觸了老莊，佛教思想與老莊得以相遇。
❷以老莊思想介紹佛教思想，可方便外道人士認識，有助於佛教在中國境內的傳播。

主張本無宗：以道安為代表。習慣上以老子的「無」解釋般若思想的空，認為萬物皆是因緣而生，其本性為空、為無。一切

主張心無宗：將般若空義理解為，心若能止息，則一切形色之物便從心境消失。以竺法溫為代表。

主張即色宗：支道林為代表。萬物始終在變化，凡被視為實有的存在，其實皆為假有的背後。真正的實有為「空」，係隱藏於假有的背後。能觀得此理，便得莊子逍遙的境界。

★反格義

佛教思想之所以能夠在隋唐時代大放異彩，格義佛教扮演了相當重要的角色。佛教於漢朝末年傳入，傳入初期一般人將佛教視同為神仙信仰，佛教的義理進一步獲得中華民族的認識，實歸功於格義的詮釋方式。格義以中國本有經典中的辭彙與義理與佛教經典進行比配，例如北魏曇靖《提謂波利經》以五常、五行、五臟、五方與佛教的五戒相比配。魏晉時期般若思想流行，格義的方法運用使般若思想得到中國式的詮釋，在佛教的傳佈以及華人對其內容的認識二方面，產生出不錯的效果。格義的理解雖然有助於提高異質文化的能見度以及被接受度，但是嚴格來說，格義的使用只是一種理解的方便。從今日看整個佛教在中國發展的歷程，格義佛教其實是走向正確理解佛教義理的過渡階段。若要對於佛教義理有真正認識，則必須能夠以佛法理解佛法。六家七宗是格義佛教盛行的產物，這些宗派雖然自稱以般若思想為思想中心，不過實際上闡發出的義理卻不與般若思想相符、脫離了般若思想的本義。對於格義的詮釋以及六家七宗的義理，道安、僧叡、僧肇等人皆表達不滿與批判，反格義的思維力量便在格義盛行的時代裡逐漸形成，格義的流行也因而逐漸消退。

第 5 章
隋唐佛教

●●●●●●●●●●●●●●●●●●●●●●●● 章節體系架構

UNIT 5-1
隋唐佛教

圖解中國哲學史要略

關於佛教傳入中國的時間，一般斷定在兩漢之際；不過，佛法剛開始常被等同於道家思想。如《後漢書・襄楷傳》記載漢桓帝嘗「立黃老、浮屠之祠」，並以為佛教向眾人揭示的義理同於道家，「此道清虛，貴尚無為，好生惡殺，省欲去奢。」佛教思想其實與道家不同，佛教傳入初期所以與道家思想不分，部分可歸因初期面對完全陌生的思想時容易產生誤解的現象，部分原因則是為了傳播上的方便與順利。此時，為了傳播上的目的，佛教思想甚至與神仙方術結合，例如《高僧傳・安清傳》敘述有從安息來中土傳播佛教的名僧安世高係能「七曜五行醫方異術，乃至鳥獸之聲，無不綜達」。將漢代的佛教發展與魏晉南北朝相作比較，佛教的義理在漢代其實並未真正得到重視。

佛教在魏晉南北朝與隋唐時代才真正獲得重視，魏晉南北朝的佛教發展被稱為翻譯佛教，隋唐時代的佛教被稱作為同化佛教。佛教在中國的發展係經由一段漫長的過程，魏晉南北朝期間的佛經初期有譯經、格義等階段的發展，中期開展出六家七宗的學派風貌，晚期則發展出成實學派、毗曇學派、地論學派、攝論學派與俱舍學派等主要思想。隋唐時代的佛教發展成就輝煌，其中以魏晉南北朝的佛教發展成果為基礎，發展出許多宗派，一方面繼續前代佛經翻譯的工作，另一方面僧侶們結合了中國的傳統思想，以獨有的方式闡揚佛教義理，使得佛教中國化。隋唐佛教的主要宗派有：三論宗、天台宗、法相宗、華嚴宗、律宗、密宗、禪宗與淨土宗等。

（一）印度佛教

中國佛教的發展起源自印度佛教的傳入。所謂印度佛教係指釋迦牟尼所開創的佛教。釋迦牟尼本來是迦毗羅國的太子，他因為有感人生無常的事實，身為領袖的他卻無法使人民脫離因生、老、病、死帶來的苦，因而選擇出家修道以求悟得答案，後來歷經六年的苦行終成大悟，獲無上正覺。

釋迦牟尼生前以講述方式教授弟子佛法，釋迦牟尼在離世之後約二百三十六年中，佛教前後歷經過三次的集結，集結的目的在針對釋迦牟尼所說的法、戒律以及相關延伸出來的問題形成共識。不過，僧侶的理解彼此間終有不同，因而印度佛教開始分裂，發展出小乘佛教以及大乘佛教。

（二）魏晉佛教

魏晉南北朝時代傳入的佛教，有小乘系統，也有大乘系統。當時對於佛經的翻譯，並沒有刻意去選擇小乘或大乘，而此時傳入中國的小乘思想為安世高的禪學系統，傳入的大乘思想為支婁迦讖的般若系統。格義佛教旨在闡明大乘般若的究竟實義，因而小乘系統的思想相形之下比較不為人注意。之所以如此，主要是因為般若思想與當時盛行的玄學在義理有許多地方可相互解釋、發明。以魏晉南北朝之佛教成就為發展基礎的隋唐佛教，在中國化佛教的工作上，也就自然著重在大乘的義理建構。

釋迦牟尼說法

印度佛教的發展

釋迦牟尼歷經六年苦行獲無上正覺，開創佛教，向眾生說法。

分裂

釋迦牟尼離世後約一百多年，佛教產生分裂，開始分為大眾部以及上座部，史稱根本部派；後根本部派又經分裂成為十八部，史稱枝末部派。分裂的原因許多：因於律戒、輪迴流轉等問題。

興起

大乘佛教。依其發展，可分為三個時期：初期大乘時期、後期大乘時期以及密教大乘時期。中國佛教的發展深受大乘佛教的影響。

UNIT **5-2**
緣起思想

圖解中國哲學史要略

印度佛教的發展包括原始佛教、部派佛教以及大乘佛教三個階段，部派佛教的出現，代表了原始佛教中各教團內部團結、對佛法具有一致解釋的結束。原始佛教可分前、後二期，前期稱為根本佛教，時期大約是釋迦牟尼在世至他入寂後三十年的這一段時間；後期稱狹義的原始佛教，時間大約是在釋迦牟尼入寂後三十年至一百年左右時僧侶們對於佛學進行討論的第二次集結，共七十年。

（一）此彼相續相賴

《阿含經》與律典為原始佛教義理的代表，其中所載述的義理思想是後來佛教各階段各宗派發展的共同基礎，各宗派在發展上都秉持原始佛教的義理。這些共同的義理思想有：緣起思想、三法印說、四聖諦論、八正道說以及中觀思想。

對於一切的存在，緣起思想以為皆是因於特定條件之聚合而發生的。如《雜阿含經》云：「云何緣起法，謂此有故彼有，此起故彼起。」《中阿含經》云：「此有故彼有，此生故彼生；此無故彼無，此滅故彼滅。」以蘆葦為例，三支蘆葦彼此支撐彼此，蘆葦才得以立，如果拿掉其中一支蘆葦，那麼另外二支必倒而無法續立。緣起思想認為任何事物皆不能夠孤立出現，就好比蘆葦一樣，必須依賴一定的條件。進一步地說，某事物出現所依賴的條件也同樣無法孤立而起，同某物一樣，必須依賴於其他的條件才能夠發生。以緣起思想解讀人生的歷程，有五支、六支、十支和十二支等幾種說法，這些說法中以十二支最為人知，十二支又可稱為十二因緣、十二緣起，吾人若以十二因緣觀人生，將可了解人生現象。

（二）十二因緣

關於十二因緣彼此的關係，《增一阿含經》說到：「所謂無明緣行，行緣識，識緣名色，名色緣六入，六入緣更樂（觸），更樂（觸）緣痛（受），痛（受）緣愛，愛緣受（取），受（取）緣有，有緣生，生緣老死。」十二因緣以老死、生、有、取、愛、受、觸、六入、名色、識、行與無明十二者說明整個人生的過程，十二者彼此的關係乃前者是以後者為因，意即，因以後者為條件才使前者得以出現。

老與死所以出現是因為有生，因為生，才會有老死的現象出現。人之所以生，係因為有（業力），為善有善業、為惡有惡業，業力能夠積聚而引發出後世，人所以有生即過往作為所積業力而致的。取指對於物的追求，業力分為身、口、意三業，業力的出現是因為人對於物欲的追求所致。人所之會取，是因為渴愛的緣故。之所以會有渴愛的表現，則是因為人在與外境接觸時產生的心理感覺作用（受）所導致。心理感覺作用的開始自吾人之身，心與外境接觸時的那一刻。人之所以與外境有接觸，進而產生出受、愛、取等，係因為人具有眼、耳、鼻、舌、身與意等六種能夠感覺的機能，此六者稱為六入。六入是因為名（精神）色（物質）而有，識為名色的主體，識的發生是因為過去的業行所引發的，而業行的出現則是因於不明世間無常、無我的佛理所致。

佛教基本義理

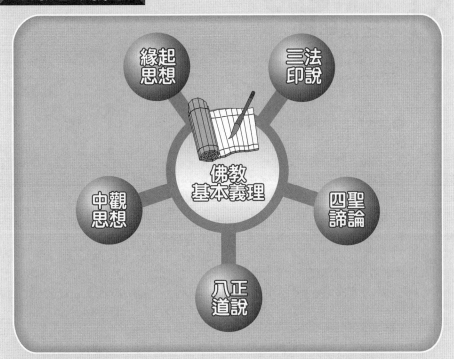

緣起思想　三法印說　中觀思想　佛教基本義理　四聖諦論　八正道說

十二因緣

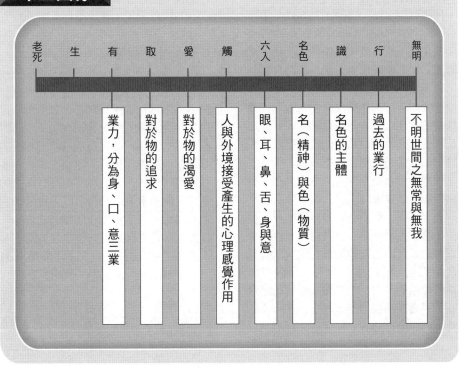

老死	生	有	取	愛	觸	六入	名色	識	行	無明
業力，分為身、口、意三業	對於物的追求	對於物的渴愛	人與外境接受產生的心理感覺作用		眼、耳、鼻、舌、身與意		名（精神）與色（物質）	名色的主體	過去的業行	不明世間之無常與無我

UNIT 5-3
三法印說

三法印說出自於《雜阿含經》。《雜阿含經》云：「一切行無常。一切法無我。涅槃寂靜。」三法印為：❶諸行無常印；❷諸法無我印；❸涅槃寂靜印。《大智度論》記云：「『通達無礙者』，得佛法印故，通達無礙，如得王印，則無所留難。問曰：何等是佛法印？答曰：佛法印有三種：❶一切有為法，念念生滅皆無常；❷一切法無我；❸寂滅涅槃。」印為印璽，所謂的「法印」意指「印記」，三法印為佛法印，為判斷某義理究竟是佛法亦或是外道的準繩。凡是稱為說佛法者，其所說的究竟是不是真正的佛法，可以藉由三法印來判斷，屬佛法者必然能夠與三法印的義理相契，能契合者便是真正的佛法。

（一）諸行無常

所謂「諸行」，係指存在的一切現象，包括所有的精神現象以及物質現象。所謂「常」意永恆不變。諸行無常是說一切的精神與物質現象的發生以及所表現出的變化過程及其結果，皆非永恆不變的。世間種種現象都是因為種種條件的配合之下才能得以出現，就好比花開花落與滄海成桑田的現象。吾人經驗中的一切現象總是生生滅滅，無常住之現象。佛教認為世人的煩惱係在面對諸行無常的現象時，吾人有一執著於常的心，以致於費盡心力於無常的某一現象卻終不可得所願所造成的。對佛教來看，對於世間的正確態度在能夠了解無常的真相，緣起思想說的正是諸行無常所揭示的，人生的種種歷程皆是無常的，吾人當珍惜的不是虛妄、不可能的常，而是生生滅滅之無常現象的當下。

（二）諸法無我

「諸法」係指「萬法」，包括精神與物質在內的一切事物。「我」說的是實體，此實體為永恆不變的。諸法無我是說世間的一切事物皆無存在永恆不變的實體。從緣起思想來看，一切法皆是因緣而生，當條件配合的時候，法便出現；當條件不再的時候，法便跟著消失。諸法無我揭示的真相也說明了人生的現象。一般人會以為自己作為一個人，而非他人，係因為有「我」的存在，縱然自己在外貌、個性、興趣、性別、環境、歷史等各種用來分辨他人與吾人先天或後天的判斷點上毫無差異，吾人還是能夠確定自己與他人不同，是因為吾人以為在自己的生命裡存在著他人所沒有的實體。對此，佛教認為，生命只是色、受、想、行、識等「五蘊」之和合成的現象，無實體存在。

（三）涅槃寂靜

「涅槃」為原梵文的音譯，意思是寂滅、不生、滅度，而「寂靜」為得有涅槃者的狀態。人所以有苦、有煩惱，是因為以為諸行有常、諸法有我。人若能夠斷滅貪、瞋、癡，將能夠斷絕所有的煩惱，而捨離煩惱後的清涼安樂境界便是涅槃。能入涅槃之境者，具有無上的智慧、具有最高的德行，能夠跳離無明以及導因於無明所造成的輪迴之苦。入涅槃者，能悟曉超越經驗之無為法。吾人經驗之法為有為法，乃因緣而生；無為法則無生滅、為絕對的存在。

諸行無常

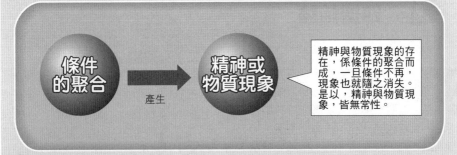

精神與物質現象的存在，係條件的聚合而成，一旦條件不再，現象也就隨之消失。是以，精神與物質現象，皆無常性。

諸法無我

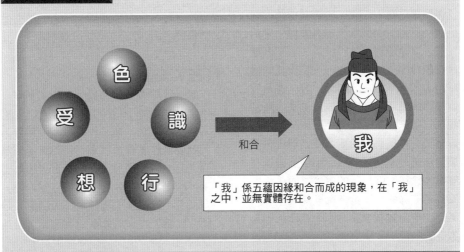

「我」係五蘊因緣和合而成的現象，在「我」之中，並無實體存在。

涅槃寂靜

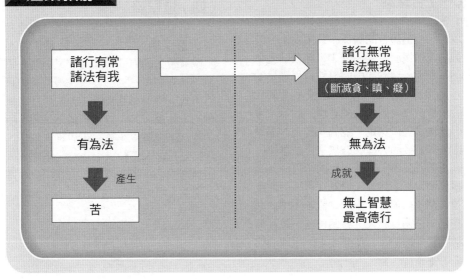

UNIT 5-4
四聖諦論

「四聖諦」包括有苦聖諦、（苦）集聖諦、（苦）滅聖諦與（苦）道聖諦。《雜阿含經》云：「如是我聞：一時，佛住波羅奈國仙人住處鹿野苑中。爾時，世尊告諸比丘：『有四聖諦，何等為四？謂：苦聖諦、苦集聖諦、苦滅聖諦，苦滅道跡聖諦。若比丘於苦聖諦已知、已解，於苦集聖諦已知、已曉，於苦聖諦已知、已證，於苦滅道跡聖諦已知、已修，如是比丘無有關鍵，平治城塹，度諸嶮難，結脫結縛，名為賢聖建立聖幢。』佛說此經已，諸比丘聞佛所說，歡喜奉行。」所謂「諦」意為真實無謬的道理，四聖諦為習佛法者所當知、當解、當斷、當證。

對於人生現象，四聖諦向人們揭示了煩惱痛苦的原因以及破除煩惱痛苦以及解脫的途徑。就揭示的內容來看，集聖諦為苦聖諦的因，苦聖諦則為集聖諦的果；道聖諦為滅聖諦的因，滅聖諦則為道聖諦的果。

（一）苦聖諦

苦聖諦揭示人生充斥著各樣的痛苦與煩惱。煩惱與苦的關係，或煩惱來自於苦，或煩惱產生苦。歸之，痛苦的產生係一種因於精神或肉體無法獲得滿足的心理狀態。世間一切法是無常、無我的，身處於世間的人們心理上的需求常因此無法獲得滿足，或偶有暫時的滿足卻因滿足後的心理狀態無法持續維持，因而苦感又再出現。人生的苦可分為幾種類型：生老病苦、愛離別苦、怨憎會苦、求不得苦以及五陰熾盛苦。釋迦牟尼認為苦遍及於人生各個角落，舉凡個種關係的經營、心理的欲求、生理的病痛等都充斥著苦。

（二）集聖諦

集聖諦揭示人生諸種痛苦與煩惱產生的原因。《中阿含經》云：「若有愛有膩有染有著者，是名為集。」所謂「集」為集合之意，人生所以為苦所環圍，在於人心所生起的無明之心的作用。因為無明使得人有了渴愛，因為渴愛使得人有了執取，人從而產生了不必要的行為，痛苦因於行為所造的業力而聚集於生命四周。

（三）滅聖諦

通過苦諦與集諦的揭示，吾人了解人生為痛苦煩惱圍繞的事實以及此事實所以然的原因。進一步地，滅聖諦告訴人們要消除痛苦煩惱，必須要斷絕因無明之心而將因緣形成之假有世界視為真實，所生發出之執著。《增壹阿含經》有云：「欲愛永盡無餘，不復更造，是謂苦盡諦。」人若能斷絕生發痛苦煩惱之根由，將置生命於涅槃解脫之境。

（四）道聖諦

《增壹阿含經》云：「所謂苦出要諦者，謂聖賢八品道。」道聖諦係使人生脫離苦海的方式。八品道又稱為八正道，為釋迦牟尼揭示於人脫離苦海的正確方式。釋迦牟尼揭示於人的修行方式有三十七種，其中以八正道為主要。所謂的八正道為：正見、正思維、正語、正業、正命、正精進、正念、正定。人必須經由八正道的修行，方能使生命進入涅槃。

四聖諦

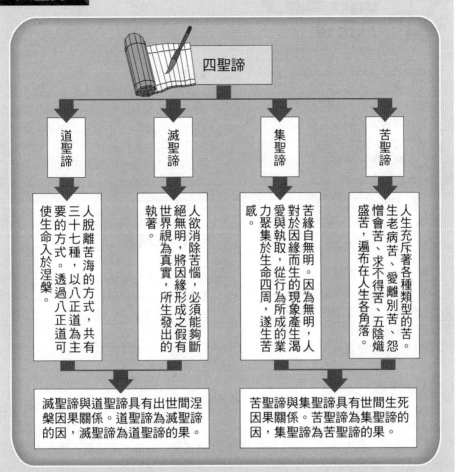

四聖諦

道聖諦
人脫離苦海的方式，共有三十七種，以八正道為主要的方式。透過八正道可使生命入於涅槃。

滅聖諦
人欲消除苦惱，必須能夠斷絕無明，將因緣形成之假有世界視為真實，所生發出的執著。

集聖諦
苦緣自無明。因為無明，人對於因緣而生的現象產生愛與執取，從行為所成的業力聚集於生命四周，遂生苦感。

苦聖諦
人生充斥著各種類型的苦。生老病苦、愛別苦、怨憎會苦、求不得苦、五陰熾盛苦，遍布在人生各角落。

滅聖諦與道聖諦具有出世間涅槃因果關係。道聖諦為滅聖諦的因，滅聖諦為道聖諦的果。

苦聖諦與集聖諦具有世間生死因果關係。苦聖諦為集聖諦的因，集聖諦為苦聖諦的果。

知識補充站 ★四聖諦的故事

《雜阿含經》記載了一則佛陀與阿難談及有關四聖諦的故事：「爾時，尊者阿難晨朝著衣持缽，入毘舍離城乞食。時，有眾多離車童子晨從城內出，至精舍門，持弓箭，競射精舍門孔，箭箭皆入門孔。尊者阿難見已，以為奇特，彼諸離車童子能作如是難事。入城乞食，還舉衣缽，洗足已，往詣佛所，稽首佛足，退住一面，白佛言：『世尊，我今晨朝著衣持缽，入毘舍離城乞食，見有眾多離車童子從城內出，至精舍門，競射門孔，箭箭皆入。我作是念：『此甚奇特！諸離車童子能為難事。』佛告阿難：『於意云何？離車童子競射門孔，箭箭皆入，此為難耶？破一毛為百分，而射一毛分，箭箭悉中，此為難耶？』阿難白佛：『破一毛百分，射一分之毛，箭箭悉中，此則為難。』佛告阿難：『未若於苦聖諦生如實知，此則甚難。如是，苦集聖諦、苦滅聖諦、苦滅道跡聖諦如實知見，此則甚難。』」故事大意是阿難將早上乞食途中看見離車族小孩個個都能將箭射入門孔內的遭遇告訴佛陀，佛陀聽完後便藉機引導阿難，反問阿難將一根毛分為百段後當作箭射入門孔與離車族孩子射箭入門孔哪一個動作比較難，接著告訴阿難人要體證四聖諦要比前面二者都要難上許多。

UNIT 5-5
八正道

　　八正道，又別稱八支正道、八支聖道、八聖道支、八品道、八正路、八正聖路等。八正道說的是四聖諦裡頭的道聖諦，為釋迦牟尼向眾人揭示有關成佛之八種正確的方式。八正道可歸納於戒、定、慧三學，所謂慧為正見、正思維；戒為正語、正業、正命；定為正精進、正念、正定，正定居於八正道之首。

（一）正見

　　由於無明之心，因而世人所見都是邪見。吾人修佛必須破除邪見，破除邪見必須以佛教的義理來觀看世間。面對世間種種，都要能夠具有正確認識，此為八正道裡頭最基礎者。

（二）正思維

　　對於世間種種能夠有正確的認識後，進一步地在面對時，吾人心中之意念的活動能夠按照正見來進行，心中不起不正確的意念，出離邪妄貪念，以泯除無明所造之苦。

（三）正語

　　正思維為吾人內心之正確意念，正語則為相應於正思維而在言語活動中有的正確表現。正語者能夠不妄語、不惡語、不綺語、不暴語、不謗語，凡言語活動處必真切、真實。

（四）正業

　　正業同正語，為一種外在形式的表現。習佛者欲得涅槃，除言語上要能夠正語，行為上還需要正業。一切的行為皆依據佛法所示於人的來從事，如不殺生、不偷盜、要善行等。

（五）正命

　　人生在世必須與他人產生互動，在人群互動過程中，吾人必須過著正當的生活，用以維繫生活的工作也必須是正當的。日常生活中衣、食、住、行等必需品的取得必須遵行佛教告誡世人的行為規範，以求群體生活的和諧，不得從事不當的職業。

（六）正精進

　　正精進意指正確的努力。在修佛的道路上稍加不注意便容易脫離應行走的道路。修佛必須有毅力，時時專注、不斷精進，使自身真正遠離惡。吾人方能不再生起無明之心，方能入於涅槃之境，成就解脫之道。

（七）正念

　　所謂念，意指正確的意念，意念包括各種精神活動，正念在使吾人的精神活動能夠不散亂、不錯亂，使吾人內心能常居於正當的念頭。正念的內容有四，分別為「觀身不淨」、「觀受是苦」、「觀心無常」以及「觀法無我」，此四等又稱之為「四念住」。

（八）正定

　　正定意為正確的禪定，禪定可使人顯發無上智慧，能夠以此無上智慧觀照世間一切，吾人將能夠獲得真正自在，泯除一般世間之苦。正定係歷時正見、正思維、正語、正業、正命、正精進以及正念等七項修行所發，正定者必不疑佛法，專於其中。

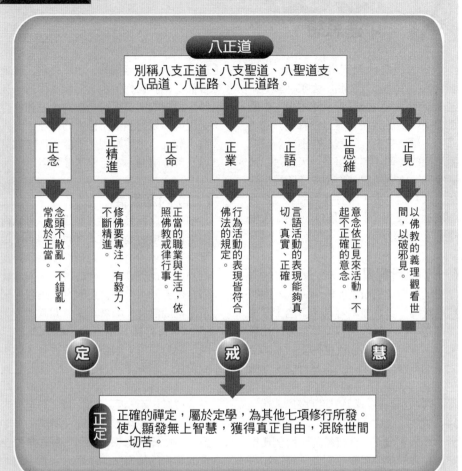

八正道

八正道

別稱八支正道、八支聖道、八聖道支、八品道、八正路、八正道路。

正念	正精進	正命	正業	正語	正思維	正見
念頭不散亂、不錯亂，常處於正當。	修佛要專注、有毅力、不斷精進。	正當的職業與生活，依照佛教戒律行事。	行為活動的表現皆符合佛法的規定。	言語活動的表現能夠真切、真實、正確。	意念依正見來活動，不起不正確的意念。	以佛教的義理觀看世間，以破邪見。

定　　　**戒**　　　**慧**

正定 正確的禪定，屬於定學，為其他七項修行所發。使人顯發無上智慧，獲得真正自由，泯除世間一切苦。

知識補充站　★戒定慧

佛教有所謂貪、嗔、癡三毒。貪係指人執於色、聲、香、味、觸的心理活動；嗔係指人對於人或事物之厭煩而有的仇恨、報復之心理活動；癡係指無明、愚昧無知。《雜阿含經》云：「爾時。世尊告諸比丘。有三學。何等為三？謂增上戒學、增上意學、增上慧學。何等為增上戒學？若比丘住於戒，波羅提木叉。具足威儀、行處，見微細罪則生怖畏。受持學戒。是名增上戒學。何等為增上意學？若比丘離諸惡不善法。有覺、有觀。離生喜、樂，初禪具足住；乃至第四禪具足住。是名增上意學。何等為增上慧學？若比丘此苦聖諦如實知；此苦集聖諦、此苦滅聖諦、此苦滅道跡聖諦如實知。是名增上慧學。」世間學說皆無法使人脫離煩惱，屬於有漏之學。所謂「增上戒學」、「增上意學」、「增上慧學」即戒、定、慧，屬無漏之學，三學可使人脫離生死輪迴。八正道為道聖諦的詳細解說，與三學關係密切。正見、正思維為慧學，正語、正業、正命為戒學，正精進遍通三學，修其他七者皆需正精進。正精進、正念與正定為定學。正定者可生無上智慧。得無漏之學者，可遠三毒。

UNIT **5-6**
中道思想

中道思想為佛教基本義理之一，隨著佛教由小乘佛教發展出大乘佛教，中道思想則轉為中觀思想。基本上，中觀思想與中道思想在義理上沒有明顯的差異，大乘佛教中有的宗派特別重著於中觀思想的義理，如三論宗、天台宗以及禪宗等。中觀思想首先由龍樹所提出，他以般若經為本，著有《中論》、《大智度論》以及《十二門論》，倡「破執空有」的觀點。

（一）緣起背景

要給釋迦牟尼所謂的「中道」一個明確的解釋，其實並不容易。不過，若是從釋迦牟尼在修行過程及其結果的比較來看，或可得到某種程度的認識。本為太子的釋迦牟尼，在決定修行時，淨飯王派遣了五名隨侍與釋迦牟尼一同修行，釋迦牟尼在修行初期選擇以苦行為修行之方，他一共過了六年的苦行生活，結果不但沒有修行得道，反倒使得形體枯瘦、身心俱疲。對此，釋迦牟尼感悟到欲修行得道不可通過苦行得之，遂離開苦行道，改以靜坐來修行，才得無上智慧。

關於中道，《五分行》云：「世有兩邊不應親近，一者貪著愛欲，說欲無過；二者邪見苦形，無有道跡，捨此二邊，便得中道。」《中阿含經》有云：「有二邊行，諸為道者所不當學。一曰著欲樂下賤業，凡人所行。二曰自煩自苦，非聖賢法，無義想應。五比丘，捨此兩邊，有取中道。」所謂「二邊」，一是指對於樂的執取，另一邊是指對於苦的執取。在釋迦牟尼來看，無上智慧非縱欲可得，亦非苦行可獲，執取於樂或苦都是不正確的，因為苦或樂同樣是

世間法，都是無常的，執於無常之樂或苦都是偏於實相，也必然無法得道。在此，所謂的中道可說是釋迦牟尼在修行過程與結果對照下所悟得的道理。吾人欲求解脫、脫離輪迴，要能夠捨離縱欲以及苦行兩邊，才能夠獲得涅槃。

（二）內涵實義

中道可以就修道之方而言，亦可就得道所悟之境而論。原始佛教所謂的中道實有多義，中道除了是指捨離縱欲與苦行兩邊，還有其他不同的說法。如《雜阿含經》云：「如實正觀世間集者，則不生世間無見。如實正觀世間滅者，則不生世間有見。迦旃延！如來離於二邊，說於中道：所謂此有故彼有，此生故彼生，謂緣無明有行，乃至生老病死、憂悲惱苦集；所謂此無故彼無，此滅故彼滅，謂無明滅則行滅，乃至生老病死、憂悲惱苦滅。」此在所謂的「中道」是由緣起思想來解釋，釋迦牟尼由世間事物的集與滅開示眾人所謂中道的實義。生老病死係因無明而生，煩惱痛苦亦因無明而起，世間所有一切都是因緣而起、因緣而滅，因緣之起滅而有有無，能夠視得此實相便能夠捨離無見與有見。

除了從捨離樂苦以及緣起思想論中道外，原始佛教還有從「無我」、八正道、捨離常斷、捨離一異、捨離有無等處說中道。歸納而言，所謂中道實際上包含實踐修行之真方法以及釋迦牟尼所悟得的無上智慧。

中道思想

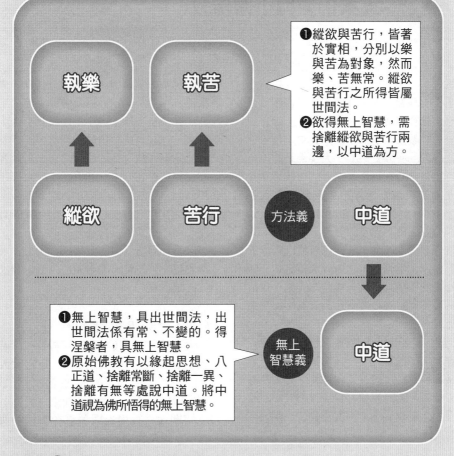

執樂

執苦

❶縱欲與苦行,皆著於實相,分別以樂與苦為對象,然而樂、苦無常。縱欲與苦行之所得皆屬世間法。

❷欲得無上智慧,需捨離縱欲與苦行兩邊,以中道為方。

縱欲

苦行

方法義

中道

❶無上智慧,具出世間法,出世間法係有常、不變的。得涅槃者,具無上智慧。

❷原始佛教有以緣起思想、八正道、捨離常斷、捨離一異、捨離有無等處說中道。將中道視為佛所悟得的無上智慧。

無上智慧義

中道

★佛教的中道與儒家的中庸

儒家提倡中庸,以中庸作為吾人行事原則,凡事不應過與不及。《中庸》云:「子曰:『舜其大知也與!舜好問而好察邇言;隱惡而揚善,執其兩端,用其中於民,其斯以為舜乎!』」孔子之所以認為舜具有大智慧,便是因為舜能夠將折衷過與不及所獲得的中道施行於民。儒家以為天與人之間具有道德意義,中庸的落實即人道的落實。《中庸》云:「道不遠人,人之為道而遠人,不可以為道。」《論語‧雍也》云:「中庸之為德也,其至矣乎!民鮮久矣。」雖說中庸之道就在日常生活中,但是人們要做到並不容易。除了以中庸作為行事原則,儒還將中庸視為一種德行,《論語》甚至還說中庸為至極之德。從某些角度來看,佛教的中道與儒家的中庸,其實是相通的。就實踐的方法而言,佛教的中道與儒家的中庸都要人不要極端,行事要能依中而行。不過,若是從實踐最終的目的來看,佛教的中道與儒家的中庸便明顯不同。儒家肯定現世價值、強調淑世精神,實踐中庸之道的全幅意義可在現世生命中得到完全的實現。佛教主張緣起性空,現世裡的一切存在皆不具自性,中道的落實旨在破除俗諦,使人不執於現世假有之相,以證得無上智慧。

UNIT 5-7
大乘佛教與小乘佛教

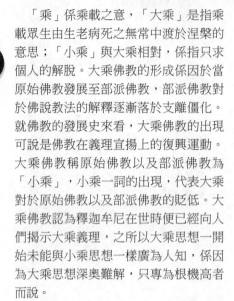

　　「乘」係乘載之意，「大乘」是指乘載眾生由生老病死之無常中渡於涅槃的意思；「小乘」與大乘相對，係指只求個人的解脫。大乘佛教的形成係因於當原始佛教發展至部派佛教，部派佛教對於佛說教法的解釋逐漸落於支離僵化。就佛教的發展史來看，大乘佛教的出現可說是佛教在義理宣揚上的復興運動。大乘佛教稱原始佛教以及部派佛教為「小乘」，小乘一詞的出現，代表大乘對於原始佛教以及部派佛教的貶低。大乘佛教認為釋迦牟尼在世時便已經向人們揭示大乘義理，之所以大乘思想一開始未能與小乘思想一樣廣為人知，係因為大乘思想深奧難解，只專為根機高者而說。

　　大乘佛教的主要經典有：《般若經》、《法華經》、《華嚴經》、《無量壽經》、《般舟三昧經》、《首楞嚴三昧經》、《涅槃經》、《勝鬘經》、《如來藏經》、《楞伽經》等。中國所傳入的佛教思想，以大乘佛教為主。

（一）聲聞道與菩薩道

　　小乘佛教與大乘佛教在修行之方、宣揚的義理以及修行之果等方面均不相同。大乘佛教認為小乘佛教是釋迦牟尼為了根機較低者所設的。小乘佛教修的是聲聞道，大乘佛教則主張修習菩薩道；聲聞道與菩薩道差別在前者修道的目標在自渡，而後者修道的目標除了自渡還同時要渡人。

　　《大智度論》記載：「問曰：『何以故大乘經初，菩薩眾、聲聞眾兩說，聲聞經獨說比丘眾，不說菩薩眾？』答曰：『欲辯二乘義故，佛乘及聲聞乘。聲聞乘狹小，佛乘廣大；聲聞乘自利自為，佛乘益一切。復次，聲聞乘多說眾生空，佛乘說眾生空、法空。』」此處佛乘即菩薩道，聲聞道為自身，佛乘係為眾生。除自渡以及兼顧利他之別外，在佛法義理上，小乘僅僅說到否認自我的存在，由對自我之消解與否定脫離生、老、病、死的輪迴之苦，對於客觀世界的存在並未全然否認；大乘思想不僅同小乘說「眾生空」，連同客觀世界的存在也一併予以否定，還另外講真如，而小乘並不談。在修行的果方面，小乘旨在阿羅漢果，大乘則是佛果。大乘思想主張三世十方皆有佛，佛以濟世渡人為本。

（二）大乘佛教的發展

　　大乘佛教在印度的發展可分為三個階段：初期大乘、後期大乘以及密教大乘。三階段所側重的大乘經典各有不同，所宣揚的教義也各有偏重。

　　初期大乘宣揚義理著重於「性空假有」，以為世間的一切現象，即一切法皆是無常、無我的，一切皆無恆常不變的實在性；不過，雖說一切為空，但現象、法卻也存在，是為假有。大乘思想發展出龍樹、提婆的中觀學派思想。後期大乘著重於如來藏緣起以及阿賴耶緣起的思想，他們強調真如佛性以及一切法皆由識而起的觀點。後期大乘以為世間一切法其實並不存在，人們所以誤以為一切法存在，係因於心識所造。後期大乘逐漸發展出世親、無著為主的瑜伽行派。至於密教大乘，則是結合了中觀學派以及瑜伽行派二派思想，在實修方面強調禮儀與咒術，密教大乘為印度大乘佛教思想發展的尾聲。

聲聞道與菩薩道

	聲聞道	菩薩道
目的	自利自為，以自渡為旨。修聲聞道者，在求阿羅漢果。	除自渡外、利己，還求渡人、利他，為一切眾生之益而修。修菩薩道者，在求佛。大乘主張佛以濟世渡人為本。
內容	只否認自我的存在，著力於消解與否定自我，以求能夠脫離生、老、病、死的輪迴之苦。但對於客觀世界的存在，並未否認。	主張眾生空、法亦空。不僅否認自我的存在，也否認了客觀世界的存在。並且另講真如。

大乘佛教的發展

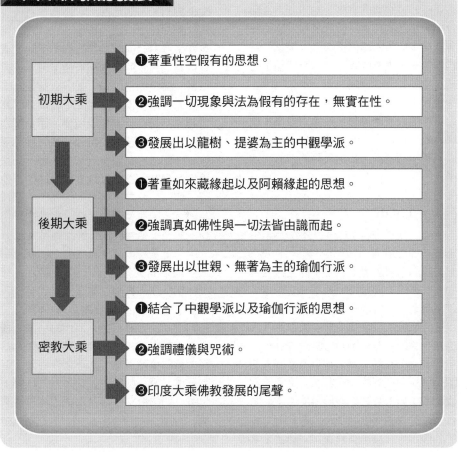

初期大乘
- ❶著重性空假有的思想。
- ❷強調一切現象與法為假有的存在，無實在性。
- ❸發展出以龍樹、提婆為主的中觀學派。

後期大乘
- ❶著重如來藏緣起以及阿賴緣起的思想。
- ❷強調真如佛性與一切法皆由識而起。
- ❸發展出以世親、無著為主的瑜伽行派。

密教大乘
- ❶結合了中觀學派以及瑜伽行派的思想。
- ❷強調禮儀與咒術。
- ❸印度大乘佛教發展的尾聲。

UNIT 5-8
三論宗

　　三論宗係以《中論》、《百論》及《十二門論》三著作為本的佛教宗派，此三論由鳩摩羅什傳入中國。自鳩摩羅什傳入三論以至吉藏完成三論宗的這段發展歷史不甚完整，鳩摩羅什將三論傳入中國後在與道朗之間的這一段發展，說法甚多但是卻難以證實。現今比較能夠確知的是從道朗開始，三論宗經過道朗、僧詮、法朗的發展，而至吉藏完成。

　　三論宗屬大乘思想，《中論》與《百論》為龍樹所著，《十二門論》為龍樹弟子提婆所著，龍樹與提婆的思想中心係般若經空義的發揮，為印度大乘佛教中觀學派的代表，因此三論宗雖然沒有直接本於般若經倡言空義，但就般若經與龍樹、提婆的關係，以及三論宗對於《中論》、《百論》與《十二門論》的重視來看，三論宗無疑直接承襲印度大乘中觀學派的思想。三論宗發揮中觀學派「緣起性空」的思想，提出重要的「八不中道」說，藉由破除的方式來求得無上智慧。

（一）八不中道

　　所謂「八不中道」的「八不」為不生不滅、不常不斷、不一不異、不去不來。三論宗對於無上智慧不以直接立言的方式來說，而是以「八不」之否定，以不肯定作為方法來求得中道實相。

　　三論宗以「不」或「非」來否定吾人之知，係因於吾人所知皆不是釋迦牟尼所體的無上智慧。無上智慧不是吾人的認知所能夠把握的，亦非語言文字能夠說明的；無上智慧只顯於悟境之中，語言文字的說明僅限制了吾人對於無上智慧的尋求。三論宗將使用文字語言來顯示無上智慧的人看作小乘佛教或外道，中道實相係超越於語言文字以及所有思慮的，凡語言文字與思慮能把握到的，僅是相對。

（二）四重二諦

　　吉藏有「四重二諦」之說，此說係以僧詮、法朗的「三重二諦」為基礎發展得來的。

　　吉藏《二諦義》云：「十方諸佛，常依二諦說法，故眾經莫不出二諦。眾經既不出二諦，二諦若明，眾經皆了也。」吉藏《大乘玄論》有云：「二諦唯是教門，不關境理。」釋迦牟尼曾說「二諦」，二諦指的是俗、真二諦。佛教各宗派對何謂二諦的解讀不同：或有以為二諦說的是兩種實相道理，或有以為二諦說的是兩種方式，或有以為二諦說的是兩種境界。對此，吉藏則以為二諦並不是在說道理或境界，而是釋迦牟尼用來導化眾人的方式。依照緣起思想，一切法皆為假有。若有人將一切法視作為實有，則教之以真諦，使他不執著一切法；反之，若有人因為說一切法為假有，因而執著於性空，則教之以俗諦，使他不執著於性空。此為第一重。

　　第二重是將「有」與「空」同視為俗諦，通過否定的方式，將「非有」與「非空」作為真諦；第三重以「有」、「空」為「二」、「非有」與「非空」為「不二」，將二與不二作為俗諦，通過否定的方式，以非二、非不二作為真諦；第四重將三重二諦都視作俗諦，以為三重二諦都屬於語言相對性的理解，脫離一切語言文字之言亡絕慮才可得真諦。

中道思想

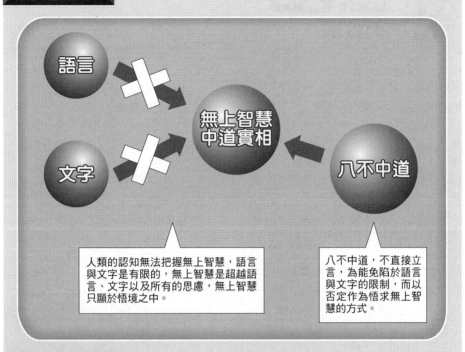

語言 ✕ 文字 ✕ → 無上智慧 中道實相 ← 八不中道

人類的認知無法把握無上智慧，語言與文字是有限的，無上智慧是超越語言、文字以及所有的思慮，無上智慧只顯於悟境之中。

八不中道，不直接立言，為能免陷於語言與文字的限制，而以否定作為悟求無上智慧的方式。

四重二諦

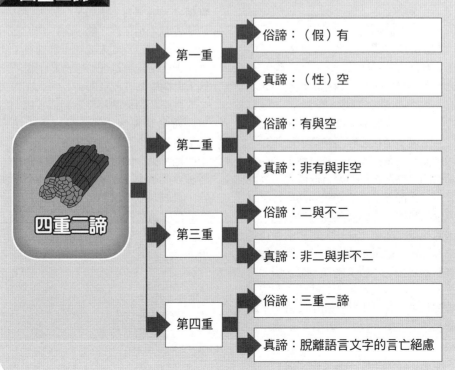

四重二諦

第一重
俗諦：（假）有
真諦：（性）空

第二重
俗諦：有與空
真諦：非有與非空

第三重
俗諦：二與不二
真諦：非二與非不二

第四重
俗諦：三重二諦
真諦：脫離語言文字的言亡絕慮

UNIT 5-9
天台宗

天台宗的創始人為智顗,「天台」一名取自智顗常住於天台山,天台宗主要依據《妙法蓮華經》,所以又別稱法華宗。天台宗學統可上溯於龍樹、慧文、慧思,智顗之後又歷經灌頂、智威、慧威、玄朗、湛然的傳承與發展,宋代時,天台宗分裂為山家與山外兩派,而後逐漸衰微。

天台宗主張定慧雙修,定為止、寂靜之意;慧為觀、發慧之意。《修習止觀坐禪法要》云:「若偏修禪定福德,不學智慧,名之曰愚;偏學智慧,不修禪定福德,名之曰狂。」強調止與觀二者具有相輔相成的關係,二者皆為修法,必須並重。除了強調定慧雙修,天台宗的主要思想還有「圓融三諦」、「一念三千」以及「五時八教」的判教思想。

(一)圓融三諦

智顗的「圓融三諦」說係依據《中論》中的四句話所建立。《中論》有云:「因緣所生法,我說即是空,亦名為假名,亦是中道義。」所謂三諦為「空諦」、「假諦」以及「中諦」。

「空諦」是指所有事物都因緣而起、因緣而滅,事物本身沒有自性,其存在都是因於外在條件的聚合而產生,故說是空。「假諦」是說固然因為事物沒有自性只是因緣生起而說空,但是又不可因此說事物完全不存在;事物的存在是不真實的,故說是假有。「中諦」指不著於「空」、「假」兩邊。空、假、中三諦三者具有相互包含的關係:言空不離假和中、言假不離空和中、言中不離假和空。即,一空一切空、一假一切假、一中一切中。《摩訶止觀》云:「即空、即假、即中者,雖三而一,雖一而三,不相妨礙。」《法華玄義》云:「圓三諦者,非但中具足佛法,真俗亦然,三諦圓融,一三三一。」空、假、中三諦任何一者都兼具其他二者,三諦可同時並立,不相妨礙,是為圓融三諦。

(二)一念三千

智顗《摩訶止觀》有云:「夫一心具十法界,一法界又具十法界、百法界;一界具三十種世間,百法界即具三千種世間。此三千在一念心,若無心而已,介爾有心即具三千。亦不言一心在前,一切法在後;亦不言一切法在前,一心在後。」「十法界」又稱作「十界」,包括地獄、餓鬼、畜生、阿修羅、人、天、聲聞、緣覺、菩薩、佛。對於諸法實相,天台宗有「十如是」說,認為一切法皆包含相、性、體、力、作、因、緣、果、報以及本末究竟十種性質。此外,天台宗以為世間有三:眾生世間、國土世間以及五蘊世間。

天台宗認為十法界彼此相通,每一法界同時具有其他法界;是以,十法界成為百法界。百法界裡,每一法界都具十如是,每一如是都有三世間;是以,百法界成為千法界,千法界成為三千法界,又成為三千世間。天台宗認為三千世間係宇宙萬物的總體。「一念三千」是說宇宙萬物係由偶然之心念活動而出現的。

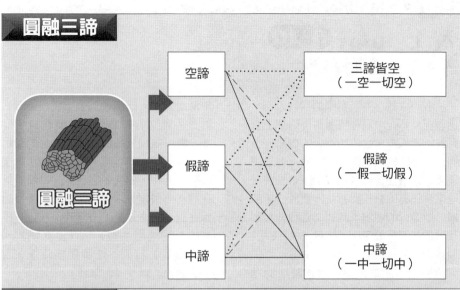

圓融三諦

圓融三諦

空諦 ┈┈┈┈ 三諦皆空（一空一切空）

假諦 ┈┈┈┈ 假諦（一假一切假）

中諦 ┈┈┈┈ 中諦（一中一切中）

一念三千

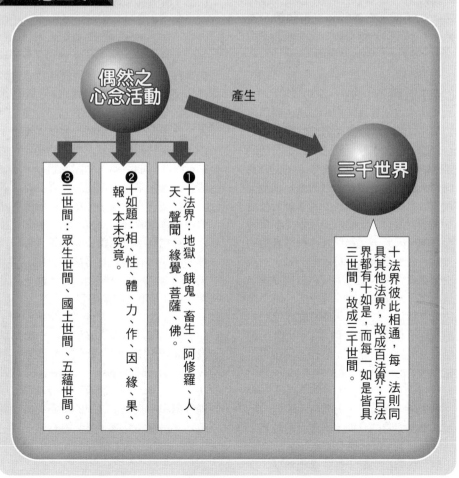

偶然之心念活動

產生

三千世界

❶十法界：地獄、餓鬼、畜生、阿修羅、人、天、聲聞、緣覺、菩薩、佛。

❷十如題：相、性、體、力、作、因、緣、果、報、本末究竟。

❸三世間：眾生世間、國土世間、五蘊世間。

十法界彼此相通，每一法則同具其他法界，故成百法界；百法界都有十如是，而每一如是皆具三世間，故成三千世間。

UNIT 5-10
五時八教

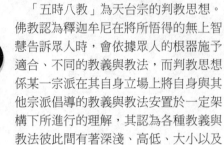

「五時八教」為天台宗的判教思想。佛教認為釋迦牟尼在將所悟得的無上智慧告訴眾人時,會依據眾人的根器施予適合、不同的教義與教法,而判教思想係某一宗派在其自身立場上將自身與其他宗派倡導的教義與教法安置於一定架構下所進行的理解,其認為各種教義與教法彼此間有著深淺、高低、大小以及偏圓的分別。

天台宗所謂的五時為華嚴時、鹿苑時、方等時、般若時以及法華涅槃時;所謂八教分為「化儀四教」以及「化法四教」兩種,化儀四教是指頓教、漸教、不定教以及祕密教,化法四教是指藏教、通教、別教以及圓教。

(一)五時

《法華經》嘗以傍追、二誘、體信、領知、付業五者來說明五時的順序。天台宗認為釋迦牟尼一開始時,是將他所悟得的無上智慧直接告訴眾人,但沒有任何人能夠理解釋迦牟尼的話,就像父親急於對多年在外漂流、過著窮苦生活的兒子表露身分,卻使得兒子受到驚嚇而逃跑。因此,父親只好改採取其他的方式,先是派請二人接近他的兒子,說服他從事除糞的工作;父親再伺機進一步地與兒子接觸,消除兒子的心防;待彼此互相信任後,父親便將財產都交給他的兒子掌管,不過他的兒子仍然不曉得自身與父親的關係;最後,父親告訴兒子兩人的關係,久離多年的父子雙方終於相認。

華嚴時、鹿苑時、方等時、般若時以及法華涅槃時的分別,稱作五時教判。《涅槃經》云:「譬如從牛出乳,從乳出酪,從酪出生酥,從生酥出熟酥,從熟酥出醍醐,醍醐最上。」《涅槃經》敘述牛乳之五味為乳味、酪味、生酥味、熟酥味以及醍醐味。天台宗的華嚴時、鹿苑時、方等時、般若時與法華涅槃時等五時,如乳牛之五味。華嚴時係在說《華嚴經》、教授菩薩法;鹿苑時係在說《阿含經》;方等時係在說《維摩經》、《思益經》、《金光明》、《勝蔓經》等經;法華涅槃時係在說《法華經》以及《涅槃經》。

(二)化儀四教與化法四教

「儀」指方法、形式。天台宗「化儀四教」係針對釋迦牟尼說法的方式分類為頓教、漸教、祕密教以及不定教。頓教是釋迦牟尼予以根器最高的聽眾的教法,談論《華嚴經》的義理,是釋迦牟尼將自身悟得的無上智慧直接宣講於眾人,為不經時間、頓悟的教法;漸教是指宣講佛法時配合眾人根器的高低程度進行漸次性的引導,一開始講授《阿含經》,接著講《方等經》,最後說《般若經》;祕密教是指釋迦牟尼所說的法似乎是專為我一人而說,別人不知;不定教意指釋迦牟尼雖公開示眾人佛法,然而在場所有人各有所悟、所悟不同。天台宗以為《法華經》非頓教、非漸教、非不定教亦非祕密教。

「法」指內容。天台宗「化法四教」係針對釋迦牟尼說法的內容分類為藏教、通教、別教以及圓教。藏教指小乘教,包括《阿含經》、《俱舍論》以及《大毗婆沙論》;通教指《般若經》;別教指與小乘完全隔絕的大乘經典;圓教為《法華經》與《涅槃經》。

五味與五時

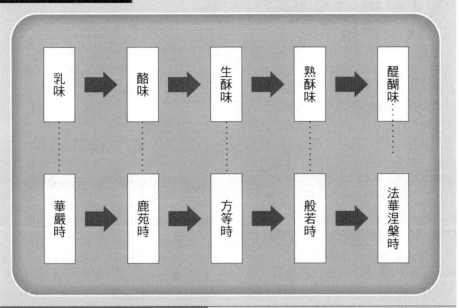

乳味 ➡ 酪味 ➡ 生酥味 ➡ 熟酥味 ➡ 醍醐味……

華嚴時 ➡ 鹿苑時 ➡ 方等時 ➡ 般若時 ➡ 法華涅槃時

化儀四教與化法四教

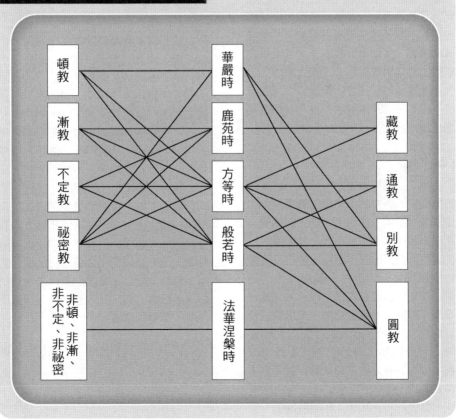

UNIT 5-11
法相宗

　　法相宗源自於印度大乘佛教的瑜伽行派，兩者皆主張一切法係唯心所現、唯識所變。瑜伽行派的始祖為彌勒，後來的瑜伽行派與法相宗的高僧依序為無著、世親、陳那、無性、護法、戒賢、玄奘、窺基、慧沼以及智周。法相宗創始人為玄奘，法相一名出於著重一切法的說明，認為一切皆識變所生。

　　自瑜伽行派到法相宗的發展，玄奘是關鍵人物。玄奘幼年便出家，他熟悉佛教經典，對於瑜伽行派感到興趣，因而專赴印度取經。他帶回來的經典獲得唐太宗在譯經上的協助，成為法相宗依據的經論基礎，玄奘弟子窺基則在此基礎下進一步發揚法相宗。法相宗依據的經典為《華嚴經》、《解深密經》、《楞伽經》四經，以及《厚嚴經》、《瑜伽師地論》、《顯揚聖教論》、《大乘莊嚴論》、《集量論》、《攝大乘論》、《十地經論》、《觀所緣論》、《唯識二十論》、《辨中邊論》以及《阿毗達磨集論》。

（一）識

　　法相宗又稱作唯識宗。世間一切事物皆為假有，假有的出現係因識變而生。識具有「了別」的作用，吾人因識變，所以出現一切事物。是以，就識變與一切事物的關係而言，識為能變生一切事物的原因；一切事物為識變而生的結果。法相宗言識有八種：眼識、耳識、鼻識、舌識、身識、意識、末那識以及阿賴耶識。若依照識的存在狀態作區分，可分作為「種子」與「現行」兩種，前者是識以潛在的狀態存在，尚未顯示出來，猶如種子具有成為樹的可能，為樹的潛在狀態；相對於前者，後者則是識以表現的狀態來存在，故稱作現行。

（二）五識

　　眼、耳、鼻、舌、身五者為吾人認識事物的五種官能，吾人因此五種官能而能感受。由於眼識，而感受到顏色、形狀、大小等色相；由於耳識，而感受到各種聲音；由於鼻識，而感受到各種香、臭氣味；由於舌識，而感受到苦、辣、酸、甜等味道；由於身識，而感受到各種因身識觸及事物的感受，如軟硬、冷熱與乾溼等。

（三）意識

　　五識的感受必須有對象才能夠產生，相對於五識感受需要的條件，意識則可有可無。意識的了別可區分為對外了別與對內了別兩種。對外了別部分，意識必須有對象才生出了別，譬如眼見美食當前，因而產生喜好的了別。對內了別部分，意識不必有對象就能生出了別，亦可獨自產生了別作用，如吾人可以想像一座橫跨兩地供人行走的彩虹，又如，吾人在夢境中所經歷的種種。

　　意識的了別可與五識並起，或其了別跟隨五識之後而出現，或能不與五識有任何關係。意識的對外了別作用與五識有關，此等意識的了別係因緣而生，為明了意識；反之，意識之對內了別作用的出現毋需五識，此等意識是不待緣而生的，為獨頭意識。

五識與意識

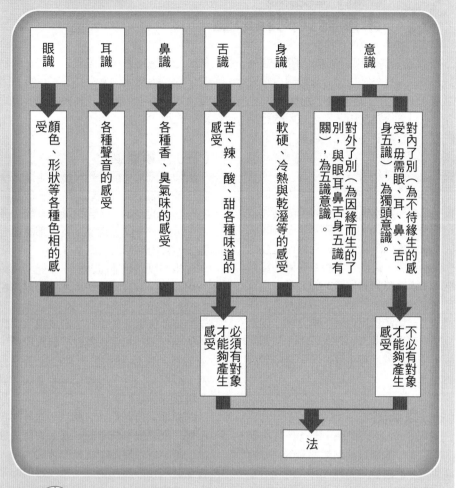

眼識 → 受顏色、形狀等各種色相的感

耳識 → 各種聲音的感受

鼻識 → 各種香、臭氣味的感受

舌識 → 感受苦、辣、酸、甜各種味道的

身識 → 軟硬、冷熱與乾溼等的感受

意識 → 對外了別（為因緣而生的了別），與眼耳鼻舌身五識有關），為五識意識。

意識 → 對內了別（為不待緣生的感受，毋需眼、耳、鼻、舌、身五識），為獨頭意識。

（舌識、身識）必須有對象才能夠產生感受

（獨頭意識）不必有對象才能夠產生感受

→ 法

★明了意識與獨頭意識

第六識，意識為自由的、自在的，凡人所有的迷悟皆為意識造作而成。眼、耳、鼻、舌、身等五識僅為感受，尚不具有認知意義，吾人對於世界事物的認識與了別係因意識而有。法相宗將意識以是否需依於五識而產生來區分為「明了意識」與「獨頭意識」兩類。明了意識與眼、耳、鼻、舌、身等五識有關，可分為「五同緣意識」與「不同緣意識」。

五同緣意識係意識與五識並生，例如眼見紅色，意識亦同緣紅色。不同緣意識指意識產生於五識之後，雖可因緣五識而生，但可自在攀緣諸法，例如眼見人在運動，意識則同緣人在流汗。獨頭意識係指意識獨自產生了別的作用，不依於五識而生，又可分為「夢中獨頭意識」、「定中獨頭意識」以及「散位獨頭意識」三種。夢中獨頭意識係指吾人夢中所遭遇之情感、情景、事物與活動諸境之意識。定中獨頭意識係指相應於禪定活動中定心之境的意識。散位獨頭意識則是既不在夢中、也不在定中，而是因於心之散亂、妄想而產生追憶過往、臆測未來，或各種思想、想像、計度的意識。

第5章 隋唐佛教

知識補充站

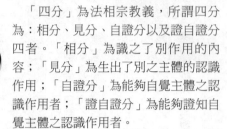

UNIT 5-12
末那識與阿賴耶識

「四分」為法相宗教義，所謂四分為：相分、見分、自證分以及證自證分四者。「相分」為識之了別作用的內容；「見分」為生出了別之主體的認識作用；「自證分」為能夠自覺主體之認識作用者；「證自證分」為能夠證知自覺主體之認識作用者。

第七識為末那識，第八識為阿賴耶識，法相宗由末那識與阿賴耶識的見分和相分的關係，說明我執與法執的成因。末那識因阿賴耶識的見分而產生出自我的意識，將此自我視為客觀的實存物；末那識將阿賴耶識的相分當作是實存之自我的屬性。阿賴耶識具有染、淨種子，一切法皆出自阿賴耶識，法相宗以為阿賴耶識非真，吾人若淨化阿賴耶識，將可成就佛境；反之，只是陷於無明之苦。

（一）末那識

末那識的「末那」其義為「意」與「思量」，末那識因阿賴耶識的見分而產生自我的意識，將阿賴耶識的相分當作自我的屬性。人生的痛苦與煩惱係因我執與法執而有。一切萬法皆從心而起，末那識生出的我執和法執使人產生我痴、我見、我慢與我愛，為吾人痛苦和煩惱的根源。

法相宗將一切萬法視為現象，認為心外無法，一切法皆唯心所生。世親《百法明門論》將世間所有法分成五類共一百法，又成為「五位百法」。「五位百法」有心法、心所法、色法、不相應行法以及無為法五類。

痛苦與煩惱的發生根本在不知法為識變而生。末那識產生的我執與法執，使吾人對於現象中的心法與色法有所留戀，因而患得患失，陷入對「有」的執著。欲求得解脫，吾人必須了悟萬法因識而起的道理，破除我執與法執，方得真如之境。

（三）阿賴耶識

阿賴耶識又可稱作無沒識、本識、藏識、異熟識、一切種識等。阿賴耶識為一切法的根本，包含眼識、耳識、鼻識、舌識、身識、意識以及末那識等七識，亦皆由阿賴耶識而生。

法相宗以阿賴耶識為種子，能夠庫藏一切萬法，庫藏的一切萬法初始以潛在的模式存在，所庫藏的一切萬法需待一定的條件後才能夠現行，形成現象中的一切萬法。法相宗以為種子能夠現行，所依據的條件有九項，其中主要的有四，分別為因緣、所緣緣、等無間緣以及增上緣。

阿賴耶識所藏的一切萬法，並非固定不變，而是變動無常的。吾人或他人日常的善惡言行將招來往後樂苦的力量，皆藏於阿賴耶識。是以，吾人眼前的樂與苦其實是因為過往的善惡行招入於阿賴耶識的苦樂種子所產生。外界的一切萬物其實都只是識的變現，貌似真實的妄幻世界實因阿賴耶識儲存過往言行所產生的業而來。

依法相宗的唯識觀點來看，吾人之自我觀念以及吾人之於假有現象而生出世間實有的觀念，皆以阿賴耶識為根源。吾人欲求得解脫，除了要破我執與法執，終究還要將阿賴耶識能夠儲存的活動也破除；由之，使得阿賴耶識能夠由染轉淨，以成就佛性。

五位百法

	內容
心法	眼識、耳識、鼻識、舌識、身識、意識、末那識、阿賴耶識
心所法 （可分為六類）	❶偏行：獨、作意、受、想、思 ❷別境：欲、勝解、念、定、慧 ❸善：信、精進、慚、愧、無貪、無瞋、無痴、輕安、行捨、不放逸、不害 ❹煩惱：貪、瞋、痴、慢、疑、惡見 ❺隨煩惱（分大、中、小）： 　大：不信、懈怠、放逸、昏沉、掉舉、失念、散亂、不正知 　中：無慚、無愧 　小：忿、恨、惱、覆、誑、諂、憍、害、嫉、慳 ❻睡眠、悔、尋、伺
色法	眼、耳、鼻、舌、身、色、聲、香、味、觸、法處所攝色
不相應行法	得、命根、眾同分、異生性、無想定、滅盡定、無想報、名身、句身、文身、生、住、老、無常、流轉、定異、想應、勢速、次第、時、方、數、和合、不和合姓
無為法	虛空無為、擇滅無為、非擇滅無為、不動無為、想受滅無為、真如無為

知識補充站 ★三自性

法相宗從認識論的立場出發，針對吾人的認識活動以四分與八識進行分析，主張一切唯識，外界的一切並不存在，其存在的現象皆為假有、識變所成，超脫變識所生的外境為獲得無上智慧的方法。《成唯識論》云：「二空所顯圓滿成就諸法實性，名圓成實。顯此遍常，體非虛謬 。此即於彼依他起上，常遠離遍計所執，二空所顯真如為性。」法相宗區分出「依他起」、「遍計所執」與「圓成實」三自性。圓成實自性係指由我法二空所顯示出的真如。遍計所執自性係指一般世俗人將假有事物視為實有因而有我、有法之差異分別的妄執、所執。依他自性係指我法皆由識變而出，為虛幻不實的。三自性具有的關係為：能覺得依他自性的實相，則在依他自性之上可得圓成實自性，遠離遍計所執自性；反之，未能覺得依他自性則為遍計所執自性。

知識補充站 ★法相宗

法相宗以為世間一切萬法皆是人心所生，是以特別重視人類心理的分析。彌勒《瑜伽師地論》將人類的心理現象分成六百六十種，後來世親《俱舍論》則將六百六十種簡化為七十五種，師子鎧綜合為八十四種。法相宗的五位百法，則是世親在《百法明門論》中將七十五種擴充成一百種法所成的。

UNIT 5-13
華嚴宗

華嚴宗的根本經典為《大方廣佛華嚴經》，簡稱《華嚴經》。此宗相傳創始於杜順，之後的繼承與發揚者依序為智儼、法藏、澄觀與宗密，以法藏為大成者。華嚴宗主要理論為「法界緣起」，該理論係以《華嚴經》的「無盡圓融」思想為基礎，吸收了《大乘起性論》的真如緣起說。華嚴宗與天台宗、禪宗同屬於真常之教，相較於其他宗派，此三教主張有一最高主體的存在，此最高主體為成就佛性的根本處。

華嚴宗藉由「四法界」、「六相圓融」以及「十玄無礙」等義理來說明「法界緣起」的內容。

（一）四法界

華嚴宗將所有現象的義理分成四個層次，該四個層次即四法界。宗密《註華嚴法界觀門》有云：「統唯一真法界，謂總該萬有，即是一心，然心融萬有，便成四種法界。」以為四法界終極為真如之心所含攝。

❶事法界在講具有差別性的現象界，現象中的任一事物皆有其特殊性，為一般吾人認識的對象，現象中的事物皆因緣而生，為真如之心的呈顯。

❷理法界在講現象中具有差別的所有事物彼此之間在本質上是相同的，所有事物同為一真如之心的呈顯，所有事物實為平等且無差別的。華嚴宗指出理法界與事法界二者互遍、互融，彼此含攝不相礙。

理事無礙法界說的是現象與本體的關係，真如之心必須透過現象事物才能呈顯，現象事物則必須來自真如之心。

事事無礙法界，指現象中所有事物彼此能夠圓融，一般所見的現象事物雖具有差別性，但皆出自真如之心，是以，任一事物皆為真如之心呈顯，亦成為其他事物之所緣，現象一切事物彼此無礙，彼此交滲。

（二）六相圓融

「六相」是指總相、別相、同相、異相、成相與壞相。法藏《華嚴一乘教義分齊章》云：「總相者，一含多德故；別相者，多德非一故，別依止總，滿彼總故。同相者，多義不相違，同成一總故；異相者，多義相望，各各界故。成相者，由此諸緣起成故；壞相者，諸義各住自法不移動故。」有關六相圓融，法藏嘗以「金獅子」說明。金獅子為總相；金獅子的眼、耳、口等器官為別相。不同的器官同出自於金獅子為同相；不同的器官之間具有差異性為異相。所有器官構成金獅子為成相；停留在各自本位的不同器官無法構成金獅子為壞相。華嚴宗認為所有事物皆具有六相，而任何一相皆具有其他五相，相相之間圓融無礙。

（三）十玄無礙

智儼「十玄門」指「同時具足相應門」、「因陀羅網境界門」、「祕密隱顯俱成門」、「微細相容安立門」、「十世隔法界成門」、「諸藏純雜具德門」、「一多相容不同門」、「諸法相即自在門」、「唯心迴轉善成門」、「託事顯法生解門」，法藏以之為基礎將十玄門作了名相以及順序上的調整，與原義一致。十玄門發揮法界緣起的思想，認為事物皆因緣而起，彼此包含依存，任何一門都可含攝其他門。

四法界

❸理事無礙法界：
差異現象起自真如之心，真如之心需通過現象事物才得以呈顯，意即理法界與事法界彼此含攝不相礙。

❹事事無礙法界：
現象彼此雖具差異，但皆起自於真如之心。現象事物皆為真如之心的呈顯。任何一現象事物皆是其他現象事物之所緣，現象一切事物彼此無礙，彼此交滲。

真如之心
（理法界）

呈顯為 →

← 起因自

世間一切現象
（事法界）

❶理法界
具有差別異的現象，本質上是相同的，皆為真如之心的產生，為真如之心的呈顯。

❷事法界
現象中所有事物彼此之間具有差異，皆有其特殊性。

六相

❶總相：金獅。
❷別相：眼、耳、鼻。
❸同相：眼、耳、鼻皆出自金獅。
❹界相：眼、耳、鼻彼此不同。
❺成相：眼、耳、鼻構成金獅。
❻壞相：個別的眼、耳、鼻無法構成金獅。

UNIT 5-14
五教十宗

　　和天台宗一樣，華嚴宗亦有一套判教思想。不同的是，天台宗的判教思想兼括對於說法的形式以及說法的內容之高下深淺的分判；而華嚴宗的判教單純在針對說法的內容進行分類。法藏《華嚴一乘教義分齊章》云：「就法分教，教類有五。從以理開宗，宗乃有十。」所謂「五教」為小乘教、大乘始教、大乘終教、頓教與圓教五者，其中大乘始教又分為「相始教」與「空始教」兩種；所謂「十宗」為：我法俱有宗、法有我無宗、法無去來宗、現通假實宗、俗妄真實宗、諸法但名宗、一切皆空宗、真德不空宗、相想俱絕宗、圓明具德宗。「十宗」為針對「五教」因說法內容上的不同而在闡釋方面顯示出不同理趣所作的區分。依照華嚴宗的判教思想來看，華嚴宗係各宗派最高者。

（一）五教

　　「小乘教」又稱作「愚法二乘教」，同天台宗判教思想中的「藏教」，包含《四阿含經》、《發智論》以及《俱舍論》等原始佛教及部派佛教特重的經典。小乘教是專為聲聞乘以及緣覺乘而說的。

　　「大乘始教」係為由小乘進入大乘的聽眾所設的教法，分成「相始教」與「空始教」兩種。前者在宣揚一切萬法唯識而起以及「無性有情」，包括《解深密經》、《成唯識論》、《瑜伽師地論》等；後者著重於宣揚萬法皆空，包括有《般若經》、《中論》以及《十二門論》等。「相始教」與「空始教」目的皆在破執，但仍未究盡現象係真如之心之妙有的義理。

　　「大乘終教」為大乘終極教門，認為眾生皆有真如佛性，以為一切萬物係真如隨緣所起，染淨二法皆由之而生，包括《如來藏經》、《楞伽經》、《勝鬘經》、《寶性論》以及《大乘起信論》等。「頓教」又稱作「大乘頓教」，為頓修、頓悟之教，頓顯真如。此教不立文字，直指佛性修證之階位，包括《維摩經》與《思益經》。

　　「圓教」又稱「一乘圓教」，旨在宣揚性海圓融的道理，一切現象互依、互遍、互融，彼此無礙，相即相入，此教所依經典為《華嚴經》。

（二）十宗

　　「我法俱有宗」係指人天乘以及犢子部、法上部、正量部、經量部等小乘教，認為「我」和「法」皆為實有，為實體的存在。「法有我無宗」指雪山部、多聞部以及化地部等小乘教，主張「我」空無、不存在；而「法」為實有。「法無去來宗」指小乘教裡的大眾部、西山住部、法藏部，以為現在的事物為真實的，而過去與未來的事物則體用俱無。「現通假實宗」係指部派佛教的說假部以及成實論，認為世間一切唯「五蘊」為實在，其他皆為假有。「俗妄真實宗」係指出世部，以為唯出世間法才是真實的。「諸法但名宗」指一說部，認為一切諸法皆為假名、非實有。

　　「一切皆空宗」指大乘始教中的空始教，主張萬法皆空、無自性。「真德不空宗」為大乘終教，萬法係萬法之真如本性所呈顯，萬法為真如妙用。「相想俱絕宗」為頓教，主張無上智慧為超越客觀境相以及主觀念慮者。「圓明俱德宗」指一切萬法彼此無礙、圓融自在。

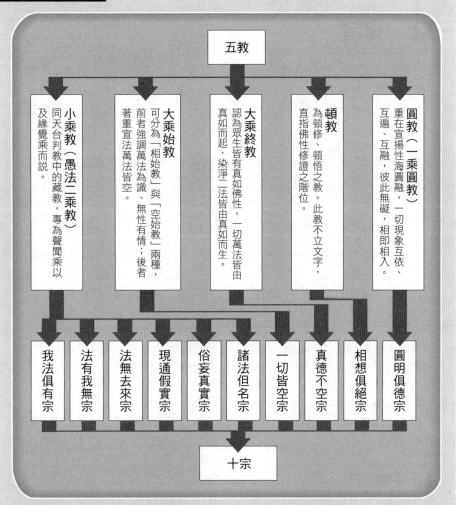

五教

小乘教（愚法二乘教）
同天台判教中的藏教，專為聲聞乘以及緣覺乘而說。

大乘始教
可分為「相始教」與「空始教」兩種，前者強調萬法為識、無性有情；後者著重宣法萬法皆空。

大乘終教
認為眾生皆有真如佛性，一切萬法皆由真如而起，染淨二法皆由真如而生。

頓教
為頓修、頓悟之教。此教不立文字，直指佛性修證之階位。

圓教（一乘圓教）
重在宣揚性海圓融，一切現象互依、互遍、互融，彼此無礙，相即相入。

我法俱有宗

法有我無宗

法無去來宗

現通假實宗

俗妄真實宗

諸法但名宗

一切皆空宗

真德不空宗

相想俱絕宗

圓明俱德宗

十宗

 ★法界緣起

緣起思想係佛陀面對世間事物生成、變化以及散滅之現象所證悟的道理。佛教各宗派在理論建構時發揮緣起思想，發展出不同的緣起說法。小乘教主張業感緣起，認為現象的生成、變化、散滅是因各種業力而成。大乘始教中，法相宗則依唯識理論主張阿賴耶緣起，以為一切法係由阿賴耶識的作用而產生。大乘終教認為眾生皆具真如佛性，真如佛性具有常住以及隨緣起動二面，一旦真如佛性受薰染於無明便成為阿賴耶識，而一切萬法係由阿賴耶識所現起。依據華嚴判教思想，華嚴宗的法界緣起屬於圓教之說。法界緣起主張一切法皆緣生於一心、為一心所現，認為一切法皆攝於一心，因而一為一切、一切為一，也就是現象與本體不分，離本體無現象、離現象無本體，法與法之間也因於同體而圓融無礙，彼此互為從主、互為條件，成為無盡緣起。

UNIT 5-15
律宗

律宗係因專研與傳持戒律而被稱作律宗。佛教重戒律，戒律的制訂目的在通過對於行為的約束與指導使得眾生能夠斷除煩惱，眾生能夠由之清淨己心，使自身的德行圓滿，從而獲得解脫。無論是佛教的三藏亦或三學皆有對戒律的規定與討論，可見佛教對於戒律的重視程度。

佛滅以後第一次集結，曾由優婆離誦出《八十誦律》，後來印度佛教各宗派對於戒律的理解不同，因而分裂成為五部，並有各自依持的典籍。智首有鑑於五部對於戒律見解不一致所造成的混亂，遂研核古今學說，撰有《五部區分鈔》與《四分律疏》。智首弟子道宣則進一步專研與發揚，創立了律宗。道宣創設的律宗又稱為南山宗，相部宗與東塔宗也同時宏揚《四分律》，南山、相部與東塔因而被視為律宗三家，相部與東塔二系後來逐漸衰微，因而現今說律宗一般指南山宗。

（一）止持與作持

所謂戒與律分別是指止持與作持，戒又作「止持」，意指對於不應該做的事情的規定；律又作「作持」，意指對於應該做的事情的規定。

有關「止持」，《四分律》規定年滿二十歲的出家人需受「具足戒」，考量比丘與比丘尼因性別上的差異而在心理以及生理特徵上的不同，因而對於比丘與比丘尼的行為規定有些不同，比丘必須遵守的戒條共有二百五十條，而比丘尼必須遵守的戒條共有三百四十八條，不過戒條訂立的根本精神是相同的。大抵而言，比丘與比丘尼遵守的戒條可依所犯戒條之行為涉及罪的輕重程度分為

五種：波羅夷、僧殘、波逸提、提舍尼以及突吉羅。比丘與比丘尼須遵守「具足戒」，其他人則依其身分與機根遵守其他的戒，在家的信男信女應時常遵守「五戒」、擇日遵守「八戒」；沙彌與沙彌等出家不久者當遵守「十戒」；比丘尼以前的預備級者則應遵守「六法」。

有關「作持」，《四分律》裡頭規定有「二十犍度」，此為針對教團、修法、儀式和衣食等日常生活禮儀的規定。《四分律》的「二十犍度」包括受戒犍度、說戒犍度、安居犍度、自恣犍度、皮革犍度、衣犍度、藥犍度、迦絺那衣犍度、俱睒彌犍度、瞻波犍度、呵責犍度、人犍度、覆藏犍度、遮犍度、破僧犍度、滅諍犍度、比丘尼犍度、法犍度、房舍犍度與雜犍度。

此外，律宗有「三聚淨戒」說，三戒係指：攝律儀戒、攝善法戒以及攝眾生戒。律宗認為三戒彼此互相融攝，能夠遵守一戒，便三戒全具。

（二）四科

戒可分為戒體、戒法、戒行與戒相四科。戒體是指受戒者將戒的精神融貫於內心時，所產生的一種自律意志，具有防非止惡的作用。戒法是指釋迦牟尼所制訂的種種行為戒律，例如不偷竊、不姦淫等。戒行是指順隨戒體之自覺自律從而表現於身、口、意三業之合乎戒法的行為。戒相為因持戒而表現於外的相。戒體為四科核心，亦為律宗理論的中心。南山宗道宣以為戒體為阿賴耶識所藏的種子，又作「心法戒體」，此說為中國佛教關於戒體討論的多數說法。

《四分律》

四分律

初分前部 → 僧戒本（比丘守之） ↘
初分後部及第二分前部 → 尼戒本（比丘尼守之） → 止持
第二分後部至第四分 → 二十犍度（教團與僧尼） → 作持

二十犍度

	說明
受戒犍度	領具足戒的行事之法
說戒犍度	每月僧眾相集受戒所施行的懺悔之法
安居犍度	安居修道期之法
自恣犍度	僧眾提出他人罪行，以供彼此反省之法
皮革犍度	有關能否使用皮革以及使用的戒規
衣犍度	有關比丘尼身著三衣的衣法
藥犍度	有關食事以及四藥之法
迦絺那衣犍度	有關功德衣的受、捨等的規定
俱睒彌犍度	比丘相合以及制止諍鬥的規定
瞻波犍度	評說羯磨的如法、不如法等是否恰當
呵責犍度	懲罰比丘之法
人犍度	有關比丘犯僧殘罪以及懺罪之法
覆藏犍度	有關懲罰犯覆藏的規定
遮犍度	有關犯罪比丘不得入僧眾之法
破僧犍度	敘說破壞法輪僧、羯磨僧及僧團之事
滅諍犍度	滅除諍論之法
比丘尼犍度	有關比丘尼的行事規定
法犍度	有關比丘行為的儀則之法
房舍犍度	有關房舍與臥具的使用規定
雜犍度	前十九種犍度規定之外的雜法

UNIT 5-16
密教

密教為漢傳佛教之一,屬大乘佛教系統。其發展起源甚早,印度密宗源自於古代吠陀,佛教在發展過程中逐漸融入民間信仰,並吸收了咒術密法以守護教徒、消除災障。

密宗又稱作真言宗,該宗在弘傳大日如來的真言密法。三國時代,中國開始與密教有接觸,密教宗派係經過善無畏、金剛智、不空與一行的推動而正式創立,在此之前,《大灌頂神咒經》、《咒齒經》、《大吉義神咒經》、《牟梨曼陀羅咒經》、《觀自在菩薩隨心咒經》等譯入中國的經書被統視為雜密,有別善無畏等人的純密。密宗將佛教各宗派分為顯教與密教二種,認為大日如來為「法身佛」,所說的法為密教;釋迦牟尼佛為「應身佛」,所說的經為顯教。按照密宗的觀點,顯教為權教,係釋迦牟尼佛因應聽眾之根器不同所顯之不同的教法,為漸進之教,除密教之外,其他所有大小乘宗派都屬顯教;密宗則屬於密教,為實教、頓教。修習密宗在求「如實知自心」,使吾人在一念之中觀照出自身本有的真如佛性,明白宇宙間的萬法係佛性所現,萬法彼此含相、圓融無礙。

(一)金剛界與胎藏界

密教可區分有「金剛界」與「胎藏界」兩個系統,前者為善無畏、一行所弘揚,主經為《大日經》;後者為金剛智、不空所弘揚,主經為《金剛經》。此二經與《蘇悉地經》同為密宗依持的根本經典。密宗金胎二系統到了惠果時便合而為一,從惠果開始密宗傳教便兼傳金胎二部。

密宗有「六大緣起」之說,主張宇宙一切萬物不外乎是由「地」、「水」、「火」、「風」、「空」與「識」等六種基本元素所組成,又稱作「六大」。「地」具堅性、「水」具溼性、「火」具暖性、「風」具動性、「空」具無礙性,此五者為物質,密宗將此五者歸屬為胎藏界所謂的「理」,此理為大日如來所觀之理,「理」係吾人以及宇宙一切萬物的本體。「識」為金剛界,屬精神性,為大日如來能觀之「智」,此「智」係指與真如合一的狀態。密宗主張「理」、「智」合一,互為表裡。

(二)曼荼羅

「曼荼羅」為梵語,原指作為供奉神像、祭祀的場所,此場所或為土壇、或因應修法之需規劃出的圓形或方形的處所。曼荼羅製作的目的在提供修行者供養與觀想之用,曼荼羅上面畫有本尊、本尊的眷屬、居處與境界。密宗認為曼荼羅係真理的表徵,曼荼羅含「圓輪具足」之義,即如同圓輪一樣圓滿無缺,所有繪製於曼荼羅上面的佛、菩薩、諸天等彼此相互圓融,代表圓滿的真理。曼荼羅為一種修行者與諸佛、諸菩薩溝通的形式,對密宗而言,曼荼羅為真理的表徵、為宇宙的圖式。修行者在修行時藉由禮讚曼荼羅,便可得到大日如來的加持,以除煩惱,獲得無上正等正覺。

曼荼羅種類繁多,最常見的有「金剛界曼荼羅」與「胎藏界曼荼羅」,密宗對此二者廣施禮拜,此二種曼荼羅分別根據《金剛經》〈金剛界大曼陀廣大儀品〉以及《大日經》〈入曼荼羅具緣真言品〉繪製而成。前者象徵佛的智慧,後者在象徵佛的大悲功德。

金剛界曼荼羅

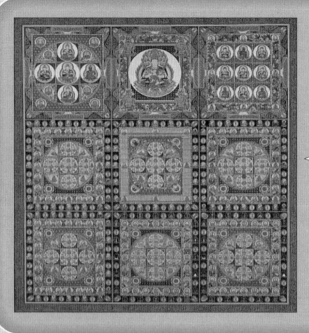

金剛界曼荼羅在表現大日如來的智慧。大日如來的智慧如果金剛一般，它能夠破除一切的煩惱，任何事物都無法破壞它。

金剛界曼荼羅全圖分成九格，九格排列整齊，正代表堅固的智慧。

胎藏界曼荼羅

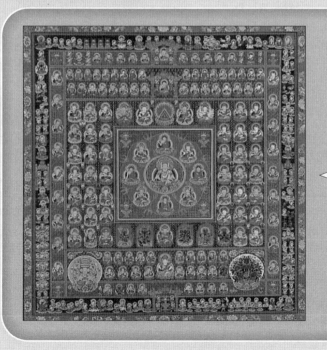

胎藏界曼荼羅在表現大日如來的理性，即真如佛性。真如佛性猶如母胎蘊含嬰兒，具足所有功德。

胎藏界曼荼羅以大日佛來為中心，大日如來四周包圍有十二個院，代表諸佛世界及佛的慈悲。

UNIT 5-17
禪宗

　　禪宗特色為「以心傳心」。釋迦牟尼曾在靈山會上拈花示眾，在場的所有人皆默然不語，唯有訶摩迦葉反應不同於眾人，獨自一人破顏微笑。釋迦牟尼與迦葉尊者的互動意味著他們能夠藉由心領神會的方式來傳遞佛法，毋需藉由文字語言。

　　摩訶迦葉後來將此心印密付於阿難二祖，印度禪宗便正式發展，印度禪宗的思想由菩提達摩傳入中國，關於禪宗的發展傳承說法不一，一般以為菩提達摩為二十八祖。相傳菩提達摩自南海進入中國，曾經與喜好佛法的梁武帝談佛，然而梁武帝不得其要，達摩遂至嵩山，長年待在少林寺修習禪法，並將心印密付於慧可，慧可後傳僧璨，僧璨傳道信，道信傳弘忍，弘忍以後中國禪宗分為北宗與南宗，北禪的代表為神秀，南禪的代表為慧能。後來北宗發展情形日趨衰頹；相形之下，南宗的規模則日漸擴大，今日的禪宗都是屬於惠能一系的南宗。

（一）不立文字

　　禪宗諸佛「以心傳心」的理論根據係對於語言文字限制性的破除。蓋按吾人日常的習慣，在認識活動中要明確掌握一個對象，必須透過概念才有可能。任一個概念本身皆脫離不了語言文字，概念的內涵係由語言文字所形成，代表概念的符號本身也是語言文字。藉由語言文字以及概念進行的思維活動都是相對的，無法與佛法相契。禪宗祖師講述《楞伽經》與《金剛經》等經，看起來好像與「不立文字」相牴觸；不過，「不立文字」並不是要吾人完全不用語言文字，或要吾人完全脫離語言文字，

而是要能夠對語言文字具有缺陷的事實有所認識，強調在使用語言文字的同時，能夠自覺，不陷於語言文字的限制中。

（二）心性

　　禪宗以為眾生皆具有佛性。菩提達摩以為：「深信眾生同一真性，客塵障故，令捨偽歸真。」（《續高僧傳·菩提達摩傳》）慧可以為：「天下有日月，木中有炭火，人中有佛性。」（《楞伽師資記·慧可傳》）僧璨以為：「一心不生，萬法無咎。」（《信心銘》）道信以為：「夫百千法門同歸方寸，河沙妙德總在心源。」（《景德傳燈錄》）弘忍以為：「三世諸佛，皆從中生。」慧能指出：「自心是佛」、「當知愚人智人，佛性本無差別」、「自性本自具足」（《六祖壇經》）。人與人雖然具有文化、性別、語言、環境、智力等等的差異，但是大體而言都是相同的，無論是誰，皆本來具有心性，因此人與人是平等的。

　　既然眾生皆具心性，是以眾生皆具有成佛的可能，因為心性即是佛性。禪宗認為吾人本有的心性本來清淨，心性是所有眾生本來具有的，為吾人之主體，任何的無明煩惱皆無法使之受汙。心性即佛性，人人皆具有佛性，而吾人之所以無法保有心性本然之清淨，反受無明煩惱所苦，係因於妄念生起所致，倘若能斷除造生煩惱的妄念，則清淨自生、心性自復。

不立文字

不立文字
（禪宗諸佛以心傳心）

根據 →

語言與文字有其限度，藉由語言與文字進行認識，將無法完全把握欲認識的對象。通過語言文字所把握到的，都是相對的，無法與佛法相契。

了解語言文字在認識活動上的限制，在使用語言文字的同時，能夠自覺而不陷於語言文字的限制中。

吾人欲得佛法，必須完全不用語言文字、或完全脫離語言文字。

心性

❶為吾人的主體所在。
❷眾生皆有。
❸本來清淨。
❹不受無明煩惱所汙染。
❺人與人之間雖然有文化、性別、語言、環境以及智力等的不同，但因心性，人是平等的。

心性

恢復

斷除妄念

❶煩惱起自妄念。
❷斷除妄念，便能回復心性，心情一旦回復，則清淨自生，煩惱不再。

★教外別傳

「教外別傳」為禪宗一項特色。教內指佛陀藉語言文字向眾生說法的方式，教外指不立文字，直接通過以心傳心的方式將證悟之法遞眾生。教外別傳之說容易讓人以為禪宗完全否認語言文字的作用，不過事實上並非如此。禪宗的發展從達摩一直到弘忍都講《楞嚴經》，弘忍雖然因《楞嚴經》名目繁多，擔心眾生執於文字引起分別而改說《金剛經》，但從看重二經的事實來看，禪宗未曾捨棄經典。教外別傳實義為要人別死守宗派之說，另開一格相傳。

UNIT 5-18
惠能

中國禪宗的發展以菩提達摩為始祖，後為二祖慧可、三祖僧璨、四祖道信、五祖弘忍，傳惠能為六祖。神秀與惠能分別講佛法於北方與南方，世稱北宗與南宗，二人曾同於弘忍門下。弘忍為了尋求承其衣鉢的人，便集合門下弟子，要所有弟子各寫一首偈，誰的偈寫得最好，便得衣鉢，當時被公認最得弘忍禪法的神秀寫了一首偈：「身是菩提樹，心如明鏡臺，時時勤拂拭，勿使惹塵埃。」惠能本身不識字，但是天賦智慧，聽聞別人讀誦神秀的偈，他便作了一首偈，請人代他寫出，此偈內容：「菩提本無樹，明鏡亦非臺，本來無一物，何處惹塵埃。」弘忍最後將他的衣鉢傳給了惠能，為中國禪宗六祖。

惠能禪風特殊，在中國禪宗的發展上占有重要的地位，歷史上北宗逐漸衰頹，南宗卻因惠能而掀起浪潮。

（一）明心見性

《六祖壇經》記載惠能與智常的對話：「智常一日問師曰：『佛說三乘法，又言最上乘，弟子未解，願為教授。』師曰：『汝觀自心，莫著外法相。法無四乘，人心自有等差，見聞轉誦是小乘，悟法解義是中乘，依法修行是大乘，萬法具備，一切不染，離諸法相，一無所得，名最上乘。』」惠能以為眾生的自性，即為佛性。一切萬法本源於心，解脫之鑰在明心，能夠明心即可見性，可見性的人也就是佛性顯朗的人。惠能禪法指出解脫關鍵在吾人自心是否顯現，而一般求法者卻著重於對法相進行探究。對於萬法，普通人習慣將之視為有，尋求佛法的人或以為一切萬法為空，或進一步認為「非有、非

空」、「非不有、非不空」，這些說法都是離自性以求佛法。《六祖壇經》云：「於相離相，於空離空，一念心開，即見佛性，即是頓悟。」相對而言，惠能不從實相求解脫，而直接明指自性即佛，為頓教之說。

（二）無念為宗

《六祖壇經》云：「善知識，我此法門，從上以來，先立無念為宗，無相為體，無住為本。無相者，於相而離相；無念者，於念而無念；無住者，人之本性。」惠能強調無念，「無念」之說具有消極與積極二義。

就消極之義來說，吾人面對萬法之相，應以無相為體，心對於萬相而生起之心念不執著，甚而對於涅槃解脫亦無任何執著之念，因為心一旦有執著想念，便會被束縛、捆綁住，能夠無念，心便可以無住，心無住意指心能不常著於某處。《六祖壇經》云：「若悟自性，亦不立菩提涅槃，亦不立解脫知見。無一法可得，方能建立萬法。若解此意，亦名佛身。」能夠無念便可即地成佛，執於涅槃解脫者，只是徒使自身陷於俗塵，不得解脫之境。

就積極之義而言，「無念」係指能夠順隨真如而起之念。《六祖壇經》云：「念者念真如本性。真如即是念之體，念即是真如之用，真如自性起念，非眼耳鼻舌能念。真如有性，所以起念。」所謂「真如之念」，係以自性之真如為體而起之念，此念係依真如為體的發用。是以，惠能言無念，並不是指眼耳鼻舌等應萬物之相而起的執著之念，而是指真如為體之念。

明心見性

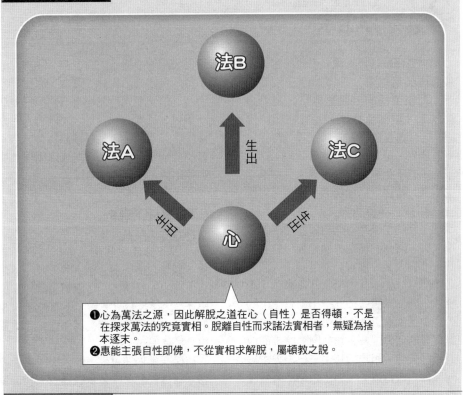

❶心為萬法之源，因此解脫之道在心（自性）是否得頓，不是
在探求萬法的究竟實相。脫離自性而求諸法實相者，無疑為捨
本逐末。
❷惠能主張自性即佛，不從實相求解脫，屬頓教之說。

無念為宗

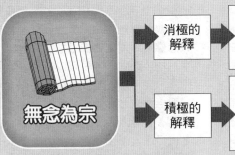

消極的
解釋 → 萬法之實相為無相。吾人對於萬法所生之心念不該執著，甚至對於涅槃解脫也無執著之念，能夠如此方能無住，進而得解脫。

積極的
解釋 → 「無念」非指因眼、耳、鼻、舌等應萬物之相而起的執著之念，而是指順隨真如而起之念，與前者相對。真如之念，為真的發用。蓋真如是體，有性，因而真如自然有用，其發用為真如之念。

知識補充站 ★五家七宗

惠能開創了南宗，南宗發展至中唐成為禪宗的正統。惠能門下弟子悟道者共四十三人，他
們到處說法，禪宗思想因而盛行；其中，又以懷讓以及行思最具影響。懷讓數傳後形成為
潙宗與臨濟宗，行思傳後形成曹洞宗、雲門宗與法眼宗。宋朝臨濟宗演變出黃龍與楊歧
二個派別。潙仰、臨濟、曹洞、雲門與法眼等五宗在宗風上各有各的特色，五宗與黃龍、
楊歧合稱是「五家七宗」。

UNIT 5-19
淨土宗

淨土宗係經菩提支流、曇鸞、道綽、善導而發展成宗，善導為淨土宗完成者。此宗依據的主要經典為《無量壽經》、《觀無量壽經》及《阿彌陀佛經》。《無量壽經》云：「設我得佛，十方眾生，至心信樂，欲生我國，乃至十念，若不生者，不取正覺。」淨土宗主張吾人藉由「稱念佛名」的方式可使自己通往西方極樂世界。

淨土宗的主張乃根據自阿彌陀佛的本願他力。阿彌陀佛在成佛之前，曾發下四十八個大願，誓言完成這四十八個大願才願意成佛，其中第十八個願為「念佛往生願」。曇鸞依此提出阿彌陀佛的「念佛往生願」為使眾生得以入西方極樂世界的他力，吾人藉此阿彌陀佛的他力始能成佛。相較於藉由一己之力求得解脫的「難行道」，淨土宗藉由阿彌陀佛他力接引的解脫方式，被視為「易行道」。

（一）信、願與行

淨土宗以「信」、「願」與「行」三法為要。「信」指信念、相信，對於佛教的基本教義有所認識並接受，深信佛告訴眾生的，藉由念佛可獲得阿彌陀佛慈悲接引眾人的他力，以求得進入西方極樂世界的道理。「願」為切願，發願一心朝向西方淨土，並於到達佛國後再回頭渡化眾生。另外，吾人必須願意，才能夠獲得阿彌陀佛的他力。阿彌陀佛具大慈、大悲之心，其他力無時無刻不在眾生周遭，然而事實上並非每一個人都能夠獲得他力的接引，能否獲得他力的接引，前提為吾人必須主動發願得他的他力救渡。「行」為力行，可分為力行孝敬父母、布施、持戒等的通行，在深信發願的前提下力行念佛、拜佛等的主行以及印經、修齋、造像、放生等的力行。信、願與行為淨土三要，三者缺一不可，三者必須具足，才能夠入西方淨土。三要之中，又以深信為首，吾人若不能夠深信，則切願便無以出現，切願不出現，也就難以力行。

（二）稱名念佛

佛教念佛可區分出四種類型：觀想念佛、觀像念佛、實相念佛以及稱名念佛。觀想念佛係指念想佛的形象、念想西方淨土的莊嚴等，《觀無量壽經》提出十六種觀想，吾人的觀行若能夠純熟，那麼一旦行觀想活動便能夠隨時置自身於極樂淨土。

觀像念佛指觀畫幅上的佛像或佛像雕塑，並進行靜坐。實相念佛為念想世界的諸法實相，明白萬法實相性空，使內心不為外境所動、所染。

稱名念佛為口中不斷誦讀「阿彌陀佛」或「南無阿彌陀佛」，稱念者一心只念佛號，別無他種思慮。「南無」二字意指「歸向」，吾人口念「南無阿彌陀佛」表示吾人願意歸向於佛。

淨土宗的念佛為稱名念佛，《阿彌陀佛經》指出稱念阿彌陀佛七日而心不亂便可進入淨土。善導指出眾生藉由稱名念佛可以具足懺悔、讚歎、發願、莊嚴四德，並增益滅罪、護念、見佛、攝生、證生五種功德。

稱名念佛的方式有許多種：記數念、記十念、隨息念、追頂念、禮拜念、覺照念、出聲念、金剛念以及默念等。任何稱名方式皆強調吾人稱名必須字字清楚，不可有其他雜念。

信、願與行

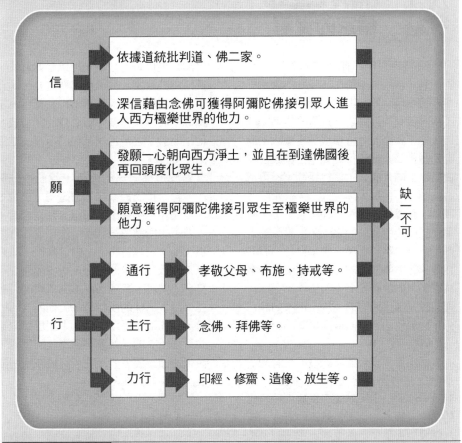

信 ──→ 依據道統批判道、佛二家。

信 ──→ 深信藉由念佛可獲得阿彌陀佛接引眾人進入西方極樂世界的他力。

願 ──→ 發願一心朝向西方淨土，並且在到達佛國後再回頭度化眾生。

願 ──→ 願意獲得阿彌陀佛接引眾生至極樂世界的他力。

缺一不可

行 ──→ 通行 ──→ 孝敬父母、布施、持戒等。

行 ──→ 主行 ──→ 念佛、拜佛等。

行 ──→ 力行 ──→ 印經、修齋、造像、放生等。

佛教念佛

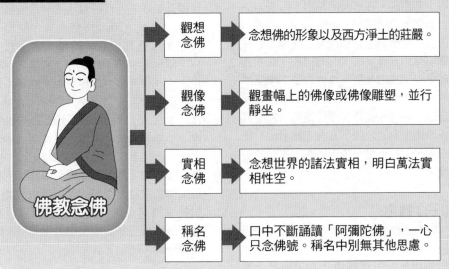

觀想念佛 ──→ 念想佛的形象以及西方淨土的莊嚴。

觀像念佛 ──→ 觀畫幅上的佛像或佛像雕塑，並行靜坐。

實相念佛 ──→ 念想世界的諸法實相，明白萬法實相性空。

稱名念佛 ──→ 口中不斷誦讀「阿彌陀佛」，一心只念佛號。稱名中別無其他思慮。

UNIT 5-20
儒家的覺醒

魏晉盛行玄學，隋唐流行佛理，相對而言，自視為中國思想主幹的儒家思想在這兩個時期卻顯得力不從心、影響不再。儒家的發展之所以面臨空前的危機，除了歸諸於社會環境等現象因素而促使道佛二家的流行，還包括儒家自身於發展上陷入瓶頸，使得學問家不再留心於儒學而轉為大談道佛。漢武帝雖然高倡「獨尊儒術」、「罷黜百家」，將儒家提高於所有學問之上，但是政治上卻不是真的本於儒家，儒學自身的發展更是摻雜陰陽讖緯的思想，遂使得先秦儒家本有的精神隱而不顯，儒家在漢代與其說是漢代思想的主流，倒不如說它只是因於政治考量而被高舉為為凝眾人心的旗幟。

表面上看，漢代儒家的發展是有的，不過此時的儒家發展不同於先秦儒家對於義理的深化，漢儒只是著重於經典的文字考據，加上天人感應的附會，漢代儒家失去了先秦儒家的本有精神，說穿了，其形式上的發展只是在粉飾其義理上的空疏。在這樣的情形下，失去活力的儒家自然難勝於道佛二家，就連力求三家抗衡的本錢也沒有。道佛二家在實際效用上滿足了人心的需要，並在義理方面建構出兼括天道與人道二項組成的立體架構，裏足不前的儒家當然難以抵擋。不過，在魏晉隋唐道佛二家的流行帶給儒家的危機，在有志識者的眼裡來看，未嘗不是一項復興儒家思想的契機。

（一）韓愈

韓愈〈原道論〉云：「斯道也，何道也？曰：斯吾所謂道也，非向所謂老與佛之道也。堯以是傳之舜，舜以是傳之禹，禹以是傳之湯，湯以是傳之文、武、周公。文、武、周公傳之孔子，孔子傳之孟軻，孟軻之死不得其傳焉。」韓愈本於儒家，為中國思想建立道統，他指明孟子之後道統不再的事實，並極力回復道統。

對於道佛二家的流行，韓愈十分痛斥。韓愈指出道家雖然講道德，但是，其道德並不是儒家的道德，在他來看，「老子之所謂道德云者，去仁與義言之也，一人之私言也。」對於佛教，韓愈以為佛教是外來的思想，與中國思想不符合。其實，韓愈對於道佛二家的討論並不深入，他的反對是基於他所立的道統，他的道統係以儒家為中國思想主流的看法所立的。韓愈不甚深入的批判，後來逐漸為儒者們吸收，終於在宋明開展出儒家的復興。

（二）李翱

李翱的〈復性書〉重新談論了儒家的性，其持有的看法不同於漢代、魏晉將性視為氣性、才性的看法。〈復性書〉提到：「人之所以為聖人者，性也；人之所以惑其性者，情也。喜、怒、哀、懼、愛、惡、欲七者，皆情之所為也。」〈復性書〉還提到：「性者，天之命也，聖人得之而不惑者也。情者，性之動也，百姓溺之而不能知其本者也。」李翱同於〈中庸〉視性為人本有之性，此性為天之命，為超越之性。此性人皆有之，吾人所以難呈顯此性，只是因情蔽之故。李翱的學術興趣明顯不同於當時流行的佛教，其發揮自《中庸》的性論思想反映出儒者復興儒家的自覺精神。

韓愈與宋明時代的儒學復興

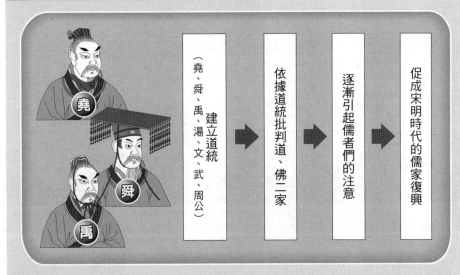

堯

舜

禹

建立道統（堯、舜、禹、湯、文、武、周公） ➡ 依據道統批判道、佛二家 ➡ 逐漸引起儒者們的注意 ➡ 促成宋明時代的儒家復興

李翱論性

性

➡ 有別於過往魏晉時代針對人與人之間的個別處來論性的角度，恢復先秦以人之所以為人的根本角度來論人之性。

➡ 發揮了《中庸》的天命觀點，以為性為天命，為超越之性。

➡ 認為性為聖人生命之所以可能依持的資具。

➡ 喜、怒、哀、樂、愛、惡、欲等為性之動，情能惑性。情一旦惑性，性便不明。

知識補充站 ★隋唐五代儒學的衰退原因

分析隋唐五代儒學不振的原因，可歸於歷史、環境及內部等三項因素：❶漢代儒學摻雜陰陽讖緯、淪為政治領導工具以及因偏重章句訓詁而忽略義理的深化；❷魏晉玄學盛行與佛教於漢末傳入後逐漸受到世人接受，甚至獲得朝廷支持的兩股力量；❸隋唐儒家自身在發展上的問題。

隋唐儒家自身的問題：❶將儒學視為謀利工具，因而受人鄙視；❷儒者缺乏力行，使得現實行為與理想脫節，難被人們尊重；❸對經典的解讀缺乏共識，不利儒學傳播；❹著重注文，造成文字堆砌，經典本身的義理難獲掘發。

第**6**章

宋明理學

●●●●●●●●●●●●●●●●●●●●●●●●●●●●●●●●● 章節體系架構

UNIT 6-1
宋明理學

宋明時期為儒學復興的階段，這個時期的儒學在思想上被稱作新儒學，又稱作道學、理學。新儒學有別於漢代儒學，前者著重於微言大義，後者著重於章句訓詁。魏晉盛道家、隋唐盛佛理，新儒學的一項要務便是思考如何革新漢代著重文字研究的學術性格，將儒學轉化為具備道佛二家思想，並兼具宇宙如何形成、人生意義為何、道德實踐如何可能等問題解答的理論特質，先秦儒學對於這些問題雖有涉及談論，但是相較於後來道佛二家發展出的理論，卻顯得粗略不足。

韓愈訂立儒學道統，並解釋「斯吾所謂道也。非向所謂老與佛之道也。」所謂道，為儒道。「道學」之名係針對宋明基於韓愈道統說的道而產生之發展活動而論。宋明儒學對於儒道的看法與漢儒迥然不同，為深化先秦儒學使自身能夠發展出同道佛兼具多層哲學面向的系統理論，宋明儒學對於心性、天以及心性與天之間的關係有許多的探討，專就儒家義理進行闡發，故宋明儒學又被稱為理學。

宋明理學思想家甚多，依據他們的理論，可以畫分成不同的學派。雖然學派不同，但是他們皆重視儒學心性的研究，其所顯視出的精神，基本上是相同的。

（一）聖人生命

宋明儒學與先秦儒家一樣重視個人的道德品格。在儒家來看，外王事功的完成唯有透過內聖的實踐，方為可能。是以，宋明儒學將聖人視為理想人格，吾人應努力使自己成為聖人，縱使現實上不易達成，但本於君子自強不息的精神，至少在態度上也要能夠不斷精進自己的道德生命。

通過內聖以開展外王的思想，是儒家一貫的思維。宋明理學強調「內聖之學」、「成德之教」，將道德生命視為吾人真正的生命，人生的意義與價值便是在道德的活動中獲得肯定。

道德活動成就出的人生意義與價值，不只是意謂個人道德生命的提升與完成，此活動成就的意義與價值還包含個人對於家庭、社會、國家的道德實踐。聖人為理想生命，聖人能夠完成個人，亦能落實於群體，藉由道德的實踐開創個人與群體的和諧。

（二）成聖根據與價值標準

成聖的理念並不是一項針對某些特定人士的要求，宋明理學認為人固然有氣性與才性上的先天差異；然而在他們來看，凡是為人，都具有道德實踐的可能性。為此，宋明理學思想家對於人所以能夠成聖的根據皆有談論，以為人先天具有成聖的資具，並將此資具或天道視為價值的標準。

（三）實踐精神

理想生命既為道德，想當然耳，理想生命就必須透過實踐才可能完成。宋明儒學強調實踐，由自然生命轉為道德生命必須要實踐，由道德生命貫穿個人與群體也必須要實踐。「實踐」係中國哲學的特質，也是宋明理學思想家的共同性格。對宋明理學而言，哲學的真正工夫不在於純理智上的思辨、不在於文字的堆砌，而是在實踐，真正的哲學要能夠落實，能夠落實者才稱得上是真正的哲學思想家。

宋明理學的特色與課題

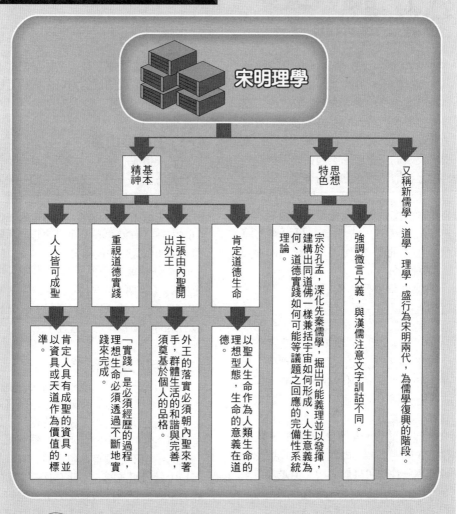

宋明理學

基本精神

- 人人皆可成聖
  肯定人具有成聖的資具或天道作為價值的標準。

- 重視道德實踐
  「實踐」是必須經歷的過程，理想生命必須透過不斷地實踐來完成。

- 主張由內聖開出外王
  外王的落實必須朝內聖來著手，群體生活的和諧與完善，須奠基於個人的品格。

- 肯定道德生命
  以聖人生命作為人類生命的理想型態，生命的意義在道德。

思想特色

- 宗於孔孟，深化先秦儒學，掘出可能義理並以發揮，建構出同道佛一樣兼括宇宙如何形成、人生意義為何、道德實踐如何可能等議題之回應的完備性系統理論。

- 強調微言大義，與漢儒注意文字訓詁不同。

- 又稱新儒學、道學、理學，盛行為宋明兩代，為儒學復興的階段。

 ★ **宋明儒學的發展**

不同時期的儒家要面對的課題與挑戰不一樣，先秦儒家的產生與發展是為了回應春秋戰國的國政及經濟問題；宋明儒學則是一種源自於對佛道深感不滿進而標舉道統以致力闡發孔孟的自覺性嘗試。宋明儒學延續韓愈等人的呼籲，以復興儒家為己任、跳脫漢代以降強調章句訓詁的注經特色，著重微言大意，以闡發心性之學為要務。宋明儒學的發展可分為前、中、後三期。前期為北宋時代，主要有周敦頤、張載、程明道以及程伊川四人。中期為南宋時代，主要有胡安國、胡五峰建立的「湖湘學派」、本於程伊川的朱熹以及曾經與朱熹有過多次辯論的陸九淵（朱熹與陸九淵的思想分別被視為理學以及心學）。後期為明代，代表人物為王陽明，王陽明承繼陸九淵以「致良知」進一步闡發心學。王陽明的跟隨者眾，弟子們對於王陽明的良知學各有認識，發展出別具特色的學派：浙中、江右、南中、楚中、北方、粵閩及泰州等。王陽明的儒學發展，以劉蕺山最具代表。

UNIT 6-2
三系說

聖人生命、成聖根據以及實踐精神為宋明儒學所共同強調的；其中，實踐精神要藉由工夫來完成。對於工夫，理學家們有他們各自的主張，強調的重點彼此間不完全相同。在工夫上看法的差異，反映的正是理學家們在成聖根據的問題上採取了不同立場的事實，對於心性、天道以及心性與天道關係等課題抱持不同的主張，這些都使宋明理學成就出不同的樣貌。宋明為儒學復興的時代，在共同的問題意義下，綻放出不同的儒學體系。

根據理學家們的義理系統，將之進行對照與畫分，有「一系說」、「二系說」與「三系說」幾種說法。傳統的分類是「二系說」，將宋明理學區分為「理學」與「心學」兩派。「理學」思想家包括北宋的周敦頤、張載、程明道、程伊川，以及南宋的朱熹，並視朱熹為集大成者；「心學」思想家包括南宋的陸九淵以及明代的王陽明。陸象山、王陽明以為心即理，而朱熹則認為性即理，性理可寓於心中，但是性並不是心；因而在工夫上，後者強調「道問學」，前者強調「尊德性」。

「一系說」則將整個宋明理學的發展看作為一種哲學活動留下的軌跡。認為宋明理學係在革新漢儒、抵抗佛教目的下的思想發展活動，整個宋明理學六百年的發展其實是階段地由論天道、論本性轉為論心性的逐步回復先秦孔孟思想的歷程。

「三系說」由牟宗三提出，牟宗三以為傳統分「理學」與「心學」的看法不正確，正確來說，朱熹只承襲了程伊川的思想，他與周濂溪、張橫渠與程明道的思想不相應，真正承襲周濂溪、張橫渠與程明道者，應當較朱熹稍早的胡五峰，牟宗三並視明代的劉蕺山與胡五峰的思想為同一型態。

（一）五峰蕺山系

對於天道與心性，五峰蕺山系先是談論客觀方面的天道，天道即道德，認為整個天地的流行即天道之道德的展現。再談論主觀方面的心性，以為吾人生命中之內在具有道德心，而道德心的活動即天道於個人生命的落實。

此系談論就客觀的天道上本於《中庸》與《易傳》，對於主觀心性的把握，則本於《論語》與《孟子》，五峰蕺山系的特徵為「以心著性」。

（二）伊川朱子系

程伊川與朱子將天道解釋為理，不過「理」卻只是靜理而非動理，是存有卻不活動的理。關於吾人在道德實踐上之主觀可能性的課題，程伊川與朱子所認為的心，並不是具有本體意義的心體，而是由氣所組成的心。此心具有認知的能力，吾人藉由持敬涵養的工夫能使心平靜專一，從而心能夠識得心外之理，以精進道德。

（三）象山陽明系

不同於胡五峰與劉蕺山，此系罕言客觀的天道，而是先論主觀面的心性，肯定心為吾人先天具有的道德心體，並藉由心體的實踐肯定心體具有客觀的天道。陸九淵與王陽明一系認為客觀的天道本具於吾人心體之中，心體是每個人先天具有的，心體的展現即天道的落實，因此主張從工夫實踐上尋求此道德心體的呈顯。

宋明理學義理系統的畫分

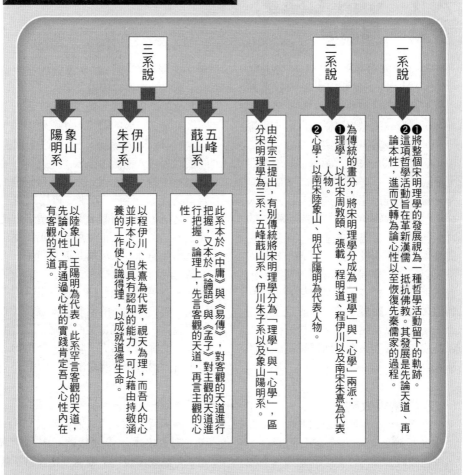

三系說

象山陽明系

以陸象山、王陽明為代表。此系客觀的天道，先論心性，再通過心性的實踐肯定吾人心性內在有客觀的天道。

伊川朱子系

以程伊川、朱熹為代表，視天為理，而吾人的心並非本心，但具有認知的能力，可以藉由持敬涵養的工作使心識得理，以成就道德生命。

五峰蕺山系

此系本於《中庸》與《易傳》，對客觀的天道進行把握，又本於《論語》與《孟子》，對主觀的天道進行把握。論理上，先言客觀的天道，再言主觀的心性。

由牟宗三提出，有別傳統將宋明理學分為三系：五峰蕺山系、伊川朱子系以及象山陽明系。

二系說

❶為傳統的畫分，將宋明理學分成為「理學」與「心學」兩派：
❷理學：以北宋周敦頤、張載、程明道、程伊川以及南宋朱熹為代表人物。
❸心學：以南宋陸象山、明代王陽明為代表人物。

一系說

❶將整個宋明理學的發展視為一種哲學活動留下的軌跡。這項哲學活動旨在革新漢儒、抵抗佛教。其發展是先論天道、再論本性，進而又轉為論心性以至恢復先秦儒家的過程。

★一系說

宋明理學的分系是當代儒學家針對宋明儒者們在詮釋孔孟、建構義理的活動上所表現出的差異，並且對照彼此之間具有的傳承關係而有的區別。主張一系說的學者認為宋明理學的發展表面上看起來多元，具有差異、同時進行義理方面不同的詮解活動，不過皆可統一於「先由天道論開始、進而發展本性論、最終成就於心性論」的發展過程。一系說認為整個宋明理學的發展實為一個整體的、連續的以回復孔孟思想為旨的過程。勞思光將宋明儒學六百年的發展分為天道觀階段、本性論階段以及心性論階段三階段，以為三階段相續發展。自先秦儒家開始，便以道德的實踐為理想生命的完成。天道觀階段以天為主要的探討對象，此階段的儒家共同點在思考宇宙一切事物的發生過程與成因，並且以天道作為道德價值的根源，同時混合宇宙論及形上學的思想。本性論階段對於宇宙論的問題少有談及，保留形上學的部分，探討的主要對象為性或理，將性或理作為道德價值的根源；關於生命實踐的理論發展係環繞於性或理的開展。心性論階段以心為主要探討的對象，認為心為性、為理，肯定心的價值。這三個階段的發展，越到後期越成熟，越接近回復孔孟的宗旨。

　　周濂溪（西元一〇一七至一〇七三年），字茂叔，北宋湖南道州營道縣人。周濂溪的思想被視為宋明理學的開啟者，其形成的思想學派後世稱作「濂學」，傳統視其與張橫渠「關學」、二程「洛學」以及朱熹「閩學」為理學四大學派。

　　周濂溪主要思想在《通書》以及〈太極圖說〉。過去的看法以為周濂溪的〈太極圖說〉係道家的產物，以此衡定周濂溪的思想屬於道家；不過，若就周濂溪對於〈太極圖〉的解讀內容來看，他主張「立人極」，且又提仁義，而且對照《通書》對於「誠」、「聖」等概念的使用，以及儒學向來對於道德之天以及成聖的關懷來看，將周濂溪視為儒學應當無誤。

（一）無極與太極

　　〈太極圖說〉說明了萬物的根源，以及由此根源與萬物在存在上的關係。〈太極圖說〉云：「無極而太極。太極動而生陽，動極而靜，靜而生陰，靜極復動，一動一靜，互為其根；分陰分陽兩儀立焉。陽變陰合生水火木金土，五氣順布，四時行焉。」歷來對於「無極」、「太極」與「陰陽」三者彼此關係的解讀多種。有的主張「無極」就是「太極」。然「無極」只是用來描述「太極」的無形、無相之狀，而「太極」是理，本身不動，有動有靜的是「陰陽」，在「陰陽」動靜之中顯有「太極」動靜之理。有的認為「太極」是萬物的本體，它妙運萬物，使萬物有動有靜。有的則以為「無極」與「太極」不同，「無極」係指尚未分化且未能見的氣，「無極」、「太極」與「陰陽」三者係存在一種宇宙論的發生關係，萬物的存在係根自於氣。

　　各家對於周濂溪「無極」、「太極」與「陰陽」三者的關係看法雖然不同，但是皆有共同的解讀：一切萬物有其共同根源。〈太極圖說〉云：「五行一陰陽也，陰陽一太極也，太極本無極也。五行之生也，各一其性。無極之真、二五之精，妙合而凝。乾道成男，坤道成女。二氣交感，化生萬物，萬物生生而變化無窮焉。」萬物為五行所生、五行為陰陽所成，人類係二氣五行的精華組成。人可與天地合德、與日月合明，能夠參與天地化育的活動。周濂溪〈太極圖說〉一方面就實然面回應了人之所以存在的課題；再者，肯定人為萬物之靈，可通過道德實踐實現人的價值。

（二）誠

　　周濂溪言「誠」，《通書》云：「誠者，聖人之本。『大哉乾元，萬物資始』，誠之源也。『乾道變化，各正性命』，誠斯立焉。純粹至善者也。」此處的「誠」，為「誠」體，為宇宙萬物的根源。整個宇宙大化流行的現象，為誠體作用而成，萬物的生成係誠體的作用而有，萬物也因此得其性命之正，所有的存在都是具有價值的。

　　「誠」除作為「誠」體，亦為聖人生命的內容。《通書》云：「聖，誠而已矣。誠，五常之本，百行之源也。靜無而動有，至正而明達也。五常百行，非誠非也，邪暗塞也。」萬物有其性命之正，為人而言便是實踐道德，聖人的理想生命由道德來成就，「誠」為道德價值的根源，能履誠、踐誠，也同時是在落實「誠」體。

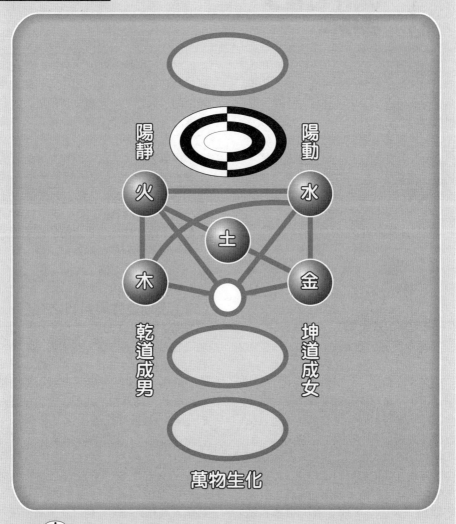

陽靜　陽動

火　水

土

木　金

乾道成男　坤道成女

萬物生化

知識★★★補充站　★〈太極圖說〉全文

無極而太極。太極動而生陽，動極而靜，靜而生陰。靜極復動。一動一靜，互為其根。分陰分陽，兩儀立焉。陽變陰合，而生水火木金土，五氣順布，四時行焉。五行一陰陽也，陰陽一太極也，太極本無極也。五行之生也，各一其性。無極之真，二五之精，妙合而凝。乾道成男，坤道成女。二氣交感，化生萬物，萬物生生而變化無窮焉。惟人也得其秀而最靈。形既生矣，神發知矣，五性感動而善惡分，萬事出矣。聖人定之以中正仁義，而主靜，立人極焉。故聖人與天地合其德，日月合其明，四時合其序，鬼神合其吉凶。君子修之吉，小人悖之凶。故曰：「立天之道，曰陰與陽。立地之道，曰柔與剛。立人之道，曰仁與義。」又曰：「原始反終，故知死生之說。」大哉易也，斯其至矣！

UNIT 6-4
張橫渠

　　張載（西元一〇二〇至一〇七七年）字子厚，為二程的叔輩，北宋陝西橫渠鎮人，所以世人又稱他作橫渠先生。其思想發展本於《易經》、〈中庸〉以及孔孟。後世傳有張載一段名言：「為生民立命、為天地立心、為往聖繼絕學、為萬世開太平。」反映了張橫渠為學的宏大氣魄，期能為先秦儒學開創出一套兼括天人的道德性命之學。

　　明代萬曆年沈自彰編有《張子全書》，收入有張載的〈西銘〉、〈東銘〉、〈正蒙〉、〈理窟〉以及〈易說〉等文章。

（一）太和與太虛

　　同周濂溪先言客觀之天道，張載由「太和」與「太虛」來談論。

　　關於「太和」，〈正蒙〉云：「太和所謂道，中涵浮沉升降動靜相感之，是生絪縕相盪勝負屈伸之始。其來也幾微易簡，其究也廣大堅固。」「太和」為「至和」。以「太和」說道，是在說明道係萬物在氣化流行的過程中，妙運於萬物之氣化流行所呈顯出的和諧之狀。

　　關於「太虛」，學界有人根據張載「太虛即氣」一句，將「太虛」理解成為「氣」。不過，張橫渠也說「太虛無形，氣之本體，其聚其散，變化之客形爾；至靜無感，性之淵源，有識有知，物交之客感爾。客感客形與無感無形，惟盡性者之一。」（〈正蒙〉）「太虛」寓於氣化流行裡，不過「太虛」並不是氣，「太虛」為氣的本體，它妙運氣化，使氣化流行能夠有聚、有散，而人屬萬物之一，「太虛」自能妙運於人。「太虛」寓於人便成為人的本性，它是無感的、無形的，吾人因此無感、無形之性而能夠在有聚、有散的外在世界接觸時產生出聞見之知。人若能夠將無感的、無形的「太虛」作用於人，而成就之人的本性予之實現，則吾人生命將可與具有同源的萬物相通。

　　張橫渠云：「太虛不能無氣，氣不能不聚而為萬物，萬物不能不散而為太虛。」「太虛」為「氣」的本體，不是「氣」，「太虛」與「氣」二者具有相即不離的關係。「太虛」必須通過「氣」顯示它對萬物的妙運；當「氣」散時，則正顯「太虛」無形之性。

（二）天地之性與氣質之性

　　張載對於人性的看法，可分別從天地之性與氣質之性兩方面來說。首先，就天地之性，〈正蒙〉云：「性，其總也。性者，萬物之一源，非我所得而私也。」此性為萬物之共源，寓於每個人的生命，為天地之性；〈正蒙〉云：「由太虛，有天之名；由氣化，有道之名；合虛與氣，有性之名；合性與知覺，有心之名。」吾人之個體生命係由太虛妙運於氣而產生的，是以，每個人具有普遍的天地之性，必須在太虛與氣化活動同時並立下才能夠成立。至於「氣質之性」，〈正蒙〉云：「形而後有氣質之性，善者反之，則天地性存焉。故氣質之性，君子有弗性者焉。為學大益，在自能變化氣質。不爾，卒無所發明，不得見聖人之奧。故學者必變化氣質，變化氣質與虛心相表裡。」就理而言，天地之性是人人具有的；不過，就實際而言，人因氣化成一個個不同的個體，本有的天地之性，亦在形成個體的過程中凝聚為不同的氣質之性，是以，吾人須藉工夫以復天地之性。

太虛、太和與宇宙氣化

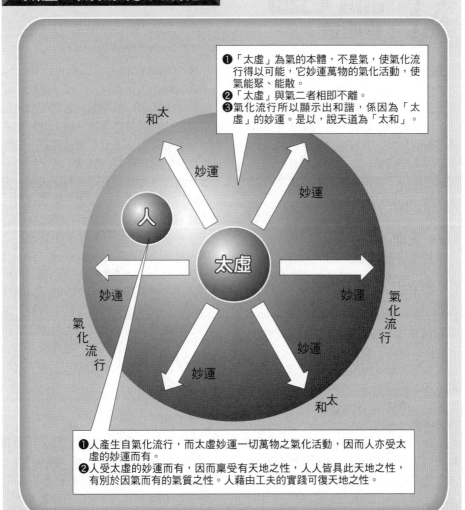

❶「太虛」為氣的本體，不是氣，使氣化流行得以可能，它妙運萬物的氣化活動，使氣能聚、能散。
❷「太虛」與氣二者相即不離。
❸氣化流行所以顯示出和諧，係因為「太虛」的妙運。是以，說天道為「太和」。

和太

妙運

妙運

人

妙運

太虛

妙運

氣化流行

妙運

氣化流行

妙運

和太

❶人產生自氣化流行，而太虛妙運一切萬物之氣化活動，因而人亦受太虛的妙運而有。
❷人受太虛的妙運而有，因而稟受有天地之性，人人皆具此天地之性，有別於因氣而有的氣質之性。人藉由工夫的實踐可復天地之性。

★民胞物與

「民胞物與」是指將萬民視為我的同胞，將萬物視為我的同類，意味吾人於實踐之際能夠肯定萬民、萬物的價值，參與天地的化育活動，促成和諧的世界。「民胞物與」時常被人作為對於自身的期許，為儒家淑世精神的另一說法，出自張載《西銘》。《西銘》云：「乾稱父，坤稱母；予茲藐焉，乃混然中處。故天地之塞，吾其體；天地之帥，吾其性。民吾同胞，物吾與也。」《易傳》以乾坤說道。乾坤為天道，天道化了一切，萬物皆源自於天。吾人的生命既然由天道以及陰陽之氣化所構成，因此從人性，即天道之性的角度來說，人理當能夠體認天道對於所化育之萬物的用心，進而充分、完全展現自身具有的天道之性以愛護萬民萬物。

UNIT 6-5
程明道

程顥（西元一〇三二至一〇八五年）字伯淳，少年時，因周濂溪為其父親友人之故，程顥與其弟程頤嘗從學於周濂溪，後來曾轉於道家、佛教十多年，其思想學說最終在發揚儒家思想，門人弟子稱程顥為明道先生。程顥與程頤二人思想被稱作「洛學」。兩人的思想同被收入於《二程全書》中。

（一）天理

程顥言「天理」，以「天理」說天道。《二程全書》記載程顥所說明「天理」：「萬物皆備於我，不獨人爾，物皆然。都自這個出去，只是物不能推，人則能推之。雖能推之，幾時添得一分？不能推之，幾時減得一分？百理具在，平鋪放著。幾時道堯盡君道，添得君道多；舜盡子道，添得孝道多？元來依舊。」所以說人能兼備萬物、萬物亦兼備萬物，是因為「天理」是普遍的，為萬物共同具有的。是以，程明道以為萬物的存在皆具價值，吾人的生命要能落實這本有的「天理」。

（二）仁與心

程明道云：「己之心無異聖人之心，廣大無垠，萬善皆備。」（《二程全書》）就「天理」普遍寓於每個人生命的事實而言，人與聖人皆具有天理之心；換言之，吾人之心也就是天道，盡吾之心即踐天道於生命。

程明道的「心」可視作是仁心，《程氏遺書》：「醫書言手足痿痺為不仁，此言最善名狀。仁者，以天地萬物為一體，莫非己也。認得為己，何所不至？若有諸己，自與己不相干。如手足不仁，氣已不貫，皆不屬己。」還說：

「欲令如是觀仁，可以得仁之體。」（《二程全書》）就「天理」寓於一切來說，人與萬物並非處於各自不相屬的關係裡，人與萬物實為一體，就好像手與腳看似不相干，但事實上卻是一個整體生命的兩個部分，雖然不同，卻是一體。吾人生命寓有一切共有之天理，人若能夠由此觀之，在面對一切存在時，便能夠生發對於其他一切存在感通之感；若未能如此做，對萬物不具感通之感，便是「痿痺不仁」。感通之感一旦生發，個人的道德生命便能前進，有感一切存在皆與個人的活動有關，以道德連繫吾人與萬物。程明道從生命對於萬物不痿痺而能夠感通萬物的角度切入說仁、說真正生命的表現，在意義上等於是以「仁」釋心，即吾人之「心」為仁心。

（三）識仁

程明道云：「學者須先識仁，仁者渾然與物同體。義、禮、知、信皆仁也，識得此理，以誠敬存之而已，不須防檢，不須窮索。」（《二程全書》）吾人與聖人同，皆具仁心，二者在生活表現上之所以具有差異，不在於仁心的有與無，關鍵在生命是否識得此寓於生命深處的仁心。能者，則仁心能夠流露於外，不能者，雖有仁心，卻仍無法顯露。仁心本於生命之中，卻因外物所累，若要流露此心，必須進行工夫修養。程明道的工夫，並非要吾人將仁心視為被尋求的外在於生命的對象，而是要吾人向自己的生命深處找尋，找到它並時時保有誠敬態度，此仁心便自然逐漸擴大，其工夫同於孟子盡心養氣之說。

人與萬物

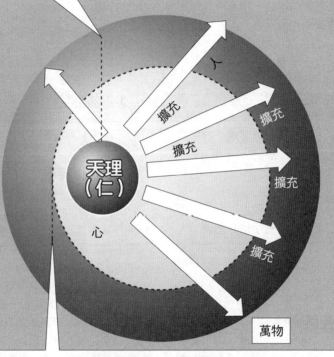

人與萬物同體，皆內有天理。人與萬物看似不相干，但實為一整體的兩個部分，二者不可分開。人若能夠將天理落實，便能感通一切；若無法，則是痿痺不仁。

天理（仁）

心

人

萬物

擴充

❶以仁釋心，心為仁心。天理寓於仁心，真正的生命即仁心的呈顯。
❷實現道德生命的工夫，不在向外窮索天理，關鍵在能識得寓於生命的仁心。
❸人若能夠識得仁心，並持續保有誠敬的態度，仁心便逐漸擴大。如是，便能通過實踐體認「仁者渾然與物同體」。

知識補充站 ★偶成

程明道作偶成詩。〈春日偶成〉：「雲淡風輕近午天，傍花隨柳過前川。時人不識余心樂，將謂偷閑學少年。」〈秋日偶成〉：「閑來無事不從容，睡覺東窗日已紅。萬物靜觀皆自得，四時佳興與人同。道通天地有形外，思入風雲變態中。富貴不淫貧賤樂，男兒到此是豪雄。」〈春日偶成〉描述程明道迎著輕風，行走在一條滿是繁花翠柳的小徑時的自得之趣，此自得之趣與一般人以為的樂趣不同，自得之趣出於體認天理的樂趣。〈秋日偶成〉說明天地之道貫通有形、無形，遍布四方。人心若能靜、不為物遷，則可得天理；能得天理者，則行事從容，縱然他身處於貧賤，也無礙其從容、自得，如是生命可謂豪雄，是真正的生命。

第6章 宋明理學

231

UNIT 6-6 程伊川

程頤（西元一〇三二至一一〇七年）字正叔，為程顥的胞弟，學者稱其為伊川先生。程顥與程頤兄弟二人從學經歷雖然相近，但由於二人在性情上的差異，因而反映在學術上的表現也跟著不同。程明道個性溫和，程伊川個性嚴肅。對於內聖的可能根據，程明道主張識仁，通過實踐的工夫肯定人性；伊川則善於分析，透過辨析逐層說明內聖之學的相關概念，以建立其系統思想。

程顥雖未直接肯認心為仁心，但其「痿痺不仁」之喻便使心蘊涵有仁的意義，客觀的天道呈顯於個人生命便是識仁工夫的結果，也是蘊涵仁心的開顯。程顥的心蘊涵天理，程頤的心卻只具有認識天理的能力，心不是天理，但可認識天理。

（一）理性與氣性

程伊川以為萬物係由「理」與「氣」所構成。《二程全書》云：「有理則有氣，有氣則有理。」理與氣是相即不離的，離理無氣、離氣無理，萬物因理而具有本性，而氣使萬物為個體。

程伊川將「性」分為「理性」與「才性」二種。《二程全書》云：「性即理也，所謂理性是也。天下之理原其所自未有不善。」程伊川以理說性，理是全善的，性也是全善的，因此性又稱作「理性」，從「理性」的角度來看，萬物無一不是善的。關於「才性」，《二程全書》云：「棣問：『孔孟言性不同如何？』曰：『孟子言性之善，是性之本。孔子言性相近，謂其稟受處不相遠也。』又問：『才出於氣否？』曰：『氣清則才善，氣濁則才惡。』」人固可因得有天理而就理性角度言全善，但

事實上，人卻是表現出有善、有惡，程伊川解釋這是因於「才性」的或清、或濁所致，得清氣者則為聖人，得濁氣者則為惡人。

人與人雖然因氣性而有著清與濁、善與惡的分別，但是人人皆具有「理性」，因此縱然所稟受的氣性為濁，仍然可以藉由後天的工夫恢復其本然具有的「理性」而為善。

（二）窮理持敬

程顥的工夫強調心要感通於物，以仁體得自身與物渾然同體；程伊川則強調心具有認識的功能，主張「格物窮理」的工夫。《二程全書》云：「真知與常知異。常見一田夫，曾被虎傷，有人說虎傷人，眾莫不驚，獨田夫色動異於眾。若虎能傷人，雖三尺童子莫不知之，然未嘗真知，真知須如田夫乃是。故人知不善而猶為不善，是亦未嘗真知。若真知，決不為矣。」程伊川指出「虎傷人」是小孩子都知道的事實，但是一般人雖然知道這項事實卻未顯出與此事實相應的行為，這表示一般人對於「虎傷人」的認識尚未完全，嚴格來說吾人對此事實稱不上真正的認識。道德的實踐猶如對於「虎傷人」的認識一樣，道德活動必須經由完全的認識才能生發出來；因此，個人的道德生命必須經由心的認識作用，不斷地進行認識，以知成智、以智成就道德生命。

除了「格物窮理」，程伊川還強調「持敬」的工夫。所謂「持敬」意指使精神專一、集中，並配合「格物窮理」所得之道理，使吾人念慮能夠合於道德，藉此強化道德意識。

程門立雪

程伊川以嚴肅著稱，不似程明道溫和，他不開玩笑、自律甚嚴。楊時（楊龜山）先拜程明道為師，後程明道過世，便又拜程伊川為師。楊時有一次與遊酢拜訪程伊川，適逢老師閉目靜坐，因而不敢告辭，靜候在老師旁邊，待程伊川醒來，外面的積雪已達一尺之高。

持敬窮理

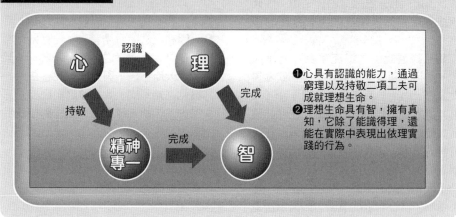

心 ──認識──> 理

心 ──持敬──> 精神專一 ──完成──> 智

理 ──完成──> 智

❶心具有認識的能力，通過窮理以及持敬二項工夫可成就理想生命。
❷理想生命具有智，擁有真知，它除了能識得理，還能在實際中表現出依理實踐的行為。

UNIT *6-7*
胡五峰

圖解中國哲學史要略

胡宏（西元一一〇五至一一六一年）字仁仲，為湘湖學派的代表人物。胡五峰思想與二程洛學密切，胡安國思想深受二程弟子謝上蔡的影響，而胡安國為胡五峰的父親。其思想與周敦頤、張載、程顥同屬一係：皆言客觀之天道、性體，並將主觀之心的活動視為天道的具體落實。胡五峰著作主要有《知言》。

（一）天地無適非道

佛教對於宇宙萬物的存在，雖不至於一概否決，但是他們也說「性空」、「假有」，因而難以給予萬物在價值上一種肯定，不同於佛教，儒家對於宇宙萬物的價值採取肯定的態度，這便是儒佛二家的一項差異。胡五峰云：「是天地之間無適而非道也。……此釋氏所謂幻妄粗跡，不足為者。曾不知此心本於天性，不可磨滅，妙道精義具在於是。」（〈與原仲兄書〉）道為具價值的實存，胡五峰認為道廣布在天地之間，道為一切萬物存在之本，萬物的存在因道而存在，且因道具有價值，然而佛教不懂得這些道理，也不知道吾人生命是因道而有、吾人之心便是道，因此無法肯定包括人類在內所有存在的價值。

胡五峰還說：「道充乎身，塞乎天地，而拘於軀者不見其大；存乎飲食男女之事，而溺於流者不知其精。」《知言》道的廣布是無所不在的，它並非被高高懸掛而遙不可契，事實上道存在於日常人倫中，它就在吾人的生活周遭。胡五峰指出世人所以無法明此項道理，乃是因為世人的認知為有限的認識，世人受制於自身有限的認識，因而無法見

道的大。

（二）心

道為一切萬物存在之本，此一事實若落於萬物身上而言，則謂之為性。胡五峰云：「氣之流行，性為之主，性之流行，心為之主。」（《知言》）換言之，氣化生萬物的過程中，性為氣化的主宰，性為氣化主宰之理在吾人生命中則可由心來予以彰明。

《知言》云：「天命之謂性。性，天下之大本也。堯、舜、禹、湯、文王、仲尼六君子先後相詔，必曰心而不曰性，何也？曰，心也者，知天地，宰萬物，以成性者也。六君子者，盡心者也，故能立天下之大本。」胡五峰指出堯、舜、禹、湯、文王與孔子之所以皆言心而不言性，是因為他們都曉得吾人之心即為性，因而都以盡心來成就性，以心明彰明萬物之本。

胡五峰思想因受程明道的影響，他在思想表現具有承接程明道而進一步發揮的地方。《知言》記載一段胡五峰與彪居正的對談，即程明道以識仁以求盡心論點的發揮。《知言》：「（彪居正）曰：『人之所以不仁者，以放其良心也，以放心求心可乎？』（胡五峰）曰：『齊王見牛而不忍殺，此良心之苗裔，因利欲之間而見者也。一有見焉，操而存之，存而養之，養而充之，以至於大，大而不已，與天同。此心在人，其發見之端不同，要在識之而已。』」在工夫上，胡五峰主張人要能夠在日用生活中發覺吾人之心的作用，吾人一旦發覺此心之發用，人便能夠操而存之，哪怕此心之發用只是一點點，吾人藉由存養便能擴充，日久此心便同於天道。

天地無適非道

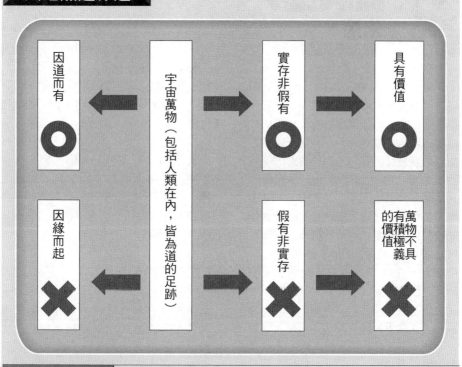

因道而有 ●	宇宙萬物（包括人類在內，皆為道的足跡） → 實存非假有 ● → 具有價值 ●
因緣而起 ✕	→ 假有非實存 ✕ → 萬物不具有積極意義的價值 ✕

以心為性

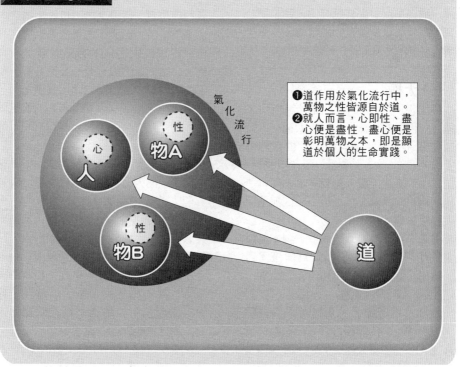

❶道作用於氣化流行中，萬物之性皆源自於道。
❷就人而言，心即性、盡心便是盡性，盡心便是彰明萬物之本，即是顯道於個人的生命實踐。

氣化流行

性 物A

心 人

性 物B

道

UNIT 6-8
朱熹

朱熹（西元一一三〇至一二〇〇年）字元晦，又名仲晦、晦庵，別號為晦翁，南宋人。朱熹從學李延平，李延平從學羅豫章，而羅豫章則從學楊龜山，楊龜山則為二程洛學門人。南宋儒學思想以朱熹最具影響力，對於韓愈的道統說，朱熹自認為道統傳人，曾經編訂《論語》、《孟子》、〈大學〉、〈中庸〉，集結成《四書集注》，對於儒學的推動極具貢獻，明清的科舉選才皆以《四書集注》為考試的標準用本。

朱熹一生好學，致力於儒學經典的研究，對於先秦《周易》、《論語》、《孟子》等以及北宋周敦頤的〈太極圖說〉、《通書》與張載的〈西銘〉等皆作有注，其思想規模可見一般。朱熹思想上承先秦儒學、下接北宋儒學，後世儒學在發展上，無論是支持朱熹思想的，抑或是反對朱熹思想的，都必須公認朱熹哲學對於後世的影響力。其畢生所有著書皆收入《朱子全書》。

（一）太極

周濂溪〈太極圖說〉說「無極而太極」，但對於「無極」與「太極」二者間的關係並未詳細說明，後世在理解上有不同的看法。對此，朱熹的解釋認為：「上天之載，無聲無臭，而實造化之樞紐，品彙之根柢也。故曰無極而太極也，非太極之化，復有無極也。」（《朱子全書》）「無極」一詞本為道家的使用語彙，朱子則以為周濂溪言「無極」並不是說「無極」在「太極」之上，所以說「無極」，用意只在對「太極」進行描述。是以，朱熹注解〈太極圖說〉「無極之真」一句為「無極之真，已該得太極在其中，真字便是

太極」（《朱子全書》）朱熹認為「太極」為萬物之本，為萬物的原理。朱熹云：「極，是道理之極至。總天地萬物之理，便是太極。太極只是一個實理，一以貫之。」又云：「太極只是個極好善底道理，人人有一太極，物物有一太極。」朱熹認為「極」為「道理之極」，世間一切人事物各有各的極，各有各的理，總括一切人事物各自的理，便是「太極」。

（二）理與氣

《朱子全書》云：「天下未有無理之氣，亦未有無氣之理。」理與氣二者關係是不相離的。朱熹以為理為「太極」，為形而上的理，而理所以能夠實存，必然要與形而下的氣相結合方為可能。朱熹指出：「天地之間，有理有氣。理也者，形而上之道也，生物之本也。氣也者，形而下之氣也，生物之具也。是以人物之生，必稟此理然後有性，必稟此氣然後有形。其性其形，雖不外於一身，然道器之間，分際甚明，不可亂也。」（《朱子全書》）若是以「人的存在」來說，人人雖有不同，但因普遍具有為人之性所以為人，為人之性係因理而有，但若僅有此理而不具有由氣所成的人之形軀，則終究無法成為一個人，因而理與氣是不相離的。不過，雖然說理與氣是不相離的，但是理與氣終究是不同的，一個屬於形上，另一個屬於形下，人固然必須理與氣相結合才能夠成為人，理與氣在不相離的同時，也是不相雜的。朱子以為理是純善，由理氣不相離也不相雜的關係來看，氣實無礙於理之純善。

太極

太極
（無極）

無極

❶太極非來自於無極。
❷使用「無極」一詞，在形容太極的無聲無臭。無極即為太極。
❸一切人事物各有其理，「極」為「道理之極」，太極為一切理的總括。

理與氣

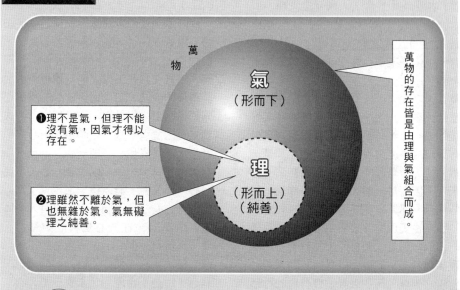

萬物

氣
（形而下）

理
（形而上）
（純善）

❶理不是氣，但理不能沒有氣，因氣才得以存在。

❷理雖然不離於氣，但也無雜於氣。氣無礙理之純善。

萬物的存在皆是由理與氣組合而成。

知識補充站　★大人與赤子

《孟子‧離婁篇》云：「大人者，不失其赤子之心者也。」孟子說大人具赤子之心。不過大人的生命必須通過後天的工夫才能獲得，但赤子之心卻是未經工夫的心，該如何認識孟子所言大人具有赤子之心的意思？朱熹《孟子集註》云：「大人之心，通達萬變；赤子之心，則純一無偽而已。然大人之所以為大人，正以其不為物誘，而有以全其純一無偽之本然。是以擴而充之，則無所不知，無所不能，而極其大也。」朱熹認為大人得以事事理會，又兼具赤子純一無偽的心，臨事遇事能通達萬變，毫無巧偽曲折。

UNIT **6-9**
性與心

基本上朱熹對於「性」與「心」的看法與程伊川一致，認為性為理，心不為理，但具有認識理的能力。

（一）性

朱熹說的性可分成「天地之性」以及「氣質之性」。朱熹承襲程伊川「性即理」的思想，《朱子全書》云：「伊川性即理也，自孔孟無人見得到此，亦是從古無人敢如此道。」此處說的性為天地之性。對於「天地之性」，《朱子全書》指出：「性者，人所受之天理。」「性只是理，萬理之總名。此理亦只是天地間公共之理，稟得來便為我所有。」朱熹主張「性即理」，並依此來解讀〈中庸〉「天命之謂性」。朱熹認為吾人之性來自於天命，吾人之性是稟受自天理而有的。人與人之間雖然在實際的表現上具有差異，但是就人人稟受有天理的角度來說，每個人的性都是一樣的。天理是善的，而人類因為稟受有天理，因而每一個人的人性中都具有善的內涵，都具有實踐道德活動的可能。

雖然從天理之性來看每個人的性都是一樣的，但是人們實際上具有的差異表現卻也是不爭的事。朱熹與其門人對於全善之天理為何在人身上會有惡的行為有許多討論。《朱子全書》云：「（弟子）問氣質有昏濁不同，則天命之性有偏、全否？（朱熹）曰：非有偏、全。謂如日月之光，若在露地，則盡見之。若在部屋之下，有所蔽塞，有見有不見。昏濁者，是氣昏濁了。」天地之性雖為全善，不過人除了稟受了天理，同時還得有氣，人因為得有氣，所以除了天地性性外，還具氣質之性。氣質有淺深、厚薄、明昏、清濁上的不同，而理與氣二者是不離的，天理之所以不顯，或顯不全，是因為氣質所致。

《朱子全書》云：「性即理也，當然之理無有不善。故孟子之言性，指性之本而言，然必有所依而立，故氣質之稟，不能無淺深厚薄之別。孔子曰性相近也，兼氣質而言。」朱熹以為孔子所以說「性相近」，便是因為見到氣質之性對於天地之性的影響，孟子論性則是專就天地之性而言性善。

（二）心

程明道說「仁者渾然與物同體」，主張「以覺訓仁」，雖然未明言心為仁，但程明道說的心卻明確蘊涵有仁在裡面。朱熹在修養工夫上則延續程伊川窮理持敬的說法，可見他對於心的看法不同於程明道。對於心，朱熹指出：「夫謂人心之危者，人欲之萌也；道心之微者，天理之奧也。心則一心，以正不正而異其名耳。……非以道為一心，人為一心，而又有一心以精一之也。」常人與聖人之心並無不同，之所以有人心與道心的區分，在於心是否能夠體合天理。人只有一個心，朱熹認為若主張以道心精治人心，便會使得人同時具有二個心，這是不合理的。朱熹主張「心」具有「能知」的作用，「知則心之神明，妙眾理而宰萬物者也，人莫不有而或不能使其表裡洞然，無所不盡，……故致知之道，在乎即物觀理以格夫物，格者極至之謂，……言窮之而至其極也。」《朱子全書》強調藉由心之能知、窮究事物之理的工夫來精進道德。

性

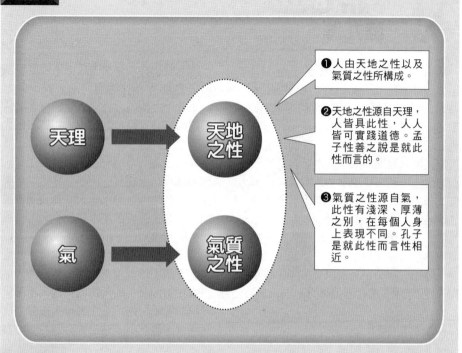

天理 → 天地之性

氣 → 氣質之性

❶ 人由天地之性以及氣質之性所構成。

❷ 天地之性源自天理，人皆具此性，人人皆可實踐道德。孟子性善之說是就此性而言的。

❸ 氣質之性源自氣，此性有淺深、厚薄之別，在每個人身上表現不同。孔子是就此性而言性相近。

心

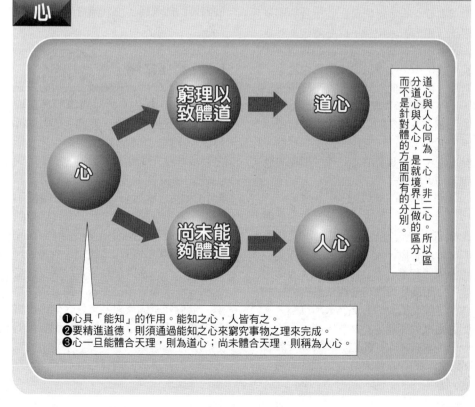

心 → 窮理以致體道 → 道心

心 → 尚未能夠體道 → 人心

道心與人心同為一心，非二心。分道心與人心，是就境界上做的區分，而不是針對體的方面而有的分別。所以，區分

❶ 心具「能知」的作用。能知之心，人皆有之。
❷ 要精進道德，則須通過能知之心來窮究事物之理來完成。
❸ 心一旦能體合天理，則為道心；尚未體合天理，則稱為人心。

UNIT **6-10**
陸九淵

陸九淵（西元一一三九至一一九二年），字子靜，別號象山，南宋撫州金谿人，與四兄梭山、五兄復齋同為南宋名士。陸梭山嘗與朱熹論辯〈太極圖說〉的「無極」與「太極」的關係，陸復齋與陸九淵則與朱熹有過著名的「鵝湖之會」，和朱熹論學。相對於朱熹，陸九淵的著作不多，其著作由其子陸持之集結為《象山先生全集》。

陸九淵主張「心即理」，明代的王陽明與陸九淵在思想上為同一型態，世稱為「陸王心學」。一直以來，陸王心學與朱熹學派彼此是相互批評的。

（一）心即理

陸九淵主張「心即理」，《象山先生全集》云：「宇宙便是吾心，吾心即是宇宙。東海聖人出焉，此心同也，此理同也。西海有聖人出焉，此心同也，此理同也。……千百世之上至百世之下，有聖人出焉，此心此理亦莫不同也。」「心」為天所賦予人的，此心為普遍的、為人人俱有的，無論人生於何時、處於何地，此心一直以來都是一樣的。此普遍、人人具有的心是理，與遍布於宇宙的天理同一。

《象山先先全集》云：「仁，人心也。心之在人，是人之所以為人，而與禽獸草木異焉者也。」還說：「四端者，即此心也，天之所予我者，即此心也，人皆有是心，心皆具是理，心即理也。」不同於朱熹將心說成具有能知的作用，陸九淵說的心係為人所以為人、不為禽獸的關鍵，心為仁。陸九淵視心為人的本質所在，此仁心為人先天就有的，仁心的存在使人具有道德的意識、願意過道德的生活。

陸九淵說心在學問方式上不同於周濂溪、張橫渠、程明道與胡五峰。陸九淵側重由主觀的心性工夫而悟得客觀的天理即是心；周、張、程、胡四人則先講客觀的天道，才接著講主觀的心。周濂溪言「誠」、張橫渠言「大心」、程明道「以覺訓仁」、胡五峰「以心著性」，雖然肯定了人有人之為人的本質存在，並主張發揮此本質使生命的表現能夠與天道同一，但他們都是先從客觀的天道談起，再接著說人的本質。陸九淵則不是，陸九淵不談宇宙的形成，他跨過天道如何生成萬物的問題，不著重系統論理的工作，直接從個人主體之內在修養中體認出心為仁、心為理、心為天，將天、理、仁與心四者同一，因此面對儒門的著作，陸九淵會說「六經註我」。

（二）釋儒之辨

陸九淵的學問方式強調吾人內心之靈覺作用，不免令人對他的學問提出究竟是儒還是佛的質疑。對此，陸九淵解釋說：「釋氏立教，本欲脫離生死，惟主於成其私耳。此其病根也。」（《象山先先全集》）「釋氏釋此一物，非他物故也，然與吾儒不同。吾儒無不該備，無不管攝。釋了此一身，皆無餘事。公私義利於此而分矣。」《象山先先全集》陸九淵自詡為儒家，認為儒家與佛教不同，佛教是為獲得脫離生死之己私，而求獲清淨自性心；儒家則將家庭、社會乃至國家視為責任，個人修養為的是使同天理之本心得以朗明，目的在天下之公義與大利。依此來看，陸九淵的本心與佛教的清淨自性心不同，應屬於儒家。

心即理

心
（天理）
人

宇宙天理

心
（天理）
人

❶心為仁，此心人人皆有，普遍於每個人的生命。
❷仁心具有天理，此天理與宇宙的天理相同。
❸天、理、仁與心四者同一。
❹由於天、理、仁與心四者同一；是以，儒門的著作皆是對於吾人仁心的著說。

釋儒之辨

	陸九淵	佛教
心的內容	心為仁心，為人之所以為人的本質，為道德生命的根源與可能所在。	心為清淨自性心，可使人由染轉淨，為生命能夠脫離涅槃、進而得以獲得解脫的可能所在。
工夫的宗旨	工夫的要求在成就完成道德生命，使朗明同天理之心，並且落實天下之公義與大利於群體。實踐道德生命，除了完成個人，亦在完成群體。	工夫的要求只在求個人能夠脫離死生的己私，至於天下之公義與大利，佛教並未關切。

 ★禪門教法

《象山先生全集》記載一則有關陸九淵接引弟子如何得心的對話：「偶有鬻扇者訟至于庭，敬仲斷其曲直訖，又問如初。先生曰：聞適來斷扇訟，是者知其為非，此即敬仲本心。敬仲忽大覺，始北面納弟子禮。」隨教接引的教法在禪宗的公案故事中常見，陸九淵以隨機接引的教法要楊敬軒從本心自然流行處逆行返回本源處，便可得本心，其接引弟子的方法與禪宗相近。宗師接引弟子採取隨機而教，不以直接說破的方式進行，陸九淵的教法也是如此。雖然陸九淵的教法與禪門教法相同，但陸九淵的思想並非禪學而是儒家。不同於佛教將萬法視為假有、空有，宇宙與理在陸九淵的哲學裡頭被視為實存之物。陸九淵肯定現世，不同於佛教。

陸九淵

第 6 章 宋明理學

241

UNIT 6-11
鵝湖之會

朱熹與陸九淵二人曾經有過「鵝湖之會」，此會旨在針對學問進行意見上的交換，以尋得正理。「鵝湖之會」後，朱陸二人保有書信上的往返，交流各自對於儒學的看法，並澄清各自的主張，可惜朱陸二人在思想上的歧見並未獲得消解，而朱陸以後的儒學分裂大部分的原因便是由於後人對於或朱或陸的立場堅持所產生出來的結果，表現上來看朱陸二人的爭論對於儒學的發展來說無疑是一大阻撓；不過，就某種意義來說，也正好反映宋儒不同漢儒死守經典，致力於發掘先儒之微言大義的革新精神。

縱觀朱陸二人的爭論，大抵可歸納四項：❶吾人在道德生命的成就上，應當以「尊德性」為先？抑或「道問學」為先？❷所謂的「人心」與「道心」究竟是同一？還是為二？❸針對張載〈太極圖說〉的討論；❹儒釋之辨。其中，關於「尊德性」與「道問學」孰先孰後的問題，為「鵝湖之會」的中心論題。

（一）尊德性

陸九淵主張「尊德性」。《象山先生全集》云：「吾平生學問無他，只是一實。」所謂「一實」指的是在本心上作工夫，蓋陸九淵主「心即理」，將天、理、仁與心四者同一，工夫修養要從本心來著手。陸九淵指出：「今之學者只用心於枝葉，不求實處。孟子云：盡其心者知其性，知其性則知天矣。心只是一個心。……心之體甚大。若能盡我之心，便與天同。為學只是理會此。」（《象山先生全集》）陸九淵以為孟子盡心、知性以及知天的工夫路徑，點出人心為本心、為德性心，此心先天具有天理，能夠藉由工夫使本心朗明，便

能夠使天理表現為具體，故主張「尊德性」。

對於讀書一事，陸九淵則以為有的人讀書只是為了求取功名，倘若是為了成就道德生命而讀書，其實也是捨本逐末。道德本是內在於人心，吾人逐末捨本只會落於「支離」。陸九淵以為朱熹「格物窮理」正是「支離」的工夫，他會這樣批判朱熹不難理解，由於「心即理」，任何道理都脫離不了本心，不同於朱熹的從本心之外尋求道理，陸九淵自然主張吾人應直接從本心下工夫。

（二）道問學

朱熹主張「道問學」，道德生命的成就必須藉由後天學習的工夫來漸次地完成。《朱子全書》：「子壽兄弟氣象甚好。其病卻在盡廢講學而專務踐履，卻於踐履之中要人提撕省察，悟得本心。此為病之大者。」朱熹大不贊同「尊德性」的工夫主張，以為孟子言盡心、知性以知天的路徑忽略人除了天地之性還稟受有氣質之性的事實。朱熹批評孟子：「……若如此，卻以論性不論氣，有些不備。卻得是出氣質來接一接，便接得有首有尾，一齊圓備了。」（《朱子全書》）對朱子而言，固然人在結構上具有天理，但是因為氣質之性，人性在表現上會有不善；是以，說人具有天理，只能肯定人具有善的內涵，道德工夫不可從內心著手。朱熹以為「性即理」，心僅具有能知的作用，進德的工夫自然必須是以求得心外之理為務。

朱陸之爭

朱陸之爭

經過	朱陸二人曾有過鵝湖之會，針對學問進行意見上的交換，會後彼此進行持續性的書信交流。
主題	可歸納為四： ❶欲成就道德生命，應該以「尊德性」，還是以「道問學」為先？ ❷「人心」與「道心」為一？還是為二？ ❸張載〈太極圖說〉的爭議。 ❹儒釋之辨。
意義	反映出宋儒致力於掘發先儒微言大義的精神。
影響	為朱陸後之儒學分裂的一大理由。

尊德性與道問學

	尊德性	道問學
比較	基本主張	
	心為道德心，具有天理，欲成就道德生命，應該從本心下工夫。	心為能知心，不具天理，欲成就道德生命，應使心之能知作用，致力於心外之理。
	道問學為次	尊德性為次
	道問學固然重要，但應以尊德性先，認為著重讀書者，縱然並不是為了功名，而是為了道德生命，那也只是捨本逐末。	尊德性固然重要，但應正視人的結構中具有氣質之性的事實，人應發揮能知之心，以使吾人氣質之性得以轉化。

 **★人心與道心**

朱熹繼承二程「人心私欲，故危殆；道心天理，故精微。滅私欲則天理明矣」（〈二程遺書〉）的看法，區分人心與道心，人心為人欲、道心為天理，主張以心具有能知之能來依道行之，將人心收攝於道心之中。陸九淵反對區分人心與道心：「《書》云：『人心惟危，道心惟微。』解者多指人心為人欲，道心為天理，此說非是。心一也，人安有二心？」（〈象山先生全集〉）天道之與人道也相遠矣。認為區分人心與道心，「是分明裂天人而為二也。」（〈象山先生全集〉）區分人心與道心，將使天人分裂為二。

UNIT 6-12
陳亮

宋明時代對於先秦儒家的復興工作，大抵歸納出周張、程朱以及陸王三系，不過也有例外的情形。陳亮（西元一一四三至一一九四年），字同甫，號龍川，明代婺州永康人。他的思想著重於經世，對於朱熹、陸九淵的思想理論深表不滿，陳亮曾批評道：「以端愨靜深為體，以徐用緩語為用……為士者恥言行義而曰『盡心知性』，居官者恥言政事書判而曰『學道愛人』，相蒙相欺以盡廢天下之實，則亦終於百事不理而已。」（《陳亮集》）陳亮以為儒家之道重在經世，批評朱熹、陸九淵的思想放著現實的經世課題不管，卻總在談論有關內聖的道理與工夫。

《宋元學案》黃百家有一段評論陳亮的話，他說：「永嘉之學，薛、鄭俱出自程子。是時陳同甫又崛興於永康，無所承接。然其為學，俱以讀書經濟為事。嗤黜空疏、隨人牙後談性命者，以為灰埃。亦遂為世所忌，以為此所於功利，俱目之為浙學。」依黃百家的評論來看，陳亮以為談論性命的朱熹、陸九淵，說穿了只是空疏的言論，對於經世無所助益，而他自己的言論則被視為是功利的思想。

（一）義利雙行、王霸並用

陳亮與朱熹曾經有過辯論。陳亮肯定漢唐二代，以為「漢唐之君本領非不洪大開廓，故能其國與天地並立，而人物賴以生息」（《陳亮集》）。他對於世後儒者言凡三代，便說是王、義，言漢唐，卻說是利、霸，深表不然，他認為漢唐亦為依天理而行，使得人民得以富足。朱熹評論陳亮的思想為「義利雙行」、「王霸並用」，將他視為異端。

義利與王霸之辨為儒學一直以來的課題，對朱熹而言，義、王與利、霸不可混為一談。朱熹指陳亮以漢唐同於三代的言論為非，並以為漢唐只是「暗合」於天理，於天理實有未盡，並指出漢高帝及唐太宗之治天下實出於人欲之念，不可以因為漢唐有事功而將它們與三代等同視之。

在朱熹來看，陳亮是以功利作為衡量的標準，而將漢唐與三代視為等同，看成是合於義的。朱熹批評陳亮這樣的說法是「但取其獲禽之多而不羞其詭遇之不出於正」（《朱子全書》），朱熹以為陳亮只是以國朝之成敗與否作為論斷是非的標準，在朱熹看來，漢唐皆由君王之人欲而成，不可以返回來將漢唐盛世說成為出於天理的表現。

（二）天理與人欲

陳亮不認同朱熹的評論，以為漢唐並非只有人欲，它們和三代一樣是天理通行的時代，雖然他承認相較於三代之天理，漢唐無不滲漏。陳亮與朱熹的爭論實出於他們對於天理的看法。對於朱熹而言，天理與氣質之性是不同的，人欲屬氣質之性，吾人欲使天理流行，自當去除氣質之性，避免氣質之性干擾天理。而陳亮與朱熹理氣二分的看法不同，他以為：「夫淵源正大之理，不於事物達之，則孔孟之學，真迂闊矣。」（《陳亮集》）「夫道之在天下，何物非道？千塗萬轍，因事作則。」（《陳亮集》）以為道、天理存在於事物之中，離事無道、無天理。依陳亮的觀點，人欲與天理非二，人欲中有天理，漢唐自是行天理的表現。

陳亮

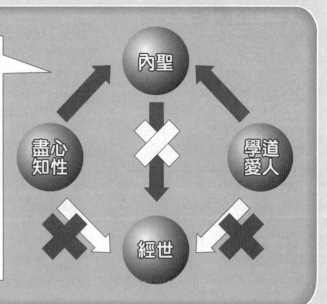

❶陳亮認為儒家之道重在經世。

❷陳亮批評朱熹、陸九淵的思想，專注內聖、談論心性，無助於經世，也反映出他們對於經世之道的忽略。

❸重經世、輕心性之學的陳亮，被視為是功利思想。

天理與人欲

人欲

天理

❶陳亮認為天理與人欲不可二分。

❷陳亮主張人欲中有天理。

❸朱熹認為天理與人欲為二，不可相混。朱熹以為漢唐盛世，為人欲的表現，不為天理；陳亮則以為，漢唐對於天理雖有滲漏，但其盛世同三代一樣，是出於天理。

★浙學

子曰：「誦詩三百，授之以政，不達。使於四方，不能專對；雖多，亦奚以為？」（《論語・子路》）孔子以為學貴在通用。南宋的儒學大抵可分為三派：朱熹理學、陸九淵心學以及陳亮、葉適等人為代表的浙學。浙學重視經世致用，呼應孔子為學貴在通用的想法。浙東學派認為論理講道不可脫離現實，以為理在氣中、道在物中。朱熹批評浙學專言功利，「若功利則學者習之，便可見效，此意甚可憂。」以為專言功利的浙學悖離了孔孟。

UNIT 6-13
王陽明

　　王陽明（西元一四七二至一五二九年），字伯安，明代江餘姚人，世稱陽明先生，後人為他編輯有《王陽明全集》，其思想屬陸九淵心學系統，不過王陽明並不是一開始就走在心學的道路上，他的學思歷程歷經了幾個階段。

　　關於王陽明學術發展過程有「五溺三變」之說。湛若水述其「五溺」：「初溺於任俠之習，再溺於騎射之習，三溺於辭章之習，四溺於神仙之習，五溺於佛氏之習。」王陽明興趣繁多，在求得儒家聖學之前，任俠、騎射、辭章、神仙、佛氏等皆為他的嗜好，但始終未影響他同時對於儒學的喜愛。

　　「三變」可分成「得道前三變」以及「得道後三變」二種。前者的「三變」是說王陽明年少時習於辭章，後來出入於佛道，以及因為被謫於龍場，而在龍場悟得儒家聖學的發展過程；後者的「三變」是說王陽明得有儒家聖學後，面對弟子在教法上歷經有強調知行合一、強調靜坐以及專講致良心等三種說法。三種說法不相牴觸，所以有不同是因為王陽明針對弟子悟解力的高低而有的差別教法。

（一）知行合一

　　王陽明主張「心即理」，以為心為一靈覺、具有天理，吾人若能夠朗明此心之理者，且當中不雜有任何人欲，則行為上的表現必然會與天理相符合，即所謂的「知行合一」。一般看到的「知」與「行」是分開的，譬如人人都知道為子女者對於父母要能夠孝，但實際狀況卻是不能孝。對此，王陽明以為能夠真正知孝的人必然能夠發生真正孝的行為。他以〈大學〉中的「如好好色，如惡惡臭」為例，吾人一旦分辨出好色，必然會伴隨好好色的行為，一旦分辨出惡臭，必然會生出惡惡臭的行為，絕不會發生知道好色卻不愛好，知道惡臭卻不厭惡的可能。對於「知」與「行」的關係，王陽明說：「知是行的主意，行是知的工夫。知是行之始，行是知之成。」（《王陽明全集》）「知之真切篤實處，即是行；行之明覺精密處，即是知；知行工夫本不可離。」（《王陽明全集》）「知」與「行」非為二、而為一，說知卻未能行的人，其實並不算真知；真知必然有行，能行者必然有知。

（二）靜坐

　　王陽明因與佛道有接觸，因而熟悉佛道的工夫，他強調靜坐工夫便是來自於佛道的坐禪與調息。不過，王陽明終究身為儒家，言靜坐，與佛道的目的不同。靜坐的目的在收回那先天具有天理卻已放縱的靈覺本心。

（三）致良知

　　《王陽明全集》云：「知是心之本體，心自會知，見父自然知孝，見兄自然知悌，見孺子入井自然知惻隱，此便是良知，不假外求。」本心為吾人之體，而良知即吾人本心，良知即為天理，此良知能夠知是知非，為道德實踐的根源。王陽明教人致良知，是要吾人顯發出本心的內容，將心之天理落實開來，一般人之所以無法顯現良知，係因於私意障礙的緣故。不過，由於本心人人具有、良知始終俱在，因而致良知的工夫隨時可做，吾人在一般日常中便可踐履此工夫。

五溺

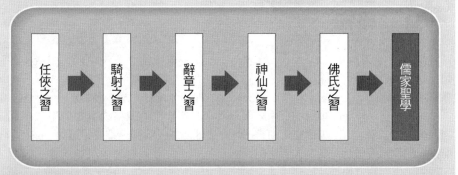

任俠之習 ➡ 騎射之習 ➡ 辭章之習 ➡ 神仙之習 ➡ 佛氏之習 ➡ 儒家聖學

三變

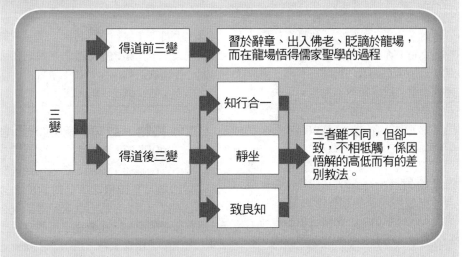

三變

得道前三變 ➡ 習於辭章、出入佛老、貶謫於龍場，而在龍場悟得儒家聖學的過程

得道後三變 ➡ 知行合一／靜坐／致良知 ➡ 三者雖不同，但卻一致，不相牴觸，係因悟解的高低而有的差別教法。

知識補充站 ★〈大學問〉

〈大學問〉由王陽明述之，弟子錢德洪記之。〈大學問〉全文針對《大學》進行問答，以為大學為大人之學，對於「明明德」、「親民」、「止至善」有過問答，藉以闡述王陽明自身的良知學。關於明明德，王陽明以為「大人者，以天地萬物為一體者」，天地萬物係因吾人之心之仁而為一體，大人與小人皆具此心。此心「自然靈昭不昧」，即所謂的明德；吾人為學之要在明其明德。關於親民，王陽明以為「明明德者，立其天地萬物一體之體也。親民者，達其天地萬物一體之用也。」親民者，對於君臣、夫婦、朋友以至於山川鬼神鳥獸草木，無不親之，能夠彰顯吾人之體之用。關於止至善，王陽明以為「至善者，明德、親民之極則。」「天命之性，粹然至善，其靈昭不昧者，此其至善之發見，是乃明德之本體，而即所謂良知也。」明德、親民之極為至善，至善在良知。止至善之於明德、親民，如規矩之於方圓，將一切學問歸於良知。

UNIT 6-14
格物

〈大學〉裡頭提及「格物」、「致知」、「誠意」、「正心」、「修身」、「齊家」、「治國」與「平天下」等八條目。後面四項說的是由成就道德生命以至平天下，即儒家之由盡己而推己的步驟與理念，凡為人者應由個人做起，進而將道德推致於外；而前面四項說的是工夫，「修身」必須透過這四項工夫來完成。對此，朱熹以為〈大學〉的要旨在「格物致知」，他解釋「格物」：「所謂致知在格物者，言欲致吾之知，在即物而窮其理也。蓋人心莫不有知，而天下之物莫不有理。惟於理有未窮。故其知有不盡也。」朱熹認為物是指心外的客觀事物，「格」為窮極之意，致知必須由格物做起，吾人要能窮盡事物之理，方能致知。

王陽明不滿朱熹的窮理工夫，他有過這樣的批評：「眾人只說格物要依晦翁，何曾用過他的說法？我著實曾用來，……錢子早夜去窮格竹子的道理，竭其心思，至於三日便致勞神成疾。當初說他這是精力不足，某因自去窮格，早夜不得其理，到七日亦以勞思致疾，遂相與嘆『聖賢是做不得的，無他大力量去格物了』。及在夷中三年，頗見得此意思，乃知天下之物本無可格。」王陽明依據自身的經驗認為窮理工夫無助於求道，反而使人生病。王陽明從「心即理」、「本心即良知」的立場出發，對於〈大學〉的格物、致知、誠意、正心另有解讀。

（一）誠意

《王陽明全集》云：「君子之學，惟求得其心……朱子白鹿之規，首之以五教之目，次之以為學之方，又次之

以處事接物之要……世之學者往往遂失之支離消屑。」王陽明認為朱熹的窮理不免落於支離，與朱熹將〈大學〉解讀成首在強調格物致知的看法不同，他認為〈大學〉首要強調為「誠意」，「〈大學〉功夫，只是誠意。誠意之極，便是至善。功夫總是一般。」認為「格物」之「格」為指「正」，「物」指「事」，此「事」說的不是心外的事物，而是指意之所在。王陽明云：「誠意工夫實下手處在格物也。」（《王陽明全集》）「格物」不是朱熹說的在窮究心外事物之理，而是在「誠意」，即「格物」為「誠意」的工夫。

（二）格物、致知、誠意、正心的關係

按朱熹的解法，格物、致知、誠意與正心四者具有一種次第上的關係，後者必須以前者為前提，而有前者卻不必然有後者的發生，也難怪王陽明會說：「先儒解『格物』為『格天下之物』，天下之物如何格得？且謂一草一木皆有理，今如何去格？縱格得草木來，如何反誠得自家意？」《王陽明全集》王陽明格物在正意之所在。依照王陽明的說法，人的本心無有不善，欲修身便要能夠正自身無不善的本心，而意為本心的發動處，所以正心就要從誠意開始做起，而誠意之本在致知，吾人先天具有良知，良知若要擴充到底，便得從格物、格意來著手。格物、致知、誠意、正心四者在王陽明思想中，彼此成一圓圈的關係。格物、致知、誠意、正心分解來看是四種不同的工夫，但從王陽明的思想看來，其實說的都是同一種工夫，都與「致良知」意相符。

朱熹與王陽明的比較

	朱熹	王陽明
對於心的看法	心非道德本心，但具有能知的能力，其能知能力能否發揮，關係著能否實踐道德。	心為道德本心，道德實踐與否關鍵在此心是否能朗現開來。
對於格物的看法	❶在朱熹看來，〈大學〉的要旨在「格物致知」，欲得「致知」，須以「格物」為方法。 ❷「格」為「窮」，「物」為「心外之物」；合義而言，「格物」一詞係指「窮理」。朱熹以為物皆有理，吾人欲修身，首先必須由此工夫著手，待窮盡道理，方能致知，進一步地再求誠意、正心。	❶在王陽明來看，〈大學〉的要旨在「誠意」，「格物」係為「誠意」工夫的致力之處。 ❷「格」為「正」，「物」非指心外之物，為「意之所在」，即心。王陽明以為朱熹捨心求理，窮尋心外客觀之理，使得修身工夫淪為支離消屑。採窮理為工夫，不但無助於道德生命，反使人因而生病。

王陽明格物、致知、誠意與正心的關係

王陽明

致良知

❶心為良知、道德心，無有不善，具道德生命者便是能致良知者。

❷「致良知」意指使良知得以朗現。分別來看，格物、致知、誠意、正心為四種工夫；實際上格物在格心、致知在知良知之心、誠意在誠良知心之意、正心在正良知，都是在對心作工夫，此四者與「致良知」意相符。

UNIT 6-15
天泉證道

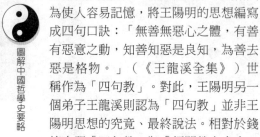

圖解中國哲學史要略

王陽明以本心為良知、為天理，並由格物以致良知。據聞他的弟子錢緒山為使人容易記憶，將王陽明的思想編寫成四句口訣：「無善無惡心之體，有善有惡意之動，知善知惡是良知，為善去惡是格物。」（《王龍溪全集》）世稱作為「四句教」。對此，王陽明另一個弟子王龍溪則認為「四句教」並非王陽明思想的究竟、最終說法。相對於錢緒山視「四句教」為「師門教人定本，一毫不可更易」，王龍溪則以為「四句教」是王陽明立教隨時而設的，應視作權法，不應執定之。王龍溪改提出「四無說」以作為能夠代表王陽明思想的究竟說法：「若悟得心是無善無惡之心，意即是無善無惡之意，知即是無善無惡之知，物即是無善無惡之物。」（《王龍溪全集》）錢、王將他們的爭論拿去請王陽明釋疑，王陽明在天泉橋上針對「四句教」與「四無說」進行回覆。

王陽明認為錢、王二人講的都是正確的，並解釋「四句教」是用以針對中根以下的人說的，而「四無說」則是用來對具有上根的人而說的。

（一）四無說

對於錢、王二人「四句教」與「四無說」的提問，王陽明回覆：「正要二子有此一問，吾教法原有此二種。」王龍溪之所以將「四句教」改為「四無說」，是因為他認為心既然是超越一般與惡相對的善之無善無惡的至善之心，那麼從作為吾人生命的本體之心的角度來談，則意、知、物三者也都應是無善無惡的，是以王龍溪以為「四句教」只是權法，改以「四無說」，他指出：「蓋無心之心則藏密，無意之意則

應圓，無知之知則體寂，無物之物則用神。」王龍溪以為「四句教」並未究竟王陽明的學問，而質疑「四句教」的說法：「若有善有惡，則意動於物，非自然之流行，著於有矣。自性流行者，動而無動；著於有者，動而動也。意是心之所發，若是有善有惡之意，則知與物一齊皆有，心亦不可謂之無矣。」就工夫言，道德的工夫既然在致良知，而良知本體既是無善無惡，那麼一旦當下頓悟，將此本體朗現，意、知、物自然與至善本體一樣是無善無惡的。王龍溪「四無說」是將本體與工夫同一，即本體與工夫不二，本體即工夫，工夫即本體。

（二）四句教

王龍溪的說法係為頓悟之說，王陽明認為，是專講給具上根的人聽的。「四句教」所以說意有善有惡，是著眼於吾人之意常在日常生活中受到感性欲望的影響之事實而說的。按照「四句教」的意思，吾人欲進德，必須由受到感性欲望影響的意開始。受到感性欲望影響的意是有善有惡的，去惡為善工夫的關鍵在具有知善知惡的先天良知，吾人能夠稟良知並於日常生活中，隨時觀察、端正有善有惡之意，則日子一久，吾人先天具有的良知便能夠完全朗現。錢緒山指出：「心體之天命之性，原是無善無惡的。但人有習性；意念上見有善惡在。格、致、誠、正、修此；正是復那性體功夫。」相對於王龍溪「四無說」主張的頓悟，本於「四句教」的錢緒山所說的工夫則是漸修式的。

四句教與四無說

	四句教	四無說
爭論起因	錢緒山為使人方便記憶，以四句口訣把握王陽明的學問。對此，王龍溪則提出四無說，認為錢緒山提出的四句，未能徹底把握王陽明思想。	
主張者	錢緒山	王龍溪
內容	無善無惡心之體，有善有惡意之動，知善知惡是良知，為善去惡是格物。	若悟得心是無善無惡之心，意即無善無惡之意，知即無善無惡之知，物即無善無惡之物。
要旨	❶良知心雖為無善無惡的至善本心，但是生命實際生活的表現，卻時常受到欲望的干擾，因而欲增進道德，必須從受到欲望影響的意的活動來著手。 ❷要除去為欲望影響的意，關鍵在可知善知惡的良知能發揮作用，而知善知惡的良知要能作用，必須通過格物的工夫。	❶以為四句教未能把握王陽明的思想，四句教的說法只能視為是權法，不可說成是王陽明的思想究竟。 ❷以為王陽明既然以良知心為本體，為超越善惡的至善之心，那麼此心應是無善無惡的。既然心是無善無惡的，作為本體的良知心的意、知、物也都應當是無善無惡的。
用來說的對象	中根以下之人	上根之人
與本體的關係	工夫為工夫、本體為本體，工夫與本體為二	❶道德的工夫在致良知，而良知本體一旦朗現，工夫便已完成。 ❷工夫與本體為一、工夫即本體、本體即工夫
工夫型態	漸修式的工夫	頓悟式的工夫

知識補充站 ★漸修與頓悟

面對錢緒山、王龍溪二人的爭論與請求釋疑，王陽明回覆：「正要二子有此一問。吾教法原有此兩種：四無之說為上根人立教，四有之說為中根以下人立教。上根之人，悟得無善無惡之體，便從無處立根基，意與知物，皆從無生，一了百當，即本體便是工夫，易簡直截，更無剩欠，頓悟之學也。中根以下之人，未嘗悟得本體，未免在善有惡上立根基，心與知物，皆從有生，須用為善去惡工夫隨對治，使之漸漸入悟，從有以歸于無，復還本體，及其成功一也。」（《王龍溪全集》）四無為頓悟教法，只適合接引上根者，而上根者難得；四有為漸修教法，人若執此，則只能接引中根以下者。使用頓悟或漸修教法，必須視情況選擇、因人而異。

UNIT **6-16**
王龍溪

王陽明死後，其思想逐漸分化，弟子各自從自身理解立門講學，按照黃宗羲《明儒學案》的說法，王陽明後學廣布中原各地：浙中、江右、南中、楚中、北方、粵閩與泰州等皆有王學，而總體來說可分為三派：浙中學派、江右學派以及泰州學派。浙中代表有錢緒山、王龍溪，江右學派有聶豹、羅洪先，泰州學派有王艮、王襞父子以及羅汝芳。王陽明弟子眾多，其中以王龍溪最為有名，也最受王陽明肯定，大發王陽明的良知之說。王龍溪（西元一四八九至一五八三年）本名王畿，字汝中，號龍溪，明代浙江山陰人，思想以「四無說」最重要，擅長以不同的角度對良知學進行解釋，但也引起了有關「良知現成」的爭議。

（一）論良知

王陽明弟子門人對於其師之良知說的發明各有不同，王龍溪對於師出同門的良知說做分析：「有謂良知非覺照，須本於歸寂而始得，如鏡之照物……有謂良知無見成，由於修證而始全，如金之在礦，非火符鍊則金不可得……有謂良知是從已發立教，非未發無知之本旨；有謂良知本來無欲……不待復加銷欲之功……此皆論學同異之見。」（《王龍溪全集》）同樣，王龍溪對良知有他自己的講法，他擅長對良知進行各種描述，歸納來看，或有針對良知之體性處而說的，或有從良知本體之作用而說的。

王龍溪有以無、虛、空等來描述良知之體性，「目惟無色，始能辨五色。耳惟無聲，始能辨五聲。良知惟無物，始能盡萬物之變。」「夫目之能備五色，耳之能備五聲，良知之能備萬物之變，以其虛也。致虛，則自無物欲之間，吾人良知與萬物相為流通而無所凝滯。」「空空者，道之體也。……心惟空，故能辨是非」。對於良知本體之用，王龍溪以為良知是一念靈明，他說：「靈明無內外，無方所，戒懼亦無內外，無方所。識得本體，原是變動不居，難終日變化云為，著非本體之周流矣。」（《王龍溪全集》）良知是一念靈明，此一念靈明是天然、是天機、是真機，是活動不已的。

（二）一念靈明

王龍溪強調進德之學的關鍵在從本心之一念靈明處著手，以為道在於心，求道當從心中求之，而非向外求取。本於王陽明良知說及自己的「四無」看法，詮釋《論語》的「博文約禮」：「道無窮盡、無方體，道之可見謂之文，文散於萬故曰博。博文，我博之也。其不可見謂之禮，禮原於一故曰約。約禮，我約之。幾不容已，力不容息，只從身上印證，見得道理隱然呈露，非有非無，卓然如立於前，然後知道之本無窮盡，而不窮盡求也，本無方體，而不可以方體求也。」這無疑是對於陸王心學的發明，以心外之道無窮盡、無方體，而要人向內求之於己，而良知能動、能靜，吾人之向內求己，是要能夠於日常中不論動靜，隨時照察與涵養良知。

按王陽明的說法，王龍溪「四無說」係為上根人設，從此而言，其工夫為頓悟，而王龍溪為使「上乘兼修中下」，而由一念靈明之照察下工夫，使頓悟與誠意的漸修得以連繫。

王學的流傳

王學的流傳

→ 浙中王門 → 代表人物：錢緒山、王龍溪

→ 江右王門 → 代表人物：鄒守益與歐陽德（學界另稱為「修證派」）、聶豹與羅洪先（學界另稱為「歸寂派」）

→ 南中王門 → 代表人物：黃省曾、朱得之

→ 楚中王門 → 代表人物：耿定向、蔣信

→ 北方王門 → 代表人物：穆孔暉、孟秋、孟化鯉

→ 粵閩王門 → 代表人物：薛侃、楊驥、楊仕鳴

→ 泰州王門 → 代表人物：王艮、王襞、羅汝芳（學界稱為「現成派」）

論良知

變化不居

無物
為虛
為空
（就體性而言）

良知

周流不息
（就作用而言）

★錢緒山

錢緒山（西元一四九七至一五七四年）與王龍溪為王陽明早期的學生，二人深受王陽明喜愛，熟知王陽明思想；當時，凡有意拜王陽明為師的人必須先經過二人的教導，二人因此被稱為教授師。錢緒山為浙中學派的另一代表人物，相關作品《緒山會語》、《緒山先生要略》等皆以失傳。錢緒山曾參與《傳習錄》與《陽明先生文錄》的編輯，另歷時十六年進行《陽明先生年譜》的編訂。對於後世王陽明的流行，具有極大貢獻。

UNIT *6-17*
聶豹

針對王陽明死後的各家分化，黃宗羲最欣賞江右學派，「姚江之學，惟江右得其傳，東廓、念庵、兩峰、雙江其選也。再傳而為塘南、思默，皆能推原陽明未盡之意。是時越中流弊錯出，挾師說以杜學者之口，而江右獨能破之，陽明之道賴以不墜。蓋陽明一生精神，俱在江右，亦其感應之理宜也。」（《明儒學案》）黃宗羲以為江右思想最符合王陽明，王陽明的思想之所以能夠免於被浙中學派毀壞，實因於江右學派的功勞。

聶豹（西元一四八七至一五六三年），字文蔚，號雙江，明代江西永豐縣人，為王陽明死後拜門的弟子，與羅念庵同為江右學派代表人。王龍溪的良知論引發爭議甚大，王龍溪主張良知是「當下現成，不假工夫修證而後得」（《明儒學案》），以為由漸修獲良知的工夫是「撓其體」。就儒家發展的角度來看，反對王龍溪的人認為其本體即工夫的論調，使後學者不重實學，以為良知現成，造成儒家墮入於狂禪的流弊。對於良知的工夫，聶豹曾與王龍溪有過論辯，聶豹的主張與王龍溪不同，主張以工夫來悟求本體，強調通過靜坐以求歸寂的工夫。

（一）良知非現成

王龍溪主張「良知現成」，「良知在人，本無汙壞，雖昏蔽之極，苟能一念自反，即得本心。」（《王龍溪全集》）「良知在人，不學不慮，爽然由於固有，神感神應，盎然出於天成，本來真頭面，固不待修證而後全。」（《王龍溪全集》）王龍溪認為良知本在，不必藉由後天習得，強調一念自反的頓悟工夫。聶豹認為王龍溪「以見在

為具足，不犯做手為妙語，以此自惧可也，恐非中人以下之所能及也」（《王龍溪全集》）。他批評王龍溪：「今人不知養良知，但知用良知，故以見在為具足，無恀可也，恐非中人以下之所能及也。」以經驗來看，生活中難免伴雜著一定的欲望與情感，在本體未明情形之下而表現出的欲望與情感，自然是雜有善惡的，而王龍溪卻只是要人從頓悟下手，實在壞了師門要他必須兼顧上根與中下根人之教法的強調。

（二）主靜歸寂以用

聶豹云：「蓋孩提之愛敬，即道心也，一本其純一未發，自然流行，而纖毫思慮營欲不與，故致良知者，只養這個純一未發的本體，本體復則萬物備，所謂立天下之大本。」（《雙江聶先生文集》）聶豹以為良知本體本是「純一未發」，倘能復明本體，則萬物皆備，因而主張以「主靜」作為致良知的工夫。他說：「夫體得未發氣象，便是識取本來面目。敬以持之，常存而不失，則自此而發者自然中節，而感通之道備矣。……故靜養一段工夫，更無歇手處，靜此養，動亦此養，除此更別無養。」（《雙江聶先生文集》）「夫學雖靜也，靜非對動而言者。」（《雙江聶先生文集》）聶豹強調他的靜養工夫並不是與動相對的靜，說的是藉由周濂溪通過無欲工夫求得良知未發之氣象，而此養靜、無欲的工夫須由靜坐開始，靜坐久了則氣定，氣定則復明良知。聶豹的工夫係著眼良知本是為寂體，致良知就是要回復此寂體，通過靜坐養靜以求歸寂得用。

主靜歸寂以用

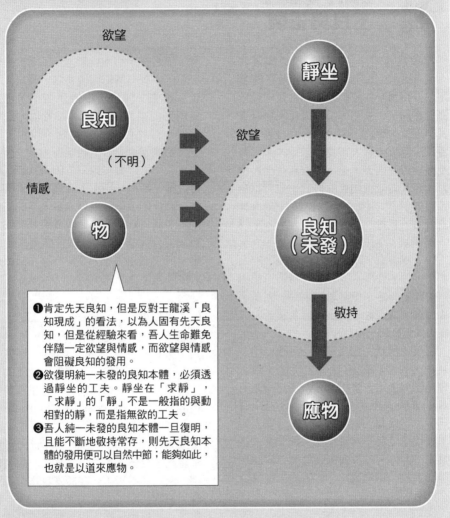

欲望

良知
（不明）

情感

物

靜坐

欲望

良知
（未發）

敬持

應物

❶肯定先天良知，但是反對王龍溪「良知現成」的看法，以為人固有先天良知，但是從經驗來看，吾人生命難免伴隨一定欲望與情感，而欲望與情感會阻礙良知的發用。
❷欲復明純一未發的良知本體，必須透過靜坐的工夫。靜坐在「求靜」，「求靜」的「靜」不是一般指的與動相對的靜，而是指無欲的工夫。
❸吾人純一未發的良知本體一旦復明，且能不斷地敬持常存，則先天良知本體的發用便可以自然中節；能夠如此，也就是以道來應物。

知識補充站 ★羅洪先

羅洪先（西元一五〇四至一五六四年）與聶豹同屬江右，嘗與王龍溪、歐陽德、錢德洪等人論學。羅洪先原欣賞王龍溪，後對於「見在良知」感到不安，對於良知學的看法也逐漸改變。羅洪先對泰州學風亦表不滿，《明儒學案》記載：「王門惟心齋氏盛傳其說，從不學不慮之旨，轉而標之曰自然，曰學樂，末流衍蔓，浸為小人之無忌憚。羅先生從起，有憂之，特拈收攝保聚四字，為致良知符訣，故其學專求之未發一機，以主靜無欲為宗旨，可為衛道苦心矣。」《明儒學案》云：「未感之前，寂未嘗增，非因無念無知而后有寂也。既感之后，寂未嘗減，非因有念有知而遂無寂也。此虛靈不體，所謂至善，善惡對待者，不足以名之。」羅洪先最終以發揮周濂溪「主靜無欲」以及程明道「收攝保聚」完成其良知理論，主張心本為寂，為學應求寂體。時賢則將羅洪先與聶豹視為歸寂派。

UNIT **6-18**
王艮與王襞

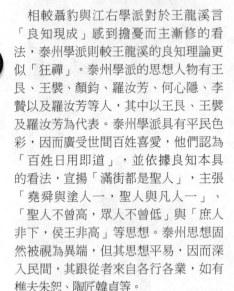

相較聶豹與江右學派對於王龍溪言「良知現成」感到擔憂而主漸修的看法，泰州學派則較王龍溪的良知理論更似「狂禪」。泰州學派的思想人物有王艮、王襞、顏鈞、羅汝芳、何心隱、李贄以及羅汝芳等人，其中以王艮、王襞及羅汝芳為代表。泰州學派具有平民色彩，因而廣受世間百姓喜愛，他們認為「百姓日用即道」，並依據良知本具的看法，宣揚「滿街都是聖人」，主張「堯舜與塗人一，聖人與凡人一」、「聖人不曾高，眾人不曾低」與「庶人非下，侯王非高」等思想。泰州思想固然被視為異端，但其思想平易，因而深入民間，其跟從者來自各行各業，如有樵夫朱恕、陶匠韓貞等。

王艮（西元一四八三至一五四一年）為泰州學派的創始者，字汝止，號心齋，明代泰州安豐場人，本身為鹽商，其子王襞（西元一五一一至一五八四年），字東順，號東崖，江西吉安人。王艮與王襞父子喜言良知，以「樂」言良知。此外，王艮自己還提出不同於王陽明解讀「格物致知」的看法，世稱為「淮南格物」。

（一）心本自樂

王艮云：「人心本自樂，自將私欲縛。私欲一萌時，良知還自覺。一覺便消除，人心依舊樂。樂是樂此學，學是學此樂。不樂不是學，不學不是樂。樂便然後學，學便然後樂。樂是學，學是樂。嗚呼！天下之樂，何如此學？天下之學，如何此樂？」（《王心齋全集》）王艮言樂是就良知本體之顯發處而言，吾人可由良知本體顯發之氣象中感受源自於內心深處的樂，此樂適順天理，無不自然，吾人為學終旨便在此

樂。王艮言「心本自樂」，王襞則進一步說：「有有所倚而後樂者，樂以人者也。一失其所倚，則慊然若不足也。無所倚而自樂者，樂以天者也。舒慘欣戚，榮悴得喪，無適而不可也。」（《明儒學案》）他將樂區分成「因良知呈顯所得之樂」以及「因人欲滿足所得之樂」二種，指出人欲滿足所得的樂是有條件的，一旦用以滿足人欲的條件不再，原先感受到的樂也就跟著消失；而因良知呈顯所得的樂卻是無條件的樂，只要良知顯發，樂便不絕，毋須以人欲的滿足為條件。

（二）格物

趙貞吉《王艮墓銘》說：「越中良知，淮南格物，如車之兩輪，實貫一轂。」王艮的格物說可謂與王龍溪的良知說齊名。《明儒學案》記有王艮對格物的解讀：「即物有本末之物，身與天下國家一物也，格知身之為本，而家國天下之為末，行有不得者，皆反求諸己。反己，是格物底工夫，故欲齊家、治國、平天下，在於安身。」王艮解「格物」為：「身與天下國家，一物也。」「格物，知本也；修身，立本；立本，安身也」，「安身者，立天下之大本也。……是故身也者，天地萬物之本也。天地萬物，末也。」（《王心齋全集》）王艮以「安身」為格物之旨，身為天地萬物之本，天地萬物為末，要能齊家、治國、平天下，必須先從安身做起。所謂「安身」係指求得生活日用上的安，即身要能夠吃得飽、穿得暖的安。其說法攜獲民心，對儒學的世俗化具有貢獻，卻也滑出了王陽明所言天理之超越之義。

王艮

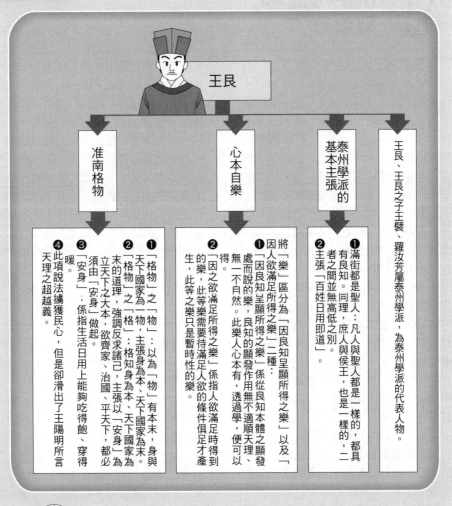

王艮

准南格物

④此項說法攝獲民心，但是卻滑出了王陽明所言天理之超越義。

③「安身」：係指生活日用上能夠吃得飽、穿得暖。

②「格物」之「格」：格知身為本、天下國家為末的道理，強調反求諸己，主張以「安身」為立天下之大本，欲齊家、治國、平天下，都必須由「安身」做起。

①「格物」之「物」：以為「物」有本末，身與天下國家為一物，主張身為本、天下國家為末。

心本自樂

②「因之欲滿足所得之樂」係指人欲滿足時得到的樂，此等樂需要滿足人欲的條件俱足才產生，此等之樂只是暫時性的樂。

①「因良知呈顯所得之樂」係從良知本體之顯發處而說的樂，良知的顯發作用無不適順天理、無一不自然。此樂人心本有，透過學，便可以得。

將「樂」區分為「因良知呈顯所得之樂」以及「因人欲滿足所得之樂」二種。

泰州學派的基本主張

②主張「百姓日用即道」。

①滿街都是聖人：凡人與聖人都是一樣的，都具有良知。同理，庶人與侯王，也是一樣的，二者之間並無高低之別。

王艮、王艮之子王襞、羅汝芳屬泰州學派，為泰州學派的代表人物。

★安身

王艮對於〈大學〉的理解，不同於王陽明。王艮云：「明明德以立其體，親民以達用，體用一致，陽明先師辨之悉矣。此堯舜之道也，更有甚不明。但謂至善為心之本體，卻與明德無別，恐非本旨。明德即言心之本體矣，三揭在字自喚省得分明，孔子精蘊立極，獨發安身之義，正在此。堯舜執中之傳以至孔子，無非明明德親民之學，獨未知安身一義，乃未有能止至善者。故孔子悟透此道理，卻明明德親民之學中立起一個極來，故又說個在止於至善。止至善者，安身也。安身者，立天下之大本也。」（《王心齋全集》）對於「安身」，王艮認為：「止於仁、止於敬、止於孝、止於慈、止於信，若先不曉得個安身，則止於孝，烹身、割股有之矣；止於敬者，饑死、結纓有之矣。必得孔子說破此機括，始有下落，才能內不失己，外不失人。」（《王心齋全集》）王艮重視生物生命，「安身」在安頓生物生命，因而不同於王陽明以天理成就道德生命的良知學說。

UNIT 6-19
羅汝芳

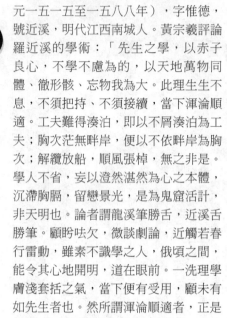

圖解中國哲學史要略

泰州學派之集大成者為羅汝芳（西元一五一五至一五八八年），字惟德，號近溪，明代江西南城人。黃宗羲評論羅近溪的學術：「先生之學，以赤子良心，不學不慮為的，以天地萬物同體、徹形骸、忘物我為大。此理生生不息，不須把持、不須接續，當下渾淪順適。工夫難得湊泊，即以不屑湊泊為工夫；胸次茫無畔岸，便以不依畔岸為胸次；解纜放船，順風張棹，無之非是。學人不省，妄以澄然湛然為心之本體，沉滯胸膈，留戀景光，是為鬼窟活計，非天明也。論者謂龍溪筆勝舌，近溪舌勝筆。顧盼咕欠，微談劇論，近觸若春行雷動，雖素不識學之人，俄頃之間，能令其心地開明，道在眼前。一洗理學膚淺套括之氣，當下便有受用，顧未有如先生者也。然所謂渾淪順適者，正是佛法一切現成，所謂鬼窟活計者，亦是寂子速道，莫入陰界之呵；不落義理，不落想像，先生真得祖師禪之精者。」（《明儒學案》）黃宗羲對於羅近溪有褒有貶，其褒貶點出二項羅近溪思想的特色：破除光景及援用禪學。

（一）破除光景

心學由於王陽明及其後學的推動而流行於明代，而王陽明以朱熹格物窮理之工夫為支離，要人直以致良知之格物為工夫，由此產生有關「四句教」與「四無說」的爭論，以及王龍溪的「良知現成」的說法，使得當時出現許多與良知相關的理論，這些理論雖然將良知講得細膩，但是理論的發明根本上與良知的朗明是兩件事情。當時的人喜談良知，卻因此陷入了泥沼裡頭，羅近溪以為這樣不但無助於良知的取得，反而距離良知愈來愈遠，羅近溪也因此提出了破除光景的說法。明代心學興盛，強調良知，良知自然成為欲進德者講論的對象，但羅近溪卻認為一味地談論良知，講來講去只是在對良知進行描述，所有的談論終究只是思辨上的成績，相對於本有的良知，這都只是屬於枝葉上的事。良知是本具的、是當下湧出的，而人們因為談論良知而建構出的層層理論，是一種欲求得良知而有的執著，這反而讓良知被執著隱藏，理論說得再精細，也只是良知的影子，不是良知。羅近溪以為欲真得良知，就必須將光景破除。

（二）援禪入儒

羅近溪對於光景產生的說法具有禪宗的味道，他說良知原是「妙用圓通，其體亦是潔淨，如空谷聲然，一呼即應，一應即止」（《盱壇直詮》），而光景卻是「原從妄起」的，光景係因「後人不省，緣此起個念，就會生做見識，因識露個光景」（盱壇直詮）而產生。同樣，他對於破除光景的說明，也留下禪學的痕跡。（《盱壇直詮》）記載他與學生孫懷智的談話：「孫懷智問本體如何透徹。師曰：『難矣哉！蓋聰明穎悟，聞見測試，本體之障，世儒以障為悟者多矣。若欲到透徹景界，必須一切剝落淨盡，不掛絲毫始得。甚矣透徹之難。』」「剝落淨盡、不掛絲毫」便是要吾人脫離語言、文字的執著，這樣的說法與佛教假有、空觀相符。羅近溪以為有求良知之心為妄心，而自然無執持之心便是良知。

破除光景

對於「良知」進行系統性的理論建構 ➡️

良知的影子

良知本身

❶談論良知，只是在對於良知進行描述，無助於良知的朗顯。
❷相反地，談論良知反而遠離了良知本身，造成對於求得良知的執著；說穿了，只是在玩弄光景，只是在說良知的影子。

援禪入儒

離脫語言、文字的執著 ➡️

良知本身

❶必須破除光景，方能求得良知本身。
❷求良知之心為妄心，主張自然無執之心便是良知。
❸同佛教假有、空觀之說。

 ★捧茶童子

羅近溪曾經和友人談論捧茶童子。羅近溪以為捧茶童子日常活動的表現即是本心的流露，直指友人雖覺得心中光光晶晶，事實上只是在玩弄光景，提醒友人別掉入光景的陷阱。友人聽聞後問及羅近溪自身的工夫，回答：「我底心也無個中，也無個外；所用工夫也不在心中，也不在心外。只說童子獻茶來時，隨眾起而受之，從容啜畢童子來時，隨眾付而與之。」（《盱壇直詮》）羅近溪以為本心自然能感能應，本心流行於日常時，已有工夫。一般人有關本心的說法，盡是虛妄。

UNIT **6-20**
東林學派

從孔孟真義的闡發面而言，王陽明的學說實為一套可能的講法，屬圓融之說，今日有以為他的良知說為孔孟思想的一大發明。但王陽明及其後學卻在思想以及政治上曾經遭遇到空前的批判，從而有心之士紛紛出現，試圖救正他們所造成的流弊。

縱觀王學的發展，在思想上產生了好談本心卻不務工夫的流弊。王陽明捨格物窮理的工夫、王龍溪主「四無」之頓悟，以及泰州學派「百姓日用即道」、「滿街都是聖人」、「堯舜與途人一，聖人與凡人一」的講法，都使人以為良知容易取得，遂一反先秦儒家為求進德而力做工夫的路子。除了在工夫上的批評，另外還有批評王學非為儒家，而為禪學者，例如王夫之云：「姚江王氏始出焉，則以其所得於佛老者，殆攀是篇（指〈中庸〉）以為證據。」（《王夫之全集》）王學為「陽儒陰釋」，思想中充斥禪學說法。

批評者以為王學在思想上造成的流弊，是明代滅亡的其中一項因素。儒家主張內聖外王，個人的心性修養只是道德生命的一部分，真正的道德理念還得從「成己」以至「成物」來落實，在批評者看來，王學只是空談心性、言良知卻不言工夫，捨離道問學不顧，但是讀書卻是經世外王必須要有的，只是尊德性終究無法通向外王。

救正王學的軌跡發展若是依照《明儒學案》，實發端於江右學派，中間經過東林學派，最後則是劉蕺山。

東林學派的代表有顧憲成（西元一五五〇至一六一二年）以及高攀龍（西元一五六二至一六二六年）。顧憲成，字叔時，號涇陽，無錫人，因創辦東林書院而被稱為東林先生。高攀龍，字存之，又字雲從，號景逸先生，無錫人。東林學派熱衷政治，除了講習學問，時常對朝政提出評議，吸引許多士人慕名前往。東林學派救正王學的論點有：❶以善言性取代無善無惡的說法；❷主張悟修並重。

（一）以善言性

顧憲成以善言性，《東林書院志》記載：「本者性也，學以盡性也，盡性必自識性始。……由孟子則善者性之實，善存而性存矣，善亡而性亡矣。」本於孟子之教，顧憲成以善言性，有別於「四句教」與「四無說」中「無善無惡心之體」。顧憲成批評王陽明與王龍溪將心說成是無善無惡，他認為以無善無惡說心，將使人「養成一個虛寂」（《明儒學案》），儒家由內聖以通向外王的理念終將無法落實。顧憲成以善取代無善無惡的說法，具有導引人們力求盡善性，以使內聖之學得以真正開出外王的用心。

（二）悟修並重

高攀龍云：「凡了悟者皆乾也，修持者皆坤也。人從迷中忽覺其非，此屬乾知；一覺之後，遵道而行，此屬坤能。」（《明儒學案》）對於工夫，高攀龍主張悟修並重，此般主張係因東林學派對於泰州學派主張良知係自然悟得的說法深表不滿而產生。東林學派還批評王學：「姚江之弊，始也掃聞見以明心耳，究而任心而廢學。」（《明儒學案》）東林學派重視聞見，他們提倡讀書的重要，還為了救正王學吸收了朱熹的格物窮理思想。

王陽明及其後學造成的問題

王陽明及其後學造成的問題

思想方面

好談本心，不務工夫：「四無」、「滿街都是聖人」等說，令人以為良知易得，遂忽略工夫，有反先秦儒家強調道德生命必講求工夫的路子。

使得儒學變成了佛教，表現上說是儒家，骨子裡卻是佛教的思想。

政治方面

王學空談心性，只在尊德性，忽略對於通往外王經世需要的道問學工作，導致出強調內聖開不出外王經世的結果，這是明代所以走向滅亡的一項主因。

東林學派對於王學的救正

心體說法的部分

有顧憲成主張以善言性，代替心為無善無惡的說法。

以善言性取代心為無善無惡的說法，具導引人們力求盡善性，使內聖得以真正開出外王的用意。

工夫採用的部分

有高攀龍重視聞見之知的重要性，強調悟修並重。

對於讀書之聞見知的強調，吸收了朱熹格物窮理的思想，強調悟修並重，救正王學空描心體的毛病。

 ★明末黨爭

明朝有過黨爭。當時官員依附皇室、交結宦官，四處結黨營私，欺壓正直官員，東林學派則關心時政、評議政事，吸引了有志之士，獲得部分遠於朝廷任職之官員們的認同，而這些人則被他們的反對者統稱為東林黨。東林學派與東林黨不同。《明儒學案》云：「今天下之言東林者，以其黨禍與國運終始，小人既資為口實，以為亡國由於東林，稱之為兩黨，即有知之者，亦言東林非不為君子，然不無過激，且依附者之不純為君子也，終是東漢黨錮中人物。嗟乎！此窠語也。東林講學者，不過數人耳，其為講院，亦不過一郡之內耳。」嚴格而言，將明代因黨禍以致於走向亡國的原因歸究於東林學派之看法並不正確。黃宗羲認為真正屬於東林學派的學者僅有數人，而他們論學、講學的活動範圍不在京師，且只是在一郡，根本不具實質的政治影響力。黃宗羲以為東林學派之所以被看成是明朝亡國的原因，是因他們進行清議政事的活動，遂招小人口實。

UNIT 6-21
劉蕺山

劉蕺山（西元一五七八至一六四五年），字起東，號念台，浙江山陰人，其講學於蕺山，學者稱他作蕺山先生。劉蕺山師許敬庵，劉蕺山拜師時嘗問為學之要，許敬庵告訴他要「存天理，遏人欲」，劉入師門後，許還曾勉勵他「為學不在虛知，要歸實踐。」縱觀劉蕺山的思想，一方面受王陽明心學的影響；另一方面對於明末王陽明後學造成的流弊之反省而產生的。留有《劉子全書》與《劉子全書遺編》。

《劉子全書》：「今天下爭言良知矣，及其弊也，猖狂者參之以情識，而一是皆良；超潔者蕩之以玄虛，而夷良於賊。亦用之過也。」這是劉蕺山對浙中以及泰州學派的批評，蓋浙中以及泰州學派對於王陽明良知學問有所發揮，但是吾人若是依據他們的說法來理解，容易產生錯誤的認識，以為良知易得，遂而忽略良知的工夫。其「玄虛而蕩」批評的是浙中王龍溪的四無之說，產生空懸良知本體之流弊，養成的只是虛寂；「情識而肆」則在批評泰州對於良知自然平常強調的作風，使人陷入將情識視為良知發顯的流弊裡。

（一）意

劉蕺山重「意」，視「意」為吾人本具之至善道德本體的實性，他批評王陽明的「四句教」：「『知善知惡』與『知愛知敬』相似而實不同。知愛知敬，知在愛敬之中；知善知惡，知在善惡之外。知在愛敬之中，更無不愛不敬者以參之，是以謂之良知。知在善惡之外，第取分別見，謂之良知所發則可，而已落第二義矣。且所謂知善知惡，蓋從有善有惡而言者也。因有善有惡，

而後知善知惡，是知為意奴也，良在何處？」（《劉子全書》）劉蕺山以「知愛知敬」言知，能「知愛知敬」者必有知，視「意」包含「知」在內。反對王陽明說意有善惡，而將具善惡分別見的知與意分開的看法。

劉蕺山云：「意者，心之所存，非所發也。或曰：『好善惡惡非發乎？』曰：『意之好惡與起念之好惡不同。意之好惡一幾而互見。念之好惡兩在而異情。以念為意，何啻千里？』」（《劉子全書》）劉蕺山強調的「意」是好善惡惡之具有道德價值判斷的「意」，而非一般所言具有善惡的意。他將「意」與「念」作出區分，「意」為吾人本心之實，為吾人的道德本體；「念」為一般所言的意，屬於感性層次，具有善惡。

（二）慎獨

劉蕺山強調「意」，將知收攝於「意」中，具有避免因強調良知而使人專注於良知本體的作用卻忽略道德意識的危險發生。黃宗羲論其師劉蕺山學問宗旨為「慎獨」。劉蕺山言「慎獨」之「獨」為獨體，所謂的獨體係指意根。關於心與意的關係，劉蕺山說：「〈大學〉之言心也，曰忿懥、恐懼、好樂、憂樂而已，此四者心之體也。其言意也，則曰好好色、惡惡臭，好惡者，此心最初之機，即四者之所自來，所謂意也。故意蘊於心，非心之所發。」（《劉子全書》）意為心之所存、非所發，其為心之根本，為吾人道德實踐的基礎；是以，吾人在工夫實踐上應當「誠意」，務使本心裡具有好惡之知的道德意志得以朗現。

誠意慎獨

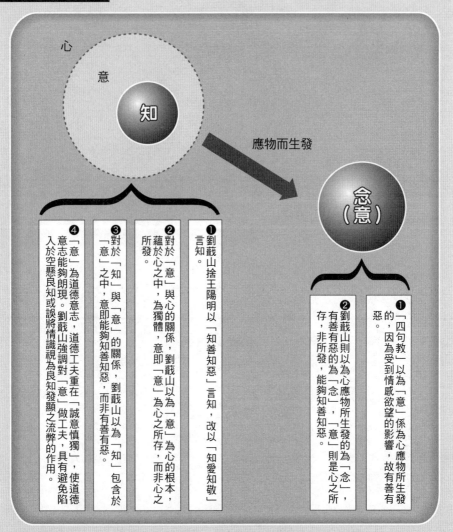

心

意

知

應物而生發

念（意）

❹「意」為道德意志，道德工夫重在「誠意慎獨」，使道德意志能夠朗現。劉蕺山強調對「意」做工夫，具有避免陷入於空懸良知或誤將情識視為良知發顯之流弊的作用。

❸對於「知」與「意」的關係，劉蕺山以為「知」包含於「意」之中，意即能夠知善知惡，而非有善有惡。

❷對於「意」與心的關係，劉蕺山以為「意」為心之根本，所發。蘊於心之中，為獨體，意即「意」為心之所

❶劉蕺山捨王陽明以「知善知惡」言知，改以「知愛知敬」言知。

❷劉蕺山則以為心應物所生發的為「念」，有善有惡的為「念」，「意」則是心之所存，非所發，能夠知善知惡。

❶「四句教」以為「意」係為心應物所生發的，因為受到情感欲望的影響，故有善有惡的。

知識補充站 ★無念

王陽明以「意」為有善有惡，劉蕺山則以為「意為心之所存，則至靜者莫如意。乃陽明子曰：有善有惡者意之動，何也？意無所為善惡，但好善惡惡而已。」意無善惡、具有好善惡惡的能力。意既能好善惡惡，那麼在其好善惡惡中便含有知善知惡的能力；是以，〈大學〉示人為學應以誠意為要，而所謂的有善有惡者，念念、不是意。《劉子全書》云：「予嘗有無念之說，以示學者，或曰：念不可無也。何以故？凡人之欲為善而必果，欲為不善而必不果，皆念也。此而可無乎？曰：為善而取辨於動念之間，則已入於偽。何善之果為？」有人以為吾人成善工夫在念；然而念有生有滅，若於動念間行工夫，則是捨本逐末。成善工夫應在意根。

第 7 章

清代哲學

●●●●●●●●●●●●●●●●●●●●●●●●●●●●● 章節體系架構 ▼

UNIT 7-1
清代哲學

清代學術的特色，大體可以從實學以及考據訓詁來說。清代受到異族的統治，異族不似漢族擁有淵遠流長的哲學發展過程，而哲學具有反省、批判以調整整個社會行走方向的功能，因而在自身學術遠不如漢人卻又要統治漢人的意識底下，高壓的統治手段便成為穩定政治的合理工具。就整個大清的歷史來看，一連串的高壓手段在政治上產生一定的效果，薙髮令、文字獄、軍管鎮壓等措施的實行，優越化了滿人在漢人社會中的地位，同時也箝制了讀書人的思想。

不過，高壓的手段究竟無法抹去漢人的傳統。漢人終究有自己的思想，因此滿清一方面施以高壓手段，另一方面又施以懷柔政策以籠絡士人。滿清的懷柔，在思想上，重新辦理了科舉，推崇孔子、程頤及朱熹等儒學思想，還集合讀書人，命他們編修《康熙字典》與《四庫全書》，旨在形塑滿清對於漢人的寬仁形象。

哲學的發展在高壓與懷柔並行的時代裡，無疑像是先天缺了手腳，自然無法與宋明時代相比，相對顯得沉寂與安靜。話雖如此，漢人的生命終究流有儒家的血液，始終承襲著內聖外王的使命，固然學術上大抵因為滿清的政策而流行考據訓詁、罕言義理，但仍有少數人反省、思考著儒學，他們在儒學上的用功普遍反映在對外王經世的關懷上，一反宋明著重於內聖的思考傾向。此一思考傾向可歸咎於明朝遭滿清所滅以及滿清遭遇西方列強所辱的二項歷史刺激因素。

（一）對於心學亡國的反思

宋代以來，儒家的發展一直偏重於討論內聖，程朱雖講格物窮理，但宗旨在成就內聖，對於外王的著墨相形之下則未顯深入。此項發展的特色到了王陽明更趨嚴重，他強調致良知，遂發展出王龍溪與泰州學派。從思想評論來看，王龍溪與泰州學派，一個玄虛而蕩，一個情識而肆，對於明朝走向滅亡不能不承擔起一定程度的責任。明末清初的思想家如孫夏峰、黃宗羲、李二曲、顧炎武、王夫之等人，認為明朝的滅亡係王陽明後學流於空疏所造成的，因而本於讀書人對於政治的責任，他們將儒學的思考轉向於經世致用的層面。

（二）對於考據訓詁的反思

清朝中葉，盛行乾嘉之學，儒家的研究從宋明之義理闡發型態復轉為漢代章句訓詁的模式，此學問模式被稱為「樸學」。在普遍為漢學所籠罩的學術氛圍中，有對考據訓詁之方法與價值進行反省者，如章學誠與戴震，他們一方面著手樸學，但同時內心也保有儒學的淑世精神。

（三）因列強侵略而有的反思

西方列強對於滿清一次次的勝利，不僅表示他們的船炮威力遠強於滿清的刀槍，還表示西方哲學思想有助於西方國富兵強。一直以為自己是世界中心的中國，在歷史顛倒發展的現實下，內部開始對於作為民族之文化生命的儒學思想產生反省，有的人以為儒學是中國所以衰弱的真正病根，有的人仍致力於儒學的經世主張，有的則折衷兩派並求調和。

清代學術思想發展背景與特色

內政管理方面

滿清為了能夠有效控制漢人，一方面施行高壓政策；另一方面施行懷柔政策。

高壓政策

❶薙髮令。
❷文字獄。
❸軍管鎮壓。

目的：
優越化滿人在漢人社會中的地位。

懷柔政策

❶重辦科舉，推崇孔子、程頤、朱熹等儒學思想。
❷編修《康熙字典》、《四庫全書》等書。

目的：
形塑滿人在漢人心目中的寬仁形象。

影響

❶反省心學亡國的原因，並嘗試對於儒學進行改造，重視儒學之於經世的可能。
❷重視考據與訓詁之學，並反省考據與訓詁之學的方法及價值。
❸檢討儒學與清末時代劇變的關係，並對儒學的價值進行反省。

影響

與各國關係方面

中國不再是世界中心，西方列強船堅炮利使清代必須不斷割地賠款。

知識補充站 ★高壓統治

清朝大興文字獄，藉此打擊不利自身統治地位的言論，防堵反清思想的萌生與傳播，凡對於清朝的不當言論，將受重懲。例如，莊廷鑨及其家人因出版《明史》，家中十六歲以上男丁全被處死，婦女流放遠地為奴。又如，呂留良因著反清著作，一家全被判罪。另外，清朝還禁止讀書人結集聚會，以避免滿清復明思想的傳遞。薙髮令的實行，目的在統治，其具有辨視身分與身分認同的功能。當時有所謂「留頭不留髮、留髮不留頭」，從薙髮者為順民，不從為逆民，不從者將遭斬首。清朝還實施血腥鎮壓，每當清兵攻入一地卻遭到人民反抗時便大舉屠殺，史書記載揚州曾遭屠城十日，嘉定則遭屠城三次。

UNIT 7-2 孫奇逢

孫奇逢（西元一五八五至一六七五年），字啟泰，號鐘元，直隸縣保定府容城縣（今河北省）人，晚年講學於輝縣夏峰村，學人稱其為夏峰先生，著有《讀易大旨》五卷、《理學宗傳》、《聖學錄》，後人編有《夏峰先生集》。《夏峰先生集》云：「諸儒學問，皆有深造自得之處，故其生平各能了當一件大事。雖不問異同紛紜，辯論未已。我輩只宜平心探討，各取其長，不必代他人爭是非求勝負也。」孫奇峰反對理學與心學間的爭論，其思想宗旨與特色在調合儒學各派別的紛爭，折中陸王。在他看來，程朱與陸王皆為儒學正宗，他指出諸儒間的差異來自他們在體貼上的差異，一如程明道言天理、周敦頤言主靜無欲、王陽明言良知，說的都是各自對於道的體貼。

（一）心學與理學同

宋明儒家雖有理學與心學之分，但其實都是儒學，二者之間大可不必有門戶之見，門戶之見愈深只是讓自家學問愈陷於偏，只是有害儒學的發展。孫奇逢云：「凡言理、言仁、言性、言未發、言主一者，皆我同堂共室之人，俱當渾爾我異同之見。」（《夏峰先生集》）同屬一門戶的哲學支派在哲學概念的使用與討論上應具有相似性，孫奇逢指出理學與心學在此是一樣的，理、性、仁、未發、主一等概念皆可在理學與心學中見得。除此之外，若從學問的本源以及對於理想生命的尋求二方面來看，理學與心學也是一樣的。孫奇逢云：「大人之實，聖人之訓述，顯晦殊途，總不出聖學本天一語，不本於天，則異端耳。」他以為「聖學本天」，即凡儒門者學問起源皆以天為本，他以「聖學本天」作為畫分儒或非儒的判準。《夏峰先生集》云：「本天，以天地萬物為一體，故能兼善天下。」程朱與陸王皆是本天學問，皆是出自孔孟，以聖人之生命作為他們尋求的理想生命。

（二）折中陸王

孫奇逢以理學與心學同為前提，試圖消解歷史上有關它們在格物窮理與致良知、尊德性與道問學，漸修與頓悟的紛爭。

孫奇逢以為看似有衝突的格物窮理與致良知，其實是相合的，他說：「如主文成則天下無心外之物，無物外之心，一切木礫瓦石，一覽即見。皆因吾心原有此物，……知與物不相離也。如主紫陽，則今日格一物，明日格一物。詩書文字千言萬語，只是說明心性，不是靈知原在吾人，如何能會文切理通曉意義？」從心學言，心外無物，而理學要人心外窮理，藉由讀聖賢書求得道理，由於聖賢書所載的就是吾人之心性內容，所以吾人才能夠通曉聖賢書的內容。

格物窮理與致良知實為相合，尊德性與道問學的紛爭其實也不存在，孫奇逢以尊德性為「約」、道問學為「博」，認為朱熹先博後約，其實是要人尊德性，而王陽明先約後博，也離不開道問學。

關於漸修與頓悟的紛爭，孫奇逢以為世人爭論朱熹漸修或王陽明頓悟為病，其實不正確。「漸者下學，頓者上達也，不可以分言，則頓之非虛而漸之非實，當不作歧視矣。」（《夏峰先生集》）以為無漸，無以言頓；無頓，言漸則無所歸。

理學與心學同

就思想的本源來看

理學與心學皆屬儒學，皆以天為本。

就概念的使用來看

理學與心學使用的概念是一樣的，如理、性、仁、未發、主一等皆出現在心學與理學。

就思想的宗旨來看

理學與心學皆道德生命為理想生命，工夫的目的皆在成就聖人生命。

主張

理學與心學其實是不必要彼此有矛盾的。他們之間的爭論，其實是不必要的。理學與心學之間的差異，並非彼此有所重。只是分別的在體認上各有所重。

折中陸王

理學與心學的爭論課題	孫奇逢的看法
格物窮理與致良知爭論	以為格物窮理與致良知二說無礙。吾人之所以能夠讀得通聖賢書，是因為書中說的內容正是吾人心性本有的內容。
道問學與尊德性的爭論	主張道問學與主張尊德性二種說法不相悖，道問學與尊德性皆不反對另一方的看法。「先博後約」與「先約後博」都是一樣的。
漸修與頓悟的爭論	不可強說漸修與頓悟某一者為是，另一者為非。事實上，無漸，無以言頓；無頓，漸無所歸。

知識補充站 ★統宗會元

《孫夏峰先生年譜》云：「余謂由陽明而子靜，而周程張朱，豈有不符者哉。由周程張朱而顏曾思孟，以溯之孔子，豈有不符者哉。由孔子而建天地、質鬼神、考三王、俟後聖，亦豈有不符者哉。」孫夏峰立足於心學，加上個人的自證，主張歷來儒者的不同學說其實是殊途同歸。他指出面對不同的學說，能夠以一貫之者，為「統宗會元」之人；相形之下，專執偏於一見者，則是小見識者。統宗會元的說法在功能上具有調停宋明儒學內部爭論不休的用意。

UNIT 7-3
黃宗羲

　　黃宗羲（西元一六一〇至一六九五年），字太沖，號梨洲，世稱南雷先生或梨洲先生，明末清初人，用心各種學問，包括史學、經學、思想與地理等，著有《明儒學案》、《宋元學案》、《明夷待訪錄》、《南雷文定》等書，後人編有《黃宗羲全集》。黃宗羲對於各種學術的用心反映了他對於王陽明後學空描良知以及專講良知卻未能夠經世之結果的不滿，也正是他對於自己重經世之思想的親自實踐。縱觀黃宗羲的前後期思想，二者並不相同，前期思想為劉蕺山思想的進一步發揮，與劉蕺山一致；但是到了後期，其思想與劉蕺山不同。大抵而言，由黃宗羲緊守師說的角度來看，他的思想是嘗試以心學的立場出發，並改造心學，將強調道德本體的心學與落實經世致用時所必然要涉及的經學與史學結合在一塊，以此救正心學的流弊。

　　不過，事實上黃宗羲並沒有真正完全守在心學的立場上，從黃宗羲的思想中我們可以發現他的有些主張並不是心學，反而是偏屬於主氣的思想。是以，以思想發展的特色來看，劉蕺山與黃宗羲雖為師徒，但心學的最後一位思想家應為劉蕺山，而不是黃宗羲。黃宗羲未能堅守卻滑出心學的思維，代表心學時代的結束。

（一）理氣一物

　　《明儒學案》云：「天地之間，只有氣，更無理。所謂理者，以氣自有條理，故立此名耳。」理不可獨立於氣，理為氣所具有的條理。黃宗羲主張氣為天地萬物的根本，吾人不可離氣言理，理氣二名是人做出的區分，事實上「理

為氣之理，無氣則無理」（《明儒學案》）。是以，氣為具體實在物，理與氣實為一物，不可分開。

（二）心

　　氣為萬物根本，人也是氣所造成，順此脈絡，心也是氣所成。《明儒學案》云：「天地之間只有一個氣充周，生人生物。人稟是氣以生，心即氣之靈處，所謂知氣在上也。心體流行，其流行而有條理者，即性也。猶四時之氣，……流行而不失其序，是即理也。」「若論統體，天以其氣之精者生人，麤者生物。」黃宗羲以氣作為一切萬物之運作、活動的根本，人的心亦為氣，人與物之間的差別在分別以精氣與麤氣所組成。

（三）盈天地一心

　　黃宗羲云：「夫在天為氣者，在人為心；在天為理者，在人為性。」（《明儒學案》）人為精氣所成，由氣組成的心是精明虛靈的，其具有的條理即所謂的性。黃宗羲認為孟子的惻隱、羞惡、恭敬、是非的表現皆是由心所發，仁義禮智之性係因心而有；換言之，離情無性。他主張人稟受精氣而得有仁義禮智之性為天理。《明儒學案》云：「夫天之生人，除虛靈知覺之外，更無別物。虛靈知覺之自然恰好處便是天理。」天理為一切萬物之價值趨向，每一物個別來看都有它自己的理，卻也普遍地朝向一共同的價值，是以說「盈天地一心」。黃宗羲以萬物皆趨向於天理肯定經史的價值，又以心具天理，使窮理免流於玩物喪志。

盈天地一心

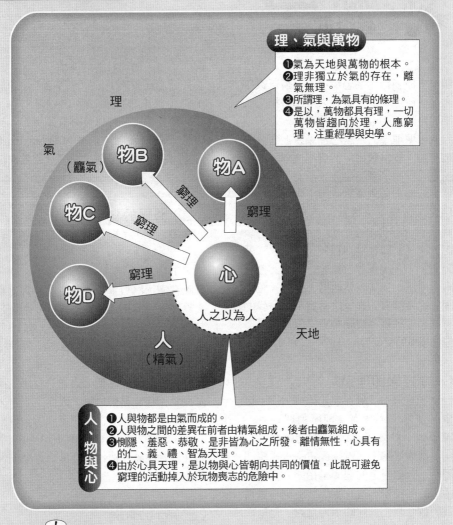

理、氣與萬物

❶氣為天地與萬物的根本。
❷理非獨立於氣的存在，離氣無理。
❸所謂理，為氣具有的條理。
❹是以，萬物都具有理，一切萬物皆趨向於理，人應窮理，注重經學與史學。

理

氣
（糲氣）

物B
物A
物C
物D
窮理
窮理
窮理
窮理

心
人之以為人

人
（精氣）

天地

人、物與心

❶人與物都是由氣而成的。
❷人與物之間的差異在前者由精氣組成，後者由糲氣組成。
❸惻隱、羞惡、恭敬、是非皆為心之所發。離情無性，心具有的仁、義、禮、智為天理。
❹由於心具天理，是以物與心皆朝向共同的價值，此說可避免窮理的活動掉入於玩物喪志的危險中。

知識補充站 ★ 《明儒學案》

《明儒學案》全書共六十二卷，為黃宗羲接受清朝統治已趨穩定的事實而專心在講學、著書所完成的作品。此書將儒學放置在歷史中進行理解，後來全祖望的《宋元學案》以及徐世昌、吳廷爕的《清儒學案》，便是受到此書對於歷史學術重視的影響而有。《明儒學案》記載了二百一十位學者，以《師說》首篇，《師說》後立十七個學案。《師說》記載劉蕺山對於明代學術的評論，勾勒出明代學術發展的輪廓，十七學案始於〈崇仁學案〉，終於〈蕺山學案〉，記載了各學派的人物、理論、發展以及與其它學派的關係。《明儒學案》以為明代儒學發展始於理學，後從理學走向心學，至王陽明心學大盛。然王陽明及其後學派的發展使心學陷溺於禪的危機，劉蕺山慎獨之說在救正王門之弊。

UNIT 7-4
顧炎武

顧炎武（西元一六一三至一六八二年），原名絳，字忠清，後因慕王炎午人品，改名炎武，字寧人，學者稱之為亭林生生。顧炎武的思想著重經世，他對於宋明理學的空談心性深感痛惡，強調有助「經世致用」的實用性學問。他認為「形而上者謂之道，形而下者謂之器，非器則道無所寓」，主張以經世致用之「實學」來取代「理學」。顧炎武著有《日知錄》、《歷代帝王宅京記》、《左傳杜解補正》、《明季三朝野史》、《山東考古錄》等書，其擅長經史考證，強調學要能博、多識，認為經史之考據有助經世之落實，他嚴謹的考據態度被視為清朝中葉「乾嘉學派」考據學風的奠基者。

（一）經學即理學

顧炎武云：「晚益篤志經學，曰：經學即理學也，舍經學則所謂理學者、禪學也。於陸王之說，辨之最力。」（《清儒學案》）顧炎武主張「經學即理學」，他肯定的理學是指能夠代表孔孟思想的經學。蓋孔孟思想中具有豐富關於政令教化刑罰的治道之說，是以顧炎武強調藉由通經以明孔孟，而考據工夫的價值在於能夠真正發揮孔孟之治道思想。相對而言，對於宋明倡言心性的傳統，他是非常厭惡的。

顧炎武云：「命與仁，夫子之所言罕言也；性與天道，子貢之所未得聞也。性命之理，著之《易傳》，未嘗數以語人。」（《亭林文集》）先秦儒學罕言命、仁、性、道、理，而宋明儒學卻一反先秦，常數十百人一同談論心性，對此顧炎武略帶諷刺地批評他們：「舍多學而無識，以求一貫之方，置四海之困

窮而不言，而終日講危微精一之說，是必其道之高於夫子，而其門弟子之賢於子貢，桃東魯而接二帝之心傳者也。我弗敢知也。」（《亭林文集》）本於經世之關懷，並見於國家戰亂、民不聊生，顧炎武也就難以認同天道性命之學。

（二）博學於文

孔子之學，少談性命，而重修身、實踐。《亭林文集》：「竊以為聖人之道，下學上達之方，其行在孝弟忠信，其職在灑掃應對進退，其文在詩書三禮周易春秋，其用之身在出處辭受取與，其施之天下在政令教化刑法，其所著書皆撥亂反正，移風易俗，以馴致乎治平之用，而無益者不談。」本於孔子之學，顧炎武強調聖人之道乃有用於撥亂反正、移風易俗之治，因而主張吾人為學應注意民生。從思想發展的角度來看，顧炎武的思想正是儒學由明末重心性之義理轉向清代重經世之實踐的例證。

（三）行己有恥

顧炎武倡「博學於文」，他要人讀書，強調通經以明孔孟，藉由讀書與通經以養吾人有關治世之術。又倡「行己有恥」，主張通過禮來約束、端正自身的行為，以修治世之志。《亭林文集》：「愚所謂聖人之道者如之何？曰博學於文，曰行己有恥，自一身以至於天下國家，皆學之事。自子臣弟友以至於出入往來辭受取與之間，皆有恥之事也。」顧炎武首重恥，他要吾人在日常的出處、往來、辭受以及取與之間行禮培恥，實踐道德。

顧炎武的思想主張

顧炎武
的思想

離器無道
主張「形而上者謂之道，形而下者謂之器，非器則道無所寓。」

重實學
反對主心性之學的宋明理學，認為先秦孔孟思想富有關於政令教化刑罰的思想，旨在談論治道。

重考據
強調學要能博、多識，強調考據之學；藉由考據工夫通經以明孔孟。

博學以文與行己有恥

博學以文
認為聖人之道有用於撥亂反正、移風易俗。是以，強調多讀書與通經。

→ 增進治世之術

行己有恥
主張以禮約束、端正自身行為，強調在與他人的日常互動中，以禮培恥。

→ 增進治世之心

有助於經世致用的實踐

知識補充站 ★通經

《亭林文集》云：「六經所傳，未有繼往開來之哲。惟絕學首明於伊雒，而微言大闡於考亭，不徒羽翼聖功，亦發揮王道，百世之先覺，集諸儒之大成。」顧炎武重視經學，主張通經以治世，這項主張可説是痛恨空談心性從而肯定朱熹思想的一種回復。朱熹評陸九淵：「只道這是胸中流出，自然天理；不知氣有不好底夾雜在裡，一齊滾將去，道害事不害事？看子靜書，只見他許多粗暴的意思可畏。其徒都是這樣，纔説得幾句，便無大無小，無父無兄。只我胸中流出底是天理，全不著些工夫。」（《朱子語類》）朱熹肯定讀書，以格物窮理成就內聖。顧炎武肯定朱熹強調讀書，以通經是經世之要。至於朱熹重視的性命之學，一心經世的顧炎武並不關心。

UNIT **7-5**
王夫之

王夫之（西元一六一九至一六九二年），字而農，號薑齋，生於明朝、死於清初，與顧炎武、黃宗羲二人並稱為明清之際三大思想家，其晚年隱居於石船山，學者稱他為船山先生。王夫之著作豐富，思想主要本於《易經》，後人將其著述編成《王船山全集》。王夫之以為陸王思想與老莊、佛學一般，空虛不實，他對於理氣、宇宙以及天理與人欲關係的探討，目的在使儒學能夠跳脫空疏、走向實用。

（一）理為氣之理

王夫之云：「氣外無理，理外亦不能成氣。」（《王船山全集》）對於理氣的關係，王夫之主張理氣不離，有別於宋明儒學普遍將理氣二分的看法。以朱熹為例，朱熹雖然說理氣不離，但這是從實際的狀況來看，假若就理論的層面來說，朱熹則主張理先而氣後，理是理、氣是氣，純善之理是不雜於氣的，氣是依據理而活動的。王夫之雖然也主張氣是依理而活動，但是他說的理，是氣本身的理。王夫之以氣作為萬物的根本，所有的一切存在都是氣聚散離合的結果，理是在氣聚散離合活動中的規律。王夫之云：「道之隱者，非無在也。……形而上者隱也，形而下者顯也。」「無形，則人不得而見之幽也。」（《王船山全集》）王夫之以「隱」與「顯」說明「形而上者」與「形而下者」，「隱」與「顯」的意思為「可見」與「不可見」。所謂的「形」，是器，器皆由氣所構成，因此王夫之說道是「形而上者」，並不是在氣之外說理，而是指氣之理。

（二）宇宙為變動

王船山主張「道與器不相離」，「形而上者，當其未形，而隱然有不可於踰之天則，……形之所自生，隱而未見者也。」「形而上之道，隱矣，乃必有其形，而後前乎所以成之者之良能著，後乎所以用之者之功效定，故謂之形而上而不離乎形。」（《王船山全集》）道為氣之活動的規律，為器的天則，道使得器能「成」，且使器具有一定之用。

《王船山全集》云：「盈天地之間皆器矣。器有其表者，有其裏者；成表裏之各用，以合用而底於成。則天德之乾，地德之坤，非其縕焉者乎？是故調之而流動以不滯，充之而凝實以不餒，而後器不死而道不虛生。器不死，則凡器皆虛也；道不虛生，則凡道皆實也。」世間一切係變動不居的，器雖有生有滅，但道卻始終存在，因此世間始終有器的存在。據此而論，人類身處的世界是日新月異的。

（三）理寓於人欲

宋明理學多要人「存天理」、「去人欲」，將天理與人欲視為對立。王夫之不反對人欲，主張理寓於人欲。「孟子承孔子之學，隨處見人欲，即隨處見天理。學者循此以求之，所謂不遠之復者，又豈遠哉。」（《王船山全集》）「人欲之各得，即天理之大同。」「天理充周，原不與人欲相對壘。」（《王船山全集》）「見人欲即見天理」並不是將人欲視為天理，而是說人欲之中有天理，欲求天理則不可離人欲。相對於宋明理學，他對人欲採取的是正面的看法，也是經世思想理論的重要基礎。

氣與理的關係

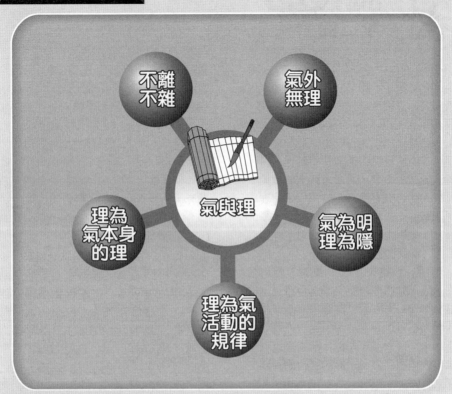

不離
不雜

氣外
無理

氣與理

理為
氣本身
的理

氣為明
理為隱

理為氣
活動的
規律

宇宙為變動

氣的活動

道
（器之天則、
氣之活動的規律）

❶道為氣之活動的規則，為器之天則。

❷器之用皆由道所成之。

❸器雖然有生有滅，但道始終存在著，且道德的存在是變動不居的；是以，吾人面對的世界是日新月異的。

UNIT 7-6
李二曲

李顒（西元一六二七至一七〇五年），字中孚，號二曲，陝西周至人，著有《四書反身錄》、《二曲集》等。觀其學術思想，其兼論理學與心學二派，結合二家之所長而主張「體用全學」。由於身處明末清初的亂世，早年關注於經世之學，對西方傳來的教典、異書與兵法皆有涉略，恰符程朱窮理的思想型態，後來他的思想轉向於心學，而其「體用全學」是整個學思生涯對理學與心學吸收後的最後主張。

不過，嚴格來說李二曲的「體用全學」僅僅是將理學與心學進行意見上的結合，他一方面看見理學因支離產生的流弊而主張以心學為體，另一方面看見心學因空疏無益於經世，而主張以理學為用，但在二者所以能夠結合的課題上卻缺乏理論的建構。

（一）默坐澄心

《二曲先生年譜》云：「夏秋之交，患病靜攝，深有感於『默坐澄心』之說，於是一味切己自反，以心觀心。久之，覺靈機天趣，流盎滿前，徹首徹尾，本自光明，太息曰：『學所以明性而已，性明則見道，道見則心化，心化則物理俱融。躍魚飛鳶，莫非天機；易簡廣大，本無欠缺；守約施博，無俟外索。若專靠聞見為活計，憑耳目作把柄，猶種樹而不培根，枝枝葉葉外頭尋，或也久矣。』自是屏去一切，時時返觀默識，涵養本源，……其自題有云：『余初茫不知學，泛濫於群籍，汲汲以撰述辯訂為事，以為學在是。三十以後，始悟其非，深悔從前之誤。自此鞭辟入裡，與同人以返觀默識相切砥，雖居恒不廢群籍，而內外本末之辨，則

析之甚明，不敢以有用之精神，為無用之汲汲矣。』」李二曲由於三十一歲一場病，使得他思想有了轉向，一改早年留意各類群書，轉為「默坐澄心」一路。李二曲要人通過靜坐來悔過自新，使本體得以藉由靜坐工夫漸漸復明，此即為學要旨。李二曲以為群書為博、為聞見，相較本心為根，群書屬枝葉。

（二）體用全學

對於李二曲而言，其學思歷程宗旨不僅在求得通過靜坐獲得本心，他還希望能夠由復明本心使經世致用得以開展。《二曲集》云：「自象山以至慈湖之書，闡明心性，和盤托出，熟讀之則可以洞斯道之大源。夫然後日閱程朱諸錄及康齋、敬軒等集，以盡下學之功，收攝保任，由工夫以合本體，由現在以全源頭，下學而上達，內外本末，一以貫之，始成實際。」依李二曲的說法，「體用全學」係以陸王心學所言的心作為吾人生命的本體，接以程朱的工夫，然後再以他早年留意的群書輔之。使儒學能夠兼具內聖與外王，使經世致用之外王理念得以落實。李二曲曾經為「體用全學」的主張開列了一份書單，書單內容包羅萬象，除宋明儒學的專著之外，還有《農政全書》、《水利全書》、《泰西水法》、《地理險要》等書。其書單遍及各類經世學問，可見他對於儒學之於經世的關切。只不過，若就純理論的層面來說，李二曲的「體用全學」對於本心與經世致用二者之間關係的理論建構仍然是不足夠的。

李二曲思想發展與體用全學

三十一歲前

❶關注經世之學，留意各類群書，閱讀涉略的書籍種類廣泛：西方教典、異書與兵法，皆包括在內。

❷對各種書籍的涉略與程朱窮理的思想相符。

三十一歲後

❶因為生病的緣故，而嘗試踐履默坐澄心之說，而悟得本體，其思想也因而不同於從前，改講靜坐。

❷靜坐工夫以求復明本體的思想型態，與心學相符。

體用全學

以理學的工夫為用

強調理學的窮理工夫，並開列一份包括宋明儒學專著以及《農政全書》等有關經世的書單。

以心學的心為體

一方面從理學的窮理工夫吸收經世需要的學問，另一方面立基於陸王說的心，建立內聖之學。

思想價值與意義

對於程朱與陸王代表的理學與心學的結合，並非出自義理上的結合、缺乏理論方面的建構，純然只是一種意見上的結合，反映出自內聖開出外王的關懷。

知識補充站 ★援朱救王

王學末流後來的發展使得內聖與外王有著緊張關係。由內聖以通外王是儒家自古以來的理念，心學致力於內聖之學，將理收攝於心，強調尊德性，不著以讀書為工夫。面對明亡的事實，讀書人便有以讀書為走向經世、落實經世的途徑。而道問學正是朱熹的勝場，因此朱熹思想在歷經心學的流行與衰落後，重新獲得重視。面對心學與理學有過爭論的事實，清代儒者在處理經世的問題有著不同的發展。有的本於心學，致力解決心學與理學之間的衝突。有的捨棄心學，改走朱子的道路。有的不著於內聖之學，專談經世之道。清初的孫夏峰與李二曲走的是調和的道路，不過統宗會元與體用全學其實是二人長年經由讀書、修道而有的體認，心學與理學之間的衝突並未在理論層次上獲得解決。

UNIT 7-7
顏元

顏元（西元一六三五至一七〇四年），字易直，又一字渾然，號易齋，直隸博野（今河北安國縣）人，主張復古力行，他與他的學生李恕谷被稱作「顏李學派」，著有《四存編》、《朱子語類評》、《禮文手鈔》、《四書正規》等。

（一）復古

顏元思想強調經世，而經世之要在能復古。他說：「故古之小學，教以灑掃應對進退之節，大學教以格致誠正之功，修齊治平之務。民舍是無以學，師舍是無以教，君相舍是無以治也。……有國者誠痛洗數代之陋，用奮帝王之獻，俾家有塾，黨有庠，州有序，國有學；浮文是戒，實行是崇；使天下群知所向，則人材輩出而法行，而天下平矣。」顏元認為魏晉以降學政不修，主張若要國家治平，則要復古。古代的一切文化、制度在顏元心中是完美而理想的，他說的復古，不僅是針對古代某一種價值原則、信念、制度的提倡，他說的復古包括所有古代的一切文化。

客觀而言，人類的歷史活動有其亙古不變的道理，但亦有變化的事實。顏元肯定古代一切文化的復古之說，雖是為了治平的目的，卻已掉入蔽於古的陷阱中，他的復古思想不僅肯定儒家一直以來肯定的價值，還肯定古代的宮刑、井田等制度，這樣的肯定無視這些制度中的不合理，一味的復古恐難令人接受。

（二）力行

顏元主力行實踐、斥講學理論。「僕氣魄小，志氣卑；自揣在中人之下，不足與於斯道。惟願主盟儒壇者，遠溯孔孟之功如彼，近察諸儒之效如此，而垂意於習之一字，使為學為教用力於講讀者一二，加功於習行者八九，則生民幸甚，吾道幸甚。僕受諸儒生成覆載之恩，非敢入室操戈也。但以歲月精神有限，誦說中度一日，便習行中錯一日；紙墨上多一分，便身世上少一分。」（《四存編》）他認為孔子以力行教人，而不是以理論教人。人生在世時間有限，若多花一分力在講學理論，能夠力行實踐的時間便少一分。顏元指出：「當時及門皆望孔子以言，孔子惟率之以下學而上達；非吝也，學教之成法固如是也。道不可以言傳也。言傳者，有先於言者也。」（《四存編》）顏元主張孔子之教係「以下學而上達」為原則，他認為道不可言傳，學教之成法當著力於行，而不是理論的建構與講學。

是以，為學為力行，講學只是旁輔。針對力行的對象，顏元指出：「所可得而共講之，共醒之，共行之者，性命之作用，如詩書六藝而已。即詩書六藝亦非徒列坐講聽，要惟一講即教習，習至難處來問，方再與講。講之功有限，習之功無已。」顏元重「習」，「習」為實踐、實行之意，主張力行禮、樂、射、御、書、數等六藝。顏元強調力行，他的主張除了以孔子學教之成法作為根據外，還以能夠達成在治平上的效用作為衡量標準，對他而言，力行要比講學來得有效用，也因此他拒斥科舉制度、宋明思想，以為它們只是流於文字的強調，對於國家的治平沒有幫助。

復古的主張與困難

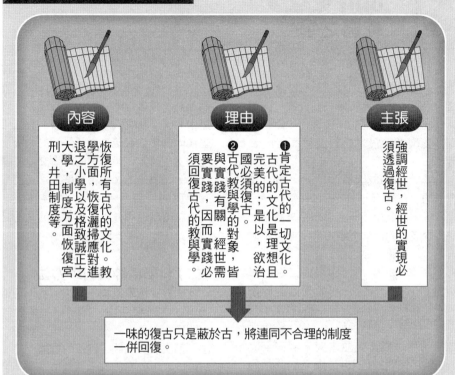

內容

恢復所有古代的文化。
學之方面，恢復灑掃應對、進退之方面，小學以及格致誠正對之教。
大學、井田制度方面恢復宮之對。
刑、制度等。

理由

❶肯定古代的一切文化完美的的文化是理想且；是以，欲治且古代必須復古。

❷古代教與學的對象皆與實踐有關，因而實踐，經世必須回復古代的教與學。國必須復古。要回復古代的教與學。

主張

強調經世，經世的實現必須透過復古。

一味的復古只是蔽於古，將連同不合理的制度一併回復。

力行

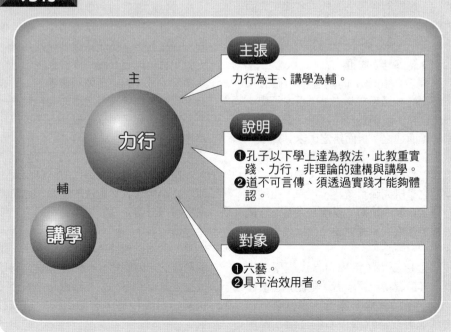

主張

力行為主、講學為輔。

說明

❶孔子以下學上達為教法，此教重實踐、力行，非理論的建構與講學。
❷道不可言傳、須透過實踐才能夠體認。

對象

❶六藝。
❷具平治效用者。

主　力行

輔　講學

UNIT 7-8
乾嘉之學

清代的「乾嘉之學」，又稱為乾嘉學派，蓋指清一代以經學為主並著重考據的學風，此學風初始於顧炎武，後逐漸形成為清代普遍的學術特性，而在乾隆、嘉慶期間最為盛行並轉而走向衰落。

乾嘉之學的成因有政治的、也有思想上的。在政治上，一般以為清代盛行文字獄，為避免因研究思想招來殺身之禍，學者紛紛走向考證古典。梁啟超便指出：「考證古典之學，半由『文網太密』所逼成。」（《中國近三百年學術史》）在思想上，可說是因對於宋明學術的反感而興起的一股回復漢學的運動。不過，雖然說乾嘉之學由顧炎武為始，但是顧炎武並未對宋明完全反對，他所反對的是宋明對於天命心性的談論，對於朱熹重讀書窮理，他是肯定的。乾嘉之學始於顧炎武的說法，係就他說「經學即理學」並兼重考據工夫而說的。

（一）經學與考據

有關於「經學」的內容，焦循云：「經學者，以經文為主，以百家子史、天文術算、陰陽五行、六書七音等為之輔，匯而通之，析而辨之，求其訓故，核其制度，明其道義，得聖立言之指，以正立身經世之法。」（《雕菰集》）乾嘉之學研究範圍廣泛，經學、史地、曆算、典制、校勘、輯佚、金石、音韻等都是他們的研究對象，而以經學為研究的主要中心。

梁啟超云：「清學自當以經學為中堅，其最有功於經學者，則諸殆皆有新疏也。」清代經學盛行，成就斐然。古代經典在清代獲得新的注疏，其中又以儒學的經典為主要，且新的注疏往往不只一種，如《易》便有惠棟的《周易疏》、張惠言的《周易虞氏義》、姚配中的《周易姚氏學》；《書》有江聲之《尚書集注音疏》、孫星衍的《尚書今古文注疏》、段玉裁的《古文尚書撰異》、王鳴盛的《尚書後案》；《詩》有陳奐的《詩毛氏傳疏》、馬瑞辰的《毛詩傳箋通釋》以及胡承珙的《毛詩後箋》。

（二）科學精神與科學方法

乾嘉之學治學以經學為主，並以考據為方法。所謂考據，即考證，即對於有關研究對象之真偽、認識與理解的提出，都必須有明確、嚴格的證據支持，方能成立。乾嘉之學強調無徵不信，且主張對於支持某種說法之理據的採用必須要博，以求正確。

戴震為乾嘉考據治學的代表，他強調考據，批評以往的治學方法是「依於傳聞，以擬其是；擇於眾說，以裁其優；出於空言，以定其論；據於孤證，以信其通。」（〈與姚孝廉姬傳書〉）過往的學術在戴震看來是空泛的、粗糙的，主張經學研究必須以考據為方法，以作為經學研究的穩定基礎。

相對於宋明，乾嘉之學的考據無形中對於經典之義理的闡發造成一種阻礙，礙於先秦儒學實然說法的主張，遂使得宋儒將自身體會融於義理闡釋的方式變得不值一取。不過，梁啟超《清代學術概論》則指出考據使得「我國學子之頭腦漸趨於冷靜縝密。此種性質實為科學成立之基本要素。」在梁啟超來看，考據具有科學精神，有助中國的科學發展。

乾嘉之學

乾嘉之學

→ 形成原因

思想上的因素
學者不滿宋明學術，促使清代學術走向回復漢學一途。

政治上的因素
為達政治目的行文字獄，並且為求思想控制而強調聲韻訓詁之學，促使學者走向古代經文的考據。

→ 研究對象

包括經學、史地、曆算、典制、校勘、輯佚、金石以及金韻等。其中，以經學為研究的主要對象。

考據之學

考據之學

→ 學術精神

❶反對以傳聞、眾說來治學。
❷主張有關研究對象的說明，都必須要有明確、嚴格的證據來支持。

→ 優點

具有科學精神，有助於近代中國的科學發展。

→ 缺點

考據的強調，使得讀者結合自身體會而對於經文做出的義理闡釋變得不具價值，本於先秦儒學之實然說法的考據之學，妨害了闡發經文之義理的工作。

★乾嘉之學的價值

乾嘉之學的價值，可從幾方面討論。首先，從乾嘉之學本於顧炎武的看法來談。考據旨在通經，通經之旨在經世；換言之，考據的原始目的本不在考據，而在實學。不過，乾嘉之學的流行卻使讀書人專於文字的工作，由考據而通經、經世的理念遂隱沒在沾喜於新的考據成果且獲得贊許的活動裡；致力考據的活動也使得讀書人忽略成德的內聖工作。其次，從哲學的發展來談。乾嘉之學著重儒學的考據，使儒學的典籍及其內容重新獲得確定，儒家哲學的理論建構得以奠基在穩固的基礎上進行、發展。考據對於哲學發展的助益，不僅在儒學，連同道、墨等諸家的典籍也都因為考據之風而逐漸得到重新確定的機會。不過，考據之於哲學的發展，雖可為助益但也可能成為阻力，考據的流行使得讀書人死守典籍文字上的意思，文字背後蘊含的豐富義理便因此透顯不出。

UNIT 7-9
戴震

戴震（西元一七三二至一七七七年），號東原，安徽休寧人，為學從考據著手，其思想具有創見，著有《原象》、《續天文略》、《尚書義考》、《經考》、《原善》、《孟子字義疏證》、《中庸補註》、《水地記》、《聲韻考》、《聲類表》與《水經注》等，以《孟子字義疏證》最為著名。戴震主張「達情遂欲」，反對程朱「存天理、去人欲」的主張。戴震以為存天理去人欲是輕「民之饑寒愁怨、飲食男女、常情隱曲之感，言雖美，而用之治，則禍其人」，認為理學以理殺人，輕忽人欲的結果使得人性受到扭曲，也破壞了道德。

（一）性與命

對於《易經》說的「形而上者謂之道，形而下者謂之器。」戴震以為形而上與形而下的區分非朱熹說的理與氣之別，而是分別在說氣之未成形質與氣之已成形質。戴震：「氣化之于品物。則形而上下之分也。形乃品物之謂，非氣化之謂。」「形謂已成形質。形而上猶曰『形以前』。形而下猶曰『形以後』。陰陽之未成形質，是謂形而上者也，非形而下，明矣。『器』言乎一成而不變，『道』言乎體物而不可遺。不徒陰陽非形而下，如五行水火木金土，有質可見，固形而下也，器也。其五行之氣，人物咸稟受於此，則形而上者也。」（《孟子字義疏證》）陰陽為氣，陰陽係宇宙之根源，所謂道是指氣對於萬物之生生不息的作用。《孟子字義疏證》云：「道猶行也，氣化流行，生生不息，是故謂之道。」戴震將道解釋成氣化流行的規律，其以氣言道的說

法，使得對於命與性的看法大別於宋明儒學。他解釋《大戴禮記》「分於道謂之命，形於一謂之性」一段話為「言分於陰陽五行以有人物，而人物各限於所分以成其性。陰陽五行，道之實體也。血氣心知，性之實體也。有實體，故可分。惟分也，故不齊。古人言性惟本於天道，如是。」（《孟子字義疏證》）人之命稟受自天道，即稟自陰陽五行，陰陽五行構成血氣心知，因而說人性即在說血氣心知，他的論點不同於宋明儒家說性本善、將命有別於氣的主張。

（二）達情遂欲

戴震以人性為血氣心知，情與欲出於血氣心知，因而反對宋明去人欲的看法。《原善》云：「記曰：『夫民有血氣心知之性，而無哀樂喜怒之常。應感起物而動，然後心術形焉。』凡有血氣心知，於是乎有欲。性之徵於欲，聲色臭味而愛畏分。既有欲矣，於是乎有情。性之徵於情，喜怒哀樂而慘舒分。既有欲有情矣，於是乎有巧與智。性之徵於巧智，善惡是非而好惡分。生養之道，存乎欲也。成通之道，存乎情者也。二者自然之符，天下之事舉矣。盡善惡之極致，存乎巧者也；宰御之權，由斯而出。盡是非之極致，存乎智者也，賢聖之德，由斯而備。」戴震肯定人欲，認為因為人欲而有巧與智，吾人因為巧與智而能分別善惡與是非，而「宰御之權」以及「聖賢之德」係得自於能夠全盡美惡是非，而善惡是非之分明根本來說係源自血氣心知中的情與欲。戴震認為情與欲是好的，為氣化流行之於人的表現，而主張達情遂欲。

達情遂欲

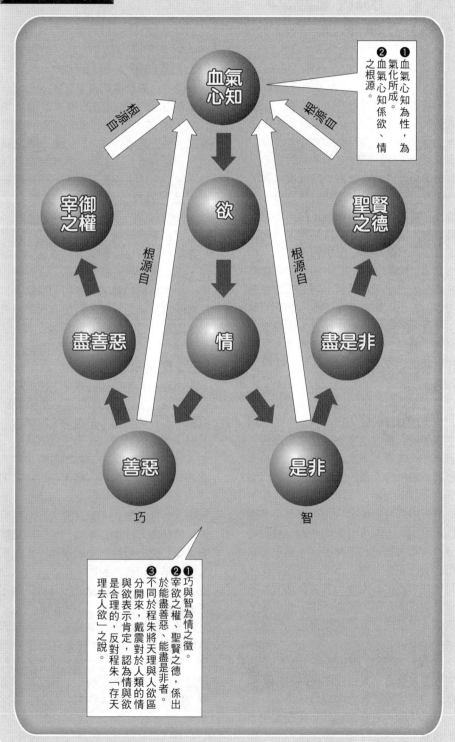

血氣心知

① 血氣心知為性，為氣化所成。
② 血氣心知係欲、情之根源。

血端者

根源自

根源自

宰御之權

欲

聖賢之德

盡善惡

情

盡是非

善惡

是非

巧

智

① 巧與智為情之徵。
② 宰欲之權、聖賢之德，係出於能盡善惡、能盡是非者。
③ 不同於程朱將天理與人欲區分開來，戴震對於人類的情與欲表示肯定，認為情與欲是合理的，反對程朱「存天理去人欲」之說。

UNIT 7-10
章學誠

章學誠（西元一七三八至一八○一年），字實齋，會稽（今浙江紹興）人，其著述傳世者有《文史通義》以及遺稿數十篇。清代中葉為求統治，在思想上強調考據、訓詁，以取代義理之學，因此考據、訓詁之學大為興盛。章學誠思想以「六經皆史」為綱要，對於治經，主張史料的考證與義理的發揮二者必須結合。他以為道為自然，將聖人與聖人之制作出區分，以為聖人並非道本身，而六經終究為歷史的產物，六經的著述必然有其歷史的限制，它們是對於當時所見之道的記載，而道卻是在歷史中順著人事的發展而不斷行進的。是以，吾人治經當觀見在歷史人事發展中之道的發展，並且能夠因道制作，以求在現實生活中落實事功，而非一味學聖人。

（一）道出自然

章學誠以為道是自然。《文史通義》云：「故道者，非聖人智力之所能為，皆其事勢自然，漸形而漸著，不得已而出之，故曰天地。」自然之道係人類歷史進程中的發展規律，此規律具有客觀性，非聖人所創造出來的。對於當時為考據訓詁所瀰漫的學術現況，章學誠直指必須「逆於時趨」，才能挽救學術。問學在求經世，他認為考據訓詁只是執守於過去的經典，無助經世，他疾聲呼籲吾人治學問必須能夠識得人類社會發展中的規律。

自有人類開始，道便存在人類生活中，隨著社會由簡至繁的發展，道所顯示的內容也就跟著愈趨複雜。道係「漸形漸著」的，它是動態的，在歷史中不斷發展。

（二）道與聖人制作

歷史中仁義忠孝的道德要求以及刑政禮樂的制度，都是道的形式表現，屬於聖人制作，而不是道的本身。章學誠云：「《易》曰：『一陰一陽之謂道。』是未有人而有道已具也。繼之者善，成之者性。是天著於人，而理附於氣。故可形其形而名其名者，皆道之故，而非道也。道者萬事萬物之所以然，而非萬事萬物之當然也。」（《文史通義》）章學誠將道與萬事萬物的關係，以「所以然」及「當然」來說明，聖人制作是道推動下的產物，即前者為後者所以發展之原因，而後者係以前者為原因而必然發生的結果。

（三）聖人學於眾人

聖人能夠識得並依據規律之道進行制作。傳統有以為聖人即道，章學誠則以為聖人是體道的，但說聖人即道卻是不可。《文史通義》云：「道有自然，聖人有不得不然。道無為而自然，聖人有所見而不得不然也。眾人無自見，則不知其然而然。不知而然，即道也。學於聖人，期為賢。學於賢人，斯為君子。學於眾人，期為聖人。」道即是客觀、隨著歷史發展而不斷複雜，因此聖人即道是不正確的說法。聖人之所以為聖人，在於他能夠認識他所身處時代之下道的發展，聖人是「不得不然也」。至於說「學於眾人，期為聖人」，是因為道既然是人類社會歷史發展中的規律，那麼聖人自然要能夠對於眾人進行認識，以取得客觀之規律。章學誠具有經世關懷，藉由聖人學眾人以落實人之所需。

道與聖人

道

❶道具客觀性，非聖人所創造出來的。
❷道為自然，為人類歷史進程中的發展規律。
❸道是變動不居的。

道

時間

過去　　　　現在　　　　未來

六經與聖人制作

❶經典受限於歷史，雖乘載著道，但並不是道本身。
❷制度為聖人識得規律之道而有的制作，同六經，亦非道本身，其也受限於歷史。

❶道既然為人類歷史進程中的發展規律，而六經乘載著道；是以，考據六經是必須的。不過，若要避免陷於歷史的限制，對六經的義揮發揮是必要的。
❷同理，聖人的制作必須正視道在其身處之時代發展中顯視的規律。「學於眾人」方能揭露道，依此揭露所行的制作方能夠落實人之所需，方能夠落實經世的理念。

★六經皆史

「六經皆史」除了《尚書》與《春秋》，亦將《禮》、《易》、《樂》與《詩》劃入史學。《文史通義》云：「盈天地之間，凡涉著作之林，皆是史學。」章學誠對史學的解釋，使方志、金石、簿牘等也成為史學。《文史通義》云：「天人性命之學，不可以空言講。故善言天人性命，未有不切於人事者。三代學術，知有史而不知有經，切人事也。近儒談經，似於人事之外，別有所謂義理矣。舍今而求故，舍人事而言性天，吾不得而知之。」章學誠認為離事無理，經世應從人事著手，而人事本在歷史中進行，是以史學為經世之門。

UNIT 7-11
清末哲學的轉機與危機

就思想上具有的意義來說，清初經世致用的哲學特色，本為儒學外王理念的發揚，它具有救正宋明儒學一向給人強調內聖卻少言外王的印象。孫奇逢、黃宗羲、顧炎武、王夫之、李二曲、顏元等每個人的思想皆具有一定程度重實用的關懷，不過他們的關懷卻未能夠真正為儒家開創新局。這意思是說頭重腳輕的問題雖然被發現了，然而清代儒學並未能真正落實它的實用精神。

分析來看，實用精神未能真正發揮、落實的原因很多。有的是因為本身強調實用的思想只是像口號般的主張，根本忽略了內聖；或只是湊泊了內聖與外王，但欠缺徹頭徹尾之內聖外王一貫的理論。然而，儒家畢竟是先求內聖再求外王，缺乏內聖理論支持的經世就像失了根的樹一般，難以讓人從理論根本處去接受，進而實踐，自然只能吸引到原本就滿腔熱血的人來追隨。

有的實用思想的主張雖然具有內聖理論，甚而論及理氣、天人等課題而建立成一完整的體系，但是缺乏後人承襲，以至思想難以傳遞、擴散、發效。清代中葉的戴震與章學誠，雖然也具有實用的色彩，但在一片考據風氣瀰漫的環境下，實用的強調最終也被淹沒。義理的闡發固然需要堅實的文字基礎才能穩固，不過文字的工夫卻不一定保證能夠將義理說得清楚，一味地強調考據反倒將珍貴的言外之意、實踐體悟給抹去。

西方列強於清代末年的侵略，對於中國的政治而言，不啻是一齣悲劇；不過，因其文明優勢闖入中國所造成之新思想與舊文化的對話卻使得清代對於實用思想再次有了反省。

這一次的文化交流，與漢末的佛教傳入截然不同，佛教的傳入正逢漢末、魏晉亂勢之際，藉由以道釋佛的格義詮釋以及隋唐治者的支持與推動而深入民間。清末的中西文化交流卻像西洋人拿著槍桿逼著中國人就範，向來自居世界中心的中國在面對使其受到羞辱的優勢文化時，自然伴隨巨大的矛盾感。除了絕然保守的人以外，有識者都看得出西方的優點，他們援入西方的科學知識、翻譯並介紹西方的哲學方法，在實務上有「師夷之長以制夷」、「中體西用」為方針的「自強運動」與「維新運動」，為清代的實用思想注入新的活水。

熊十力對於清代思想有這樣的一段評論：「吾國自清世漢學家，便打倒高深學術，至今猶不改此度，愚且殆哉！又自清儒以來，實用本領全不講求，迄今愈偷愈陋，中國哲學注重經世，所謂內聖外王是也。今各大學文科學子，稍讀西洋哲學書，便只玩空理論，不自求學理。」（《讀經示要》）熊十力的評論自有其立場，他說清儒「全不講求實用本領」也許是太過了些，但他的評論確實說出清代哲學的大概。熊十力說晚清讀書人「稍讀西洋哲學，便只玩空理論，不自求學理」，顯示他對讀書人一味推舉西學，卻棄傳統儒學於一旁的憂慮。從熊十力宣揚儒家內聖外王之學的立場來看，重視經學的清代並未真正建立有關實用思想的理論，願意接受西方思潮的晚清讀書人恐怕只是一味地崇尚，反而將代表中國哲學的真正精神扔在一旁。

清末哲學的轉機與危機

儒家傳統由內聖以開外王的理念

本源自

清初經世致用的實用思想

只是湊泊內聖與外王。內聖與外王之間，缺乏一貫的理論。

無視儒學內聖外王精神，忽略內聖，只是一味主張外王。

導致經世致用的實用精神未能在理論中獲得支持。

實用的主張只能獲得有滿腔熱血者的支持。

清末遭遇西洋槍炮的空前羞辱，開始進行一連串反省。

試圖改革，開始援入西方哲學與科學，但卻只是落於空玩理論，不自求學理。

危機

儒家內聖外王的理念被扔在一旁，喪失了中國哲學的真正精神。

轉機

一連串的反省以及對於西方哲學與科學的援入，打開對於哲學與文化關係的反思，開起對於中國哲學進行改革的大門，為中國哲學發展的契機。

 **★中體西用**

中體西用之說係屬於肯定中國傳統思想的同時兼納西方勝場，試圖使中國能夠富強以對抗西方的一套折衷理論。中體西用的理論，由張之洞正式提出，其《勸學篇》完整地表達保存中國傳統，肯定儒家的價值，主張用此為基礎，以結合西方科技的看法。中體西用的說法，並非張之洞首先提出。在張之洞之前便已經存在中體西用的思維，例如，王韜曾表示「形而上者中國也，以道勝；形而下者西人也，以器勝。如徒頌西人，而貶己所守，未窺為治之本源也。」（《弢園尺牘》）「器則取諸西國，道則備自當躬。」（《弢園文錄外編》）又例如，鄭觀應主張「中學其本也，西學其末也。」（《盛世危言》）中體西用之說並未獲得全面的認同，嚴復便以為中學與西學各有其體用，二者不宜相混。

UNIT 7-12
中國哲學的展望

　　清朝的滅亡宣告了數千年來專制時代結束，不過專制的結束並不意味思想告終，民國的建立終結了清朝的政治，但依舊得肩負中國哲學的改造使命。清朝來不及解除的思想危機，自然就得由現代的我們來完成。

　　要論中國哲學的展望，就必須了解我們思想所身處的環境。西方的近代文明自明朝開始便與中國有了接觸，而清末列強的大舉入侵更加速我們對於自有哲學思想的反省。就學科與學科的關係來說，哲學自詡為學問之母，不過中國哲學對於實踐的關注卻比其他課題要多。中國所以重實踐，與中國哲學發源時的歷史環境有關，不過本於環境劇變的事實，吾人不應滿足於過去的榮耀，必須更往前看，去思索中國哲學的新方向。

　　由於清末的衰弱，我們得以認識西方文明的優勢，以及使其優勢得以出現的哲學基礎。將中國哲學與西方哲學做比較，西方哲學注重思辨的特色是值得中國哲學吸收的。不過，要論吸收，則必須先求認識。吾人對於西方哲學的認識，要避免對於某一家或某一派的過分執取，並且留意是否陷於玩弄名辭的毛病。名辭的玩弄只是拾人牙慧，談不上真正理解，只是文字的堆砌，無助中國哲學的發展，而對某一家或某一派的一味執取，都只是偏用，可能因此蔽於它潛在的缺點。是以，我們對於西方的認識要更有深入性與全盤性。

　　這深入性與全盤性認識的要求是有必要的。今日的中國不再能夠將自身孤懸於東方，今日中國必須與世界其他國家發生交集，世界已成為地球村，所有的成員都脫離不了與其他成員互動的必然，深入性與全盤性的認識，一方面對於他種文化可以有更具深度的把握，一方面也可以了解到自身的不足。

　　西方的哲學方法與問題多樣，這遠遠是傳統中國哲學未曾留意的地方，中國哲學對於方法有過思考的只有墨家，而中國哲學的問題首當「實踐」，天道論、人性論、工夫修養論等課題的探討都是以環繞於「實踐」而有的探索。西方哲學中，不同家不同派有著不同的方法，如邏輯實證論、分析哲學、現象學、詮釋學與後現代主義等，且他們對於問題的思考遍及各層面，知識、文化、科學、性別、心靈、語言、政治、歷史、藝術、邏輯、自然、倫理、社會、法律與宗教等，都可作為他們思考的對象。

　　深入與全盤的認識之後，吸收西方哲學便有可能。不過，所謂吸收並不是要將西方哲學的一切照單全收，所謂的吸收是一項踩在中國本有文化的前提下所做的一種截長補短之理論構築的工作，而這樣的工作固然屬於一種融合的事業，但並不是無主體的事業，而是一種具有主體性的融合。

　　五千年的中國文化，自有其文化血脈。是以，無論是照單全收，或是失了主體性的融合，結果將無法與吾人的文化血脈相應、無法解決吾人的問題。因此，中國哲學的新方向，必須援入對西方哲學的融合，無論是方法或問題的融合，必須先確立中國哲學的精神，以作為主體。若此，中國哲學方能為國人開創出新的精神力量。當代的思想家如牟宗三、唐君毅與羅光等人做的便是這樣的事業。

中國哲學的展望

中國哲學的展望

背景
❶哲學為文化的核心，文化反映著哲學，清末與西洋接觸的歷史對照出兩者文化的差異，表現出中西在哲學思想上的不同。
❷人類生活中的各項課題，皆與哲學有關，而環境影響著人類關注的哲學問題，中國人的哲學特重於實踐，西洋人則不同，特重於思辨，因而中西具有各自的文化特徵。

方法
對於西方哲學進行深入與全盤的認識。任何理論都可能具有缺點，吾人認識西方哲學為的是求得他們的優點，透過深入與全盤的認識，才不會淪為只是在拾人牙慧，並可免蔽於可能的缺點。

原則
對於西方哲學的學習，應為有條件的吸收：中國文化應在保有自身思想主體的前提底下來與它者進行對話以及必要性的融合。

意義
「世界地球村」已為一項事實，某一文化對於另一文化的接觸，勢不可免，對西方哲學的認識可增進對於西方文化的了解，並可藉此檢視自身的不足。通過哲學的交流與認識，可使中國哲學能夠在新的時代中屹立著，繼續引導生命、提供智慧。

 ★中國哲學的反省

時人以為中國無哲學可言，面對此批評，主張中國有其哲學者當虛心反省。相較西方，二千多年的思想發展雖成果豐富，但也缺乏系統。今日在努力使中國思想前進的同時，吾人應當力圖將中國思想哲學化，確立中國哲學的特色。這樣的工作將可尋得具有哲學的中國思想。當然，尋得後的各種哲學思想不都能與當前時代的環境進行接軌，有的哲學說穿只是封閉性的思維，哲學不應只能回應、解決特定時空背景的課題。對於新局，真正的哲學理當也能提供珍貴的寶藏。因此，吾人在建構中國哲學之餘，必須進一步找出具有開放性的哲學傳統。以建構具有合理性、普遍性與客觀性之哲學為務的中國哲學工作者，理當樂於面對新時代的挑戰，在傳統哲學的基礎下繼續發展，延續價值。

國家圖書館出版品預行編目資料

圖解中國哲學史要略／張勻翔著．－－二版．
－－臺北市：五南，2017.12
　面；　公分
ISBN 978-957-11-9485-1（平裝）

1.中國哲學史

120.9　　　　　　　　　　106020627

1BAG

圖解中國哲學史要略

作　　　者 — 張勻翔（219.3）

發 行 人 — 楊榮川

總 經 理 — 楊士清

主　　　編 — 陳姿穎

責任編輯 — 許馨尹

美術設計 — P.Design視覺企劃

出 版 者 — 五南圖書出版股份有限公司

地　　　址：106台北市大安區和平東路二段339號4樓

電　　　話：(02)2705-5066　　傳　　　真：(02)2706-6100

網　　　址：http://www.wunan.com.tw

電子郵件：wunan@wunan.com.tw

劃撥帳號：01068953

戶　　　名：五南圖書出版股份有限公司

法律顧問　林勝安律師事務所　林勝安律師

出版日期　2014年 4 月初版一刷
　　　　　2017年 3 月初版二刷
　　　　　2017年12月二版一刷

定　　　價　新臺幣350元